乒乓球技战术分析理论与实践

Theory and Practice of Table Tennis Technical and Tactical Analysis

肖 毅 主编

科学出版社

北 京

内 容 简 介

本书主要介绍乒乓球技战术分析的必要性、主要内容和相关的指标体系与方法。同时,还介绍人工神经网络、马尔可夫链和大数据挖掘技术等前沿理论与方法在乒乓球技战术分析中的应用。此外,本书还结合大量具体案例介绍如何运用各种指标体系和方法进行乒乓球技战术分析实践。

本书适合于乒乓球教练员、运动员、科研人员及乒乓球运动专业的教师和学生阅读。

图书在版编目(CIP)数据

乒乓球技战术分析理论与实践 / 肖毅主编. —北京:科学出版社,2024.4
ISBN 978 - 7 - 03 - 078080 - 5

Ⅰ. ①乒… Ⅱ. ①肖… Ⅲ. ①乒乓球运动—运动技术—研究 Ⅳ. ①G846

中国国家版本馆 CIP 数据核字(2024)第 040430 号

责任编辑:张佳仪 / 责任校对:谭宏宇
责任印制:黄晓鸣 / 封面设计:殷 靓

科 学 出 版 社 出版
北京东黄城根北街 16 号
邮政编码:100717
http://www.sciencep.com

南京展望文化发展有限公司排版
广东虎彩云印刷有限公司印刷
科学出版社发行 各地新华书店经销

*

2024 年 4 月第 一 版 开本:787×1092 1/16
2025 年 7 月第五次印刷 印张:14 3/4
字数:337 000

定价:100.00 元
(如有印装质量问题,我社负责调换)

序

　　乒乓球是我国的"国球",也是我国的传统优势项目。乒乓球不仅仅是一项全民皆宜的竞技健身运动,而且是意志、智慧与体能完美融合的艺术展现。中国人与乒乓球的渊源已经延续了一个多世纪,累累的金牌与赞颂之中五星红旗高高升起,街巷弄堂乒乓桌旁的孩童,公园角落里三五成群约球的老人……都是最真挚的国球情怀,乒乓球已成为国人的骄傲和象征。

　　乒乓球作为一项具有较高精细性、技巧性的技能类对抗项目,具有球速和转速快、反应时间短等特点,对乒乓球运动员有着复杂的技术及战术要求。技艺精湛的乒乓球运动员,将力与美、速与静、刚与柔巧妙融合,组成一幅运动画卷,既热血沸腾又细腻入微。串联起拍与拍之间的总体设计,就是战术。技术是战术的基础,只有具备强大而稳定的技术水平,才能形成灵活多变的战术。通过乒乓球技战术分析可以帮助教练员和运动员了解比赛双方的技战术特征及其优劣势,从而为教练员制定针对性训练计划和临场技战术策略提供指导,提高备战训练和临场战术指导的针对性与科学性。在打磨技术的基础上认识战术、拆解战术、创新战术,是中国乒乓人历来孜孜不倦的奋斗方向,是中国乒乓球生生不息的重要基石。

　　伴随乒乓球运动的不断发展以及运动员竞技水平的不断提高,乒乓球技战术分析的相关理论与方法经历了一个持续发展和不断完善的历程。从早期的多媒体技战术分析方法到三段法评估指标体系的提出,以及后续四段法、双三段法、动态三段法、技术效能和比赛表现等理论与方法的不断完善,都是中国乒乓人多年来孜孜不倦、勤勤恳恳、不断探索与创新的结果。肖毅教授主编的这本《乒乓球技战术分析理论与实践》系统全面地收集、整理和归纳了上述乒乓球技战术分析理论与方法的发展和应用。同时还介绍了当下最新的、结合了大数据挖掘和人工智能技术的技战术分析方法。该书内容由浅入深,注意理论与实践相结合,选取了大量案例来介绍如何进行乒乓球技战术分析,对乒乓球技战术分析的实践具有一定的指导意义。

　　"九层之台,起于累土;千里之行,始于足下。"中国乒乓球的辉煌,是一代一代乒乓人前赴后继的成果。时代发展日新月异，大数据、人工智能、增强现实等前沿科技层出不穷，中国乒乓人对乒乓球技战术分析理论与方法的探索将会不断前进。未来乒乓球技战术分析的发展将会受到大数据、人工智能以及运动科学等学科和技术手段的发展等多方面因素的影响，将更加注重与高科技融合、与学科融合、个性化定制及实时性反馈，这将极大促进比赛技战术的丰富性和复杂性，推动乒乓球运动发展更加专业化和精细化。

希望该书是我国乒乓球技战术分析理论承前启后的重要一环，也期待着我国乒乓球技战术分析理论与技术能持续革新，引领风骚，激发乒乓球运动新的生机与活力；也希望能有更多的读者朋友通过阅读该书了解、热爱并投身到乒乓球运动的学习和研究当中，为我国乒乓球运动的持续发展做出贡献。

施之皓

2024 年 1 月

前　言

乒乓球是我国的"国球",也是我国的传统优势项目。随着乒乓球运动的不断发展,以及国际竞争的日趋激烈,我国乒乓球项目的世界领先地位也时刻面临着来自其他国家的严峻挑战。同时,乒乓球作为一项具有较高精细性、技巧性的技能类对抗项目,具有球速和转速快、反应时间短等特点,对乒乓球运动员有着复杂的技术及战术要求。技术是战术的基础,只有具备强大而稳定的技术水平,才能形成灵活多变的战术。因此,必须加强关于乒乓球技战术方面的训练方法和理论的研究,不断革新乒乓球技术和战术。

对于乒乓球竞技项目而言,技战术能力往往是决定比赛胜负的核心因素。因此,对于乒乓球这一隔网对抗类运动项目,交战双方过往比赛技战术运用情况的分析与诊断,不仅是运动员赛前训练的重要参考,也将对比赛中技战术的合理运用起到重要的指导作用。乒乓球技战术分析贯穿于整个训练过程,它在整个训练过程中起着极其重要的作用。它可以帮助选手制定最佳的战术策略,提高竞技优势,增强适应能力和心理掌控能力,促进技术和战术的改进,从而取得更好的比赛成绩。

随着乒乓球运动及其技战术的不断发展,加上世界乒坛竞争的日益激烈,乒乓球科研人员在长期国家队科研攻关服务积累的经验基础上,结合教练员和运动员的需求,提出了多种乒乓球技战术分析的指标体系。其中,三段指标评估法是提出较早,也是比较经典的乒乓球技战术分析指标体系,并在实际的乒乓球比赛技战术分析中得以成功而广泛地应用。为了使乒乓球项目的技战术分析结果更加全面、更接近比赛的实际情况,有研究在三段法和比赛局段划分相关研究的基础上对乒乓球技战术分析的方法做了一系列改进,提出了四段指标评估法、双三段指标评估法、八轮次三段指标评估法、技术效能(technical efficiency, TE)和比赛表现(competition performance,CP)等其他乒乓球技战术分析指标体系与方法。

随着计算机科学和数据挖掘技术的不断发展,以及大数据和人工智能时代的到来,数据挖掘技术在各行各业中得到了广泛应用,而且正不断深入,数据挖掘技术的发展前景也因此备受期待和瞩目。此外,近年来,随着乒乓球运动员竞技水平的不断提高和乒乓球技战术的快速发展,现有的三段指标评估法等技战术分析指标通常是对单场或有限数量的比赛录像进行技战术分析,不能对大量的比赛历史数据进行挖掘与统计,更不能对比赛的胜负等进行预测,因此,我们有必要将数据挖掘技术运用到乒乓球比赛的技战术分析中,通过对乒乓球比赛的相关历史数据进行多角度和深层次的分析,从中找出潜在的、有价值的信息和知识,从而为教练员制定更具针对性的训练计划和战术策略提供依据和参考。

本书系统全面地收集、整理、归纳和撰写了乒乓球技战术分析的相关理论与方法,既包括传统的理论与方法,也包括一些前沿的理论与方法,希望对乒乓球技战术分析的实践起到一定指导意义。同时,抛砖引玉,期待未来在乒乓球技战术分析领域中涌现更多创新方法。

本书共分为六章,内容紧紧围绕乒乓球技战术分析理论与方法展开。第一章概括介绍了乒乓球项目的技战术特征以及乒乓球技战术分析的必要性、主要内容、方法及现状。第二章主要介绍了几种常见的乒乓球技战术分析指标体系和方法,包括传统三段指标评估法、三段法扩展、四段指标评估法、双三段指标评估法、动态三段指标评估法、八轮次三段指标评估法以及 TE 和 CP 等。第三章主要通过具体案例介绍如何运用前述的乒乓球技战术分析指标体系和方法进行乒乓球技战术分析实践。案例涵盖了不同性别、不同打法的选手,以及单打和双打比赛。同时,还介绍了针对多场比赛的技战术综合分析案例。第四章介绍了基于人工神经网络的乒乓球技战术分析,主要包括人工神经网络的工作原理、基于人工神经网络的乒乓球技战术分析的模型构建和乒乓球比赛诊断分析方法,以及基于人工神经网络的乒乓球比赛诊断分析实践。第五章介绍了基于马尔可夫链的乒乓球技战术分析,主要包括马尔可夫链的基本原理、基于马尔可夫链的乒乓球比赛技战术状态转移概率矩阵的构建、比赛获胜概率和竞技效率值的计算,以及基于马尔可夫链的乒乓球技战术诊断分析的基本步骤及案例分析。第六章主要介绍了数据挖掘技术在乒乓球技战术分析中的应用,主要包括数据挖掘技术的定义、分类及主要技术;数据挖掘技术在乒乓球技战术分析中的过程、方法、作用与优势;基于回归分析的乒乓球技战术分析应用实例,以及基于智能球拍、高速动作捕捉系统的青少年乒乓球运动员技术动作训练监控大数据平台的构建与应用,主要包括击球动作结构特征与击球效果的相关性分析,以及青少年乒乓球运动员击球动作合理性评价。

通过逐章地学习,读者可以全面了解当前乒乓球技战术分析的基本原理、各种理论与方法及其应用实践。我们真诚希望本书能够为广大乒乓球从业者的学习与实践提供帮助,促进乒乓球技战术分析水平的持续提高和创新发展。

肖毅

2024 年 1 月

目　录

第一章
乒乓球技战术分析概述

第一节　乒乓球运动项目概况

一、乒乓球起源与发展

现代乒乓球是一项源远流长的国际性竞技体育运动。在我国,乒乓球享有"国球"之称。乒乓球起源于19世纪末的英国"桌上网球"。英国的体育运动爱好者在休闲娱乐之际,无意间将网球运动发展成为早期的乒乓球,所以乒乓球被命名为"Table Tennis"(桌上的网球)。后来,由于在击球过程中发出类似"乒乓"的声响,乒乓球又被称为"Ping Pong Ball",这一名称也是对该项运动的形象诠释。

当时,乒乓球运动还仅是一项供人娱乐的游戏活动,但是由于其规则模仿借鉴了草地网球的比赛规则,这项游戏在欧洲迅速发展成了风靡一时的室内休闲体育运动。随后,词汇"Ping-Pong"被英国一家体育用品公司率先作为商标登记注册,这使乒乓球开始具有商业色彩,体育与经济的结合也开始呈现出繁荣的景象,两者形成了良性循环的状态,在很大程度上促进了体育事业的发展。

1900年,英国出现了第一个乒乓球组织,被命名为"乒乓球协会(Ping-Pong Association)",并在伦敦成功举办第一届大型乒乓球赛事,开创了乒乓球运动正式比赛的先河,自此乒乓球运动踏上竞技赛事的旅程。1904年,一位在上海经营文体用品商店的经理从国外购回了部分乒乓球器材,并展示了其娱乐使用的方法,此举标志着乒乓球运动正式进入中国。

1923年,"全国乒乓球联合会"在上海正式成立,并举行了首届全国乒乓球比赛,此次比赛也成功推动了中国乒乓球向竞技体育比赛行列迈进的步伐。得益于乒乓球运动的独特魅力,1926年在德国柏林成功举办了第一届国际乒乓球邀请赛。赛事进行期间,参赛国家相关代表参加了主办方召集的体育座谈会,并倡议成立了"国际乒乓球联合会(International Table Tennis Federation,ITTF)"(以下简称"国际乒联")。国际乒联的成立标志着乒乓球开始成为一项全球性的竞技运动。

随后,我国分别于1927年和1930年两次正式派出乒乓球代表队参加在日本东京举行的第八、第九届远东运动会,但由于当时我国乒乓球运动还尚处起步阶段,技战术水平较为落后,最后比赛均以失败告终。1935年,"中华全国体育总会乒乓球协会"在上海成立,并以该名义组织了一次全国性乒乓球比赛,使我国的乒乓球技术水平得到了进一步提升。新中国成立后,毛泽东为中华全国体育总会的成立题词"发展体育运动,增强人民体质",这大大鼓舞了普通民众参与体育运动的积极性,国民体育意识有了显著提升。随后,中华全国体育总会乒乓球协会也顺利加入国际乒乓球组织联合会,后来更名为"中国乒乓球协会"。同年 12 月,中国正式组建了第一支国家乒乓球代表队,这意味着在新中国的体育发展史上,乒乓球运动揭开了全新篇章。

乒乓球是为了满足人类对运动的需求而设计的一种有组织、有意识的社会活动,与其他运动一样,其发展必然会受到社会政治经济条件的制约,与此活动有关联的一切方式都表现出一种特有的文化现象。我国十分重视乒乓球运动的文化传承与推广,这与乒乓球独特的外交属性密不可分。"乒乓外交"既是当下国家核心利益的需要,也是中国乒乓球深厚底蕴的体现。全面发展乒乓球运动、积极推动职业化进程、努力打造专业化品牌,通过各类精彩赛事的传播和知名球员的人格魅力吸引更多人参与到乒乓球运动中,让这项运动与社会群体产生更为紧密的联系,同时促使我国竞技乒乓球运动能够更加健康、全面和可持续发展。

在乒乓球的起源和发展过程中,中国起到了至关重要的作用。中国乒乓球运动员在 20 世纪后半叶开始崭露头角,并在世界乒乓球舞台上取得了辉煌的成就。中国多次获得奥运会、世界锦标赛和世界杯的冠军,成为乒乓球强国。我国乒乓球的发展经过辉煌、沉寂、再创辉煌的历史进程,最终乒乓球发展为我国的"国球"。

二、竞技体育对抗性项目概况

田麦久等人(1990)在对众多竞技运动项目进行科学分类的基础上,提出并建立了项群训练理论。项群训练理论是以不同项目的本质属性所引起的项目之间的异同点为依据,将一组具有相似竞技特征及训练要求的运动项目放在一起进行比较研究,探求项目的共同特点和发展规律。项群训练理论是介于竞技体育的一般训练理论和专项训练理论之间的一个层次,该理论针对竞技运动项目的划分提出了三个主要标准,即竞技能力的主导因素、运动项目的动作结构、运动成绩的评定方法。

根据项群训练理论的分类标准,按照竞技能力的主导因素可将诸多竞技运动项目划分为体能主导类和技能主导类。技能主导类对抗项目又可分为三类:① 隔网对抗类项目,比赛时用网将双方选手隔开,各据一方徒手或持器械击球的竞技运动,如乒乓球、羽毛球、网球和排球;② 同场对抗类项目,双方选手在同一块场地上追逐争夺,以将球射或投入对方特定网区中得分的项目,如足球、篮球、手球、水球、曲棍球和冰球等;③ 格斗类项目,以对手的躯体为攻击对象,双人进行格斗的项目,如摔跤、柔道、拳击、击剑、武术、散打。

任何一个运动项目运动员竞技能力的高低,都主要由运动员的技术、战术、体能、心理和智能五个方面的能力所决定。项群训练理论科学地揭示了不同类别运动项目的基本特征。在对抗性项目中技术、战术和身体素质是对运动员竞技能力起决定性作用的主要因素。乒乓球作为隔网对抗项目,其运动员比赛中的技术、战术和身体素质也是制胜的必备条件。

按动作结构对竞技项目进行分类,竞技项目可分为三大类:单一动作结构、多元动作结构、多项组合结构。对抗性项目属于多元动作结构中的变异组合项目,要求运动员在比赛中根据对手所采取的技战术情况,将日常训练中所掌握的技战术"元件"即时地组合成相应的技术动作或战术配合。由于乒乓球项目的动作结构多,技战术复杂多变的特点,因此乒乓球属于多元动作结构中的变异组合项目。

德国学者 Hohmann 等人(2002)认为,在球类运动中,运动员的比赛成绩与运动素质之间的关系不如体能类项目中二者的关系密切。其主要原因是这类项目的技战术复杂多变以及在比赛中的灵活应用,这使得球类项目比赛成绩与运动员的运动素质之间呈现出一种非线性的关系。它表明在球类运动中,人们很难根据运动员的素质对运动员(队)的比赛成绩进行预测,运动员(队)的技战术对比赛的胜负起着极其重要的作用。因此,在乒乓球运动中,人们越来越注重对运动员的技战术的研究,从而为运动员制定科学、合理的训练计划和临场比赛策略。

按照运动成绩的评定方法,对抗性项目基本上可以分为三大类:① 命中类的设防型项目,即同场对抗性的运动,包括篮球、足球、手球、水球、曲棍球和冰球等,它要求运动员必须突破对方的防守命中特定目标而力求取胜;② 制胜类项目,即格斗性项目,如摔跤、柔道、拳击、跆拳道等;③ 得分类项目,如乒乓球、羽毛球、网球和排球。得分类项目均按局(盘)进行比赛,一方得分达到规定数目时即为获胜,得分的途径既有本方运动员进攻命中,也包括对方的失误送分。

在对竞技性球类项目进行多方位的分类之后,就能更加全面地认识对抗性竞技体育的基本规律和它们各自的特点。例如,隔网对抗性项目的运动员技术水平主要表现在基本功熟练、扎实、全面、准确,特点突出,并在技术发展中不断创新、形成技术引领等方面;其战术能力则主要反映在个人战术与集体战术结合、注重战术创新和战术理论研究等方面。同场对抗项目的运动员其技术要求全面而有特长,技术熟练、准确而又实用;其战术上表现为战术方法、比赛阵形和比赛意识有机结合,整体攻防战术协调发展,个人、小组与全队战术协调发展(田麦久,2000)。

三、乒乓球项目的特点

(一) 乒乓球项目的基本特点

乒乓球是一项集健身性、竞技性、娱乐性为一体的运动项目,其特点是球体小、速度快、变化多、趣味性和观赏性较强。项目所需场地设施比较简单、投资少,不受年龄、性别和身体条件的限制,具有广泛的人群适用性和较高的锻炼价值,且项目普及性强。乒乓球是一项需要上下肢配合的全身运动,经常进行乒乓球运动可锻炼灵敏性和协调性,增强体质,并且培养个人的意志品质。乒乓球的运动负荷量可以自我调节和控制,对练双方以球台相隔避免了双方的身体接触,只要按照自身的身体素质状况适当控制练习的强度,发生运动损伤的概率很小。

(二) 乒乓球项目的技术特点

在乒乓球项目中,运动员的技术能力主要通过运动员击球的速度、旋转、力量、落点、弧线这五个要素来表现,这五个要素也被称为乒乓球技术的五要素。乒乓球技术的五要素虽然在性质和特点上有所差别,但它们却又相互联系、相互制约,共存于每一种打法和技术之中,相互影响、相互补充、相互促进(房杰,2004)。

乒乓球技术是指运动员合理有效地完成乒乓球动作的方法,是乒乓球运动员竞技能力水平的重要决定因素。乒乓球技术可分为发球技术、弧圈球技术、攻球技术、直拍横打技术、推挡技术、搓球技术、削球技术和步法,其中发球技术是非制约性技术。运动员可以选择最合适的位置,通过不同旋转、落点、速度与节奏的发球来压制对方的进攻,以达到主动进攻、克敌制胜的目的。乒乓球的发球具有主动性、进攻性、迷惑性和突然性等特征,是乒乓球比赛中力争主动、先发制人的第一个环节,它在比赛中占据极其重要的地位。

技术是战术的基础,只有充分掌握了乒乓球技术,才能在实战过程中灵活运用战术,从而战胜对手,获得比赛胜利。加强乒乓球技术训练的主要目的在于增强运动员的专业素养和身体协调度,进而提升技术熟练程度,减少常规技术失误,进而为实战比赛奠定坚实技术基础,增加获胜概率。

乒乓球项目具有以下几个主要的技术特点。

(1)转换速度较快:乒乓球比赛的球速非常快,选手需要具备迅速的反应能力,能够在短时间内做出正确的决策和回击。球员需要对对手的击球轨迹、旋转、速度和落点进行准确的预判,并做出相应的反应。

(2)移动灵活度高:乒乓球比赛中,选手需要不断地进行移动和调整位置,以便击球和回击。他们需要快速、灵活地移动脚步,尽量保持身体平衡和稳定,并能够迅速适应不同的球的反弹轨迹和击球角度。

(3)技术多样性:乒乓球运动涉及各种各样的技术和击球技巧,包括发球、接发球、回击、防守、快攻等。选手需要掌握并运用这些不同的技术,以适应不同的比赛情况和对手的策略。

(4)旋转多样:旋转在乒乓球比赛中扮演着重要的角色。选手的击球可以给球带来上旋、下旋、侧旋等各种旋转,以使击球的路径和反弹变得更加复杂和难以预测。对手需要准确识别和应对旋转,才能进行有效的回击。

(5)控制和变化多:乒乓球比赛中,选手需要控制击球的力度、旋转和角度,以便使球的飞行轨迹变化多样并干扰对手。选手需要有优秀的控制力,能够精准地将球击至对手无法回击的位置,或者创造战术性的变化,以制造对手的失误。

(三)乒乓球项目的战术特征

乒乓球战术是指在竞技体育比赛中,运动员为了战胜对手设计或采取的应对策略。在竞技体育领域中,人们一般将战术一词定义为"比赛战术",指根据比赛中各方面的情况,充分发挥自己的特长和优势,为战胜对手而采取的计谋和行动。战术单元是战术的基础,单个战术由两个或者两个以上战术单元组成。乒乓球最基本的战术形式是指单一技术的战术化所形成的战术单元,比如使用某种发球技术而直接得分、前三板的策略等。

在乒乓球比赛中,由于战术对抗性强且变化大,所以乒乓球战术特征分析尤为重要。乒乓球的战术包括发球战术、发球抢攻战术、接发球战术、接发球抢攻战术、进攻战术、对攻战术、拉攻战术、搓攻战术、削攻结合战术、快攻战术和防守战术等多种类型。乒乓球战术的主要构成因素如图 1-1 所示(施之皓,2007)。乒乓球战术的特点是伴有旋转、技术、落点、弧线、线路、速度、力量与节奏等变化,并带有明显攻击或制约对手的目的,使用前后连续两个或多个技术动作的组合。

图1-1 乒乓球战术的主要构成要素

与其他球类项目相比较,千变万化的旋转是乒乓球比赛战术最大的特点,如转与不转的发球或削球本身即为一种战术。在实际的乒乓球比赛过程中,运动员的战术需要根据比赛局势的不断变化来调整自身的战术策略,能及时发现对手的技战术优缺点,并根据对手的技战术特点和自身的实际情况快速制定有效的战术策略,从而很好地把握比赛节奏,并能根据对手技术、战术的变化及时做出有效的战术调整。

理论上来说,任何一项乒乓球技术均可用于接发球,但由于发球技术的特殊性,使得乒乓球比赛中的第2板,即接发球也有着不同寻常的战术意义。其主要目的有二:一是破坏对方发球抢攻的战术意图;二是为本方第4板的战术实施创造条件。

比赛是检验运动员技术水平的有效手段,也是验收训练效果的重要途径。无论是单打还是双打,乒乓球比赛的基本形式是双方运动员交替击球。因此,由前后连续两个或两个以上技术动作组合而成的乒乓球比赛战术,必须控制或迫使对方按照本方的意图来进行回击,才能完成一次有效的乒乓球战术。从这个意义上说,乒乓球比赛战术的实质是一个控制与反控制的过程,这也就决定了乒乓球战术的最大特点是它的变异性和随机性。

四、比赛规则改革对乒乓球项目技战术特征的影响

竞技体育的一个最显著的特征,就是在比赛规则的限定下,最大限度地发挥人的潜能,包括技术、战术、体能、心理、智力等,去力争战胜对手,赢得比赛的胜利。因此,从某种角度讲,比赛规则是引领技战术发展方向的一个重要因素,并对技战术特征的变化产生重大的影响。

纵观比赛规则变化的历史,对乒乓球项目技战术特征产生重要影响的比赛规则主要集中在三个方面:一是乒乓球材质的改变;二是赛制改革;三是无遮挡发球(李聪,2002)。

(一)乒乓球材质的改变:球速与旋转是影响乒乓球项目技战术发展的最主要因素

2011年5月国际乒联通过了伦敦奥运会之后全面禁用赛璐珞乒乓球的决议。2014年10月,新型塑料球研制成功并正式投入使用。根据加工工艺的不同,新型塑料球分为有缝塑料球与无缝塑料球,在大型比赛中都被指定为官方用球。与赛璐珞乒乓球相比,新型塑料乒乓球除了材质不同以外,最大的变化是球体直径的增大。乒乓球材质和球体直径的改变会对球的硬度、弹性、速度和旋转等产生影响,从而对击球效果产生不同程度的影响。研究表明,新型塑料球的硬度和弹性均高于赛璐珞球,球速和转速有所下降,相持段的板数增多,降低了运动员以快制胜的成功率,比赛竞争更加激烈,运动员需要掌握更

多的战术来应对比赛,从而进一步提高了对运动员相持技术能力的要求。新型塑料乒乓球的诞生,无疑是乒乓球运动发展史上的又一次变革,在一定程度上势必对技战术的发展产生较为深远的影响。

(二)赛制改革：21 分制改 11 分制

与 21 分赛制相比,11 分赛制使乒乓球比赛时间大幅缩短,使比赛的偶然性与不确定性大大增加。发球由原来每方发 5 分球后轮换,改为现在的每方发 2 分球轮换,比赛中每 2 分换发球,使比赛节奏加快,导致运动员难以摸清对手的战术套路。11 分赛制使得每分都更加珍贵,前三板技术变得尤为重要。为了获得胜利,从比赛一开始运动员就要尽可能多地使用拧拉、快撕、挑打、摆短和劈长等技术主动“抢分”,而不是被动防守。尽管乒乓球比赛时间缩短了,但比赛过程中运动员各种技战术运用仍需要运动员全神贯注,对运动员的挑战极大。由于比赛节奏加快,运动员必须将自己的最好状态快速展现出来,11 分赛制要求运动员在比赛中思路清晰,并在比赛的一开始,就迅速进入比赛状态,积极主动,抢先上手,使自己处于主动地位。

(三)无遮挡发球：降低发球的威胁性

乒乓球项目的比赛规则对发球技术设置了诸多限制,以降低接发球的难度,减少发球抢攻的威胁性,从而达到发球和接发球双方攻守的平衡。

从 2002 年 9 月 1 日起,乒乓球实行了新的发球规则——无遮挡发球。其要求运动员发球时,从抛球开始到球被击出,球不能被发球员或其双打同伴的身体或衣服的任何部分挡住,要使裁判员及对手能从他们的角度看到球和球拍,不能遮住他们的视线。如果运动员有严重的违规行为,将有被判罚的危险,通常是第一次警告,第二次判输 1 分。规则改变前,发球的得分率很高,因为运动员大都选择遮挡发球,接发球运动员无法看清发球运动员的动作,所以接发球难度很大,容易造成失分。在新规则下,接发球运动员可以看清发球瞬间球与球拍的接触点及球拍的移动方向,以此来判断球的旋转,从而更好地进行防守与反击。这一规则的实施,使接发球运动员能更加清楚地判断对方发球的旋转、落点以及战术意图等,从而提高了接发球的质量。

乒乓球比赛规则的变化要求运动员具备更全面、稳定的技战术,将乒乓球技术、战术与身体各项素质相结合,鼓励运动员、教练员进行技术和战术创新,使运动员技战术更加全面,特长更加突出。运动员只有具备全面稳定的技战术,才能应对比赛中各种突发状况,更好地适应比赛。教练员和运动员要主动研究世界乒乓球运动发展趋势,转变观念,更新训练方法,使我国乒乓球运动在变化的规则下继续保持领先。

第二节　乒乓球技战术分析概述

乒乓球技战术分析是对比赛中的技术、战术和局势等方面进行深入研究和评估,以制定有效的战术策略和应对对手的方式。乒乓球技战术分析在选手的比赛准备和比赛过程中起着至关重要的作用。它可以帮助选手制定最佳的战术策略,提高竞技优势,增强适应能力和心理掌控能力,促进技术和战术的改进,从而取得更好的比赛成绩。

一、乒乓球的技战术分析的必要性

对于隔网对抗项目而言,技战术能力往往是决定比赛胜负的核心因素。因此,对于乒乓球这一隔网对抗类项目,交战双方过往比赛技战术运用情况的分析与诊断,不仅是运动员赛前训练的重要参考,也将对比赛中技战术的合理运用起到重要的指导作用。

乒乓球技战术分析既是运动员赛前准备工作的一个极其重要的环节,又是新一轮训练工作的起点(运动员的技战术状态诊断)。对于乒乓球项目而言,乒乓球比赛技战术的分析贯穿于整个训练过程,它在整个训练过程中起着极其重要的作用。但在不同的训练阶段,比赛技战术分析的侧重点有所不同。一般情况下,当大赛结束,新的训练周期开始,技战术分析工作的重点往往是本方运动员,其主要目的是诊断分析运动员在大赛中技战术方面的优点和缺点,为下一阶段的技战术训练计划的制定提供科学依据。到了大赛前的技战术分析,其重点是分析对手的技战术特点,使教练员、运动员做到心中有数,能够有针对性地加强练习,做好比赛准备和临场指挥工作。从某种意义上说,赛前的技战术分析对比赛的获胜可能有着更为直接的意义。

乒乓球技战术分析的必要性体现在以下几个方面。

(1)竞争优势:乒乓球是一项竞技性很强的运动,选手之间的实力差距常常很小。通过技战术分析,可以发现对手的弱点和薄弱环节,并制定相应的战术策略攻击对手的弱点,从而获得竞争优势。

(2)自我调整:比赛中对手的战术和技术可能会随时改变,选手需要及时做出调整和应对。技战术分析可以帮助选手提前了解和预测对手的变化,使其能够快速适应对手的战术调整,保持自身的竞技优势。

(3)比赛节奏掌控:乒乓球比赛中的节奏掌控至关重要。通过对战局的分析和对手的观察,选手可以决定何时采取进攻策略、何时采取变化球、何时稳守反击,从而掌握比赛的节奏,增加胜利的机会。

(4)心理掌控:技战术分析也包括对对手心理特点的观察和分析。了解对手的心理状况有助于选手在比赛中制定相应的心理战术,增强自身的心理优势和抗压能力,保持稳定和专注。

(5)训练反馈:技战术分析可以通过对比赛结果和表现的分析,为选手提供宝贵的训练反馈。通过识别技术和战术上的不足,选手可以进行有针对性的训练和改进,提高竞技水平。

总之,乒乓球技战术分析是为了使选手在比赛中取得竞争优势、调整战术、掌控比赛节奏、稳定心态以及改进训练的必要手段。教练员、运动员通过技战术分析可以了解对手的信息、制定战术策略、适应比赛变化和提供训练反馈,从而帮助选手在比赛中取得更好的成绩。

二、乒乓球技战术分析的特征

(1)多变性:乒乓球比赛中的技战术非常多样。球员可以使用各种技巧、战术和策略应对不同的对手和比赛情况。技战术分析要能够涵盖这种多样性,并以全面的视角评估和指导运动员的表现。

（2）个性化：每个球员都有自己独特的技战术风格和打法特点。技战术分析应该能够根据运动员个体的需求进行定制和个性化分析。要考虑到运动员的身体素质、击球风格、战术偏好等因素，并提供相应的建议和指导。

（3）数据支持：技战术分析需要结合统计数据和录像观察来支撑其结论和建议。从视频录像、传感器数据和统计数据中收集和分析关键信息，以便提供准确和可靠的分析结果。数据可以帮助评估击球的速度、旋转、弧线、落点等方面，并提供关于战术选择和改进的见解。

（4）实时反馈：技战术分析不仅仅是对比赛录像的回顾，还应该能够提供实时的技战术反馈和参考。在比赛或训练过程中，教练员和运动员需要及时进行技战术反馈和指导，以便即时调整训练计划或比赛策略。

（5）综合性：乒乓球技战术分析是一个综合的过程。它需要考虑运动员的技术、战术、心理素质和体能等不同方面的因素。综合分析这些因素，才能得出全面的评估和指导，为球员提供有关技战术的综合建议。

通过合理科学的技战术分析，运动员和教练员可以更好地理解比赛中运动员存在的问题和机会，并针对性地进行训练和改进，从而提高竞技水平，优化战术决策，并取得更好的比赛成绩。

三、乒乓球技战术分析的主要内容

技战术分析是提高运动员竞技水平和比赛获胜的重要手段之一。乒乓球技战术分析涉及运动员比赛中技战术理论和方法的运用，是指在乒乓球比赛中对运动员或对手的打法和战术进行分析，从而制定针对不同对手和比赛情况的战术策略，并采取相应的对策以提高比赛的获胜概率。乒乓球技战术分析的主要内容包括以下几个方面。

1. 了解对手的技战术特点，为制定合理的战术方案提供科学依据

知己知彼方能百战不殆。在对抗性项目比赛中，透彻地了解对手与本方的各种情况，是比赛获胜的先决条件，了解对手的打法和技战术特点是制定比赛战术的关键。比赛对手分析主要是通过观察对手的比赛录像，分析对手的击球方式、判断对手的击球习惯，以便了解其技战术优势和弱点。对于一个运动员（队）来说，在赛前反复观看比赛录像，分析对手技战术的优缺点是至关重要的。中国乒乓球队每次在大赛前集训和大赛中都要观看大量的比赛录像，以便在封闭式集训和比赛期间详细研究每一个对手的技战术特点。观察和分析的具体内容包括对手的正手、反手、发球、接发球等技术特点，以及对手的惯用击球点、反应速度、步伐移动特点等。通过了解和分析这些方面从而综合分析其球路、发球习惯、击球特点、打法风格等特征，为教练员和运动员制定临场比赛策略提供依据。

2. 掌握运动员的竞技状态，为教练员的训练工作提供科学依据

运动员需要对自己的技战术水平进行客观的评估，明确自己的技术强项和需要提高的技术。通过技战术分析，可以帮助运动员和教练员收集和分析运动员的比赛数据。数据指标主要包括发球抢攻段（以下简称"发抢段"）得分率、失分率，接发球抢攻段（以下简称"接抢段"）得分率、失分率，相持段得分率、失分率，正手击球、反手击球成功率，击球落

点及其变化等数据。通过这些数据的分析,可以了解运动员的技术特点和优势,以制定个性化的训练计划,从而有助于运动员在比赛中充分发挥其技战术优势和减少技战术弱点的暴露。

3. 临场比赛信息反馈,为教练员调整临场战术提供科学依据

随着计算机软硬件技术和网络的飞速发展,利用电脑、摄像头和网络采集比赛中的技战术统计数据已经成为一种趋势。它具有采集数据准确、运算快、输出结果方便等特点,是教练员临场指挥的好帮手。欧美地区有不少足球、篮球和橄榄球强队就是依靠场内安装的视频采集系统和场内、场外的数据处理系统进行现场的技战术分析,并及时把双方的技战术统计结果信息传输给场内的主教练,协助其调兵遣将,施谋用计。

4. 适应性战术选择

根据对手的技战术打法特点和弱点,并结合自己的技战术特点和优势,选择适合的对抗对手的战术。同时,要善于观察对手的比赛节奏,有针对性地灵活调整自己的击球速度、改变击球线路和比赛节奏,有时快速进攻,有时保持稳健,灵活调整比赛的技战术策略,让对手难以适应,从而限制对方技战术优势的发挥,制造对手的不稳定情绪,增加对手的失误率。比如,如果对手喜欢反击,可以采用主动进攻战术,限制对手的优势发挥;如果对手喜欢侧身进攻,可以采用变线、变球速和旋转来打乱对手的节奏;如果对手的正手发球技术较差,可以选择更频繁地使用短球接发或挑球回击,迫使对手回击失误。

5. 了解和预测技术、战术发展的方向

通过比赛分析可以了解世界强队的技术、战术发展动态和方向,比如乒乓球双打比赛中,右手横拍选手在接发球时侧身用反手拧的新技术。这一新技术不但解决了两名右手运动员配对时接发球的站位问题,而且常造成对手的不适应。

乒乓球技战术分析是一个灵活多变的过程,需要通过不断地观察、收集数据、分析、总结和调整,以适应不同对手和比赛的情况。通过对运动员和对手的技战术分析可以帮助运动员找到取得胜利的关键点,并在比赛中采取相应的战术策略。

四、乒乓球技战术分析的方法

(一)多媒体技战术分析方法

多媒体技战术分析方法是指利用多种媒体形式来分析和评估乒乓球比赛中的技战术要素。这种方法结合了视频、图像和数据分析等技术手段,可以提供更全面、更深入的乒乓球技战术信息,帮助乒乓球运动员和教练员做出更好的决策和训练计划调整。

下面是几种常见的多媒体乒乓球技战术分析方法。

(1)视频分析:通过对乒乓球比赛录像的观察和分析,可以提取关键信息,如球员的技术特点、战术调整、比赛模式等。视频分析技术可以通过慢动作、回放等功能来分析球员的动作技术、战术选择等,帮助发现和改进技术问题。

(2)图像分析:通过对乒乓球比赛图像的处理和分析,可以评估球员的位置、姿势、击球轨迹等要素。图像分析技术可以提供详细的运动学参数和轨迹信息,帮助球员和教练员更准确地分析比赛中的技术和战术问题。

(3)数据统计与分析:通过对乒乓球比赛数据的收集和处理,可以分析球员的得分

情况、截击率、发球效果等关键指标。数据统计与分析技术可以帮助球员评估自身的表现和对手的特点,根据数据分析结果进行战术调整和训练优化。

综上所述,多媒体技战术分析方法结合了视频、图像和数据等多种媒体形式,并利用现代技术手段对乒乓球比赛中的技术和战术要素进行综合分析,为球员和教练员提供科学、有效的战术指导和决策支持。

(二)基于评估指标体系的乒乓球技战术分析

随着乒乓球项目及其技战术的不断发展,加上世界乒坛竞争的日益激烈,乒乓球项目科研人员在长期国家队科研攻关服务积累的经验基础上,结合教练员和运动员的需求,提出了多种乒乓球技战术分析的指标体系。其中,三段指标评估法(以下简称"三段法")是提出较早,也是比较经典的乒乓球技战术分析指标体系,在实际的乒乓球比赛技战术分析中得以成功而广泛地应用。三段法也是四段指标评估法(以下简称"四段法")、双三段指标评估法(以下简称"双三段法")等其他乒乓球技战术分析指标体系构建的基础。现如今,我们通常会根据不同的比赛类型和比赛技战术分析目标而选择三段法、四段法、双三段法、动态三段指标评估法(以下简称"动态三段法")、八轮次三段指标评估法(以下简称"八轮次三段法")、数理统计分析法、逻辑分析法、录像观察法等技战术分析指标体系或方法,以及多种方法的组合来对运动员的比赛进行不同层级的技战术分析研究。

目前,最常用的乒乓球技战术分析方法是三段法和数理统计分析法相结合的乒乓球技战术分析方法。三段法从运动员比赛能力的整体观出发,将乒乓球比赛的每一个回合分为发抢段、接抢段和相持段三段。同时,采用各段的得分率、失分率和使用率为评价指标,提出了分析比赛获胜概率的多种模式。数理统计分析法在大量收集运动员比赛数据的基础上,能更有效地分析运动员技战术运用特征与比赛获胜概率的因果关系。通过比赛数据的描述性统计分析和关联规则挖掘分析,更好地对技战术的动态变化及其对比赛胜负的影响进行分析,从而更好地识别和测量横断面数据和时间序列数据中难以识别的信息。

(三)大数据挖掘技术在乒乓球技战术分析中的应用

1. 定义与特征

大数据挖掘技术是一种利用先进的计算和分析方法,从大规模、复杂、多样化的数据集中发现模式、关联、趋势和隐藏信息的过程。它结合了数据挖掘、机器学习、统计分析等多个领域的技术,旨在从海量数据中提取有价值的知识和信息,以支持决策、预测、优化等应用。大数据挖掘技术的特征主要包括以下几个方面。

(1)大规模数据处理能力:大数据挖掘技术能够处理海量数据,包括结构化数据(如数据库中的表格数据)和非结构化数据(如文本、图像、音频等),并从中挖掘出有用的信息。

(2)多样性数据源:这些技术可以从不同来源的数据中进行挖掘,如社交媒体、传感器数据、日志文件等,以获取多维度的信息,支持更全面的分析。

(3)自动化和智能化分析:大数据挖掘技术使用机器学习算法和模型来自动发现模式和关联,无须人为干预。它可以自适应地调整模型以适应数据的变化。

(4)多种挖掘任务:这些技术可以应用于不同的挖掘任务,如分类、聚类、关联规则挖掘、预测分析等,以满足不同领域的需求。

(5)实时性和迭代性:大数据挖掘技术可以支持实时数据分析,允许在数据流中发现实时的模式和趋势。同时,它也是一个迭代过程,可以根据反馈不断优化模型和分析结果。

（6）决策支持和预测能力：通过挖掘数据中的隐藏信息,可以为决策制定提供支持,使组织能够更好地预测趋势、优化流程和制定战略。

总之,大数据挖掘技术的主要目标是从大规模数据集中提取有用的信息,以帮助教练员和运动员做出更科学的决策,并制定针对性训练计划和临场技战术策略。

2. 大数据挖掘技术在乒乓球技战术分析中应用的必要性

（1）深入洞察战术模式和对手策略：大数据挖掘技术可以从大量的比赛数据中挖掘出各种战术模式、球员特点和对手策略。这有助于教练和球员更深入地了解不同对手的表现方式,分析其弱点和优势,从而制定更有效的战术策略。

（2）个体化训练计划制定：基于大数据分析的结果,可以为每位球员定制个体化的训练计划。通过分析球员的比赛数据,可以识别出其技术和战术上的不足之处,从而为其提供有针对性的训练建议,帮助其提升技术水平。

（3）实时比赛数据分析：大数据挖掘技术支持实时比赛数据分析,使教练和球员能够在比赛过程中获取及时的战术信息。这可以帮助他们做出快速决策,调整战术策略,适应比赛局势的变化。

（4）对手情报收集与分析：通过对对手的比赛数据进行挖掘,可以收集到大量有关对手的信息,包括其常用的战术、技术特点等。这有助于球员在比赛前做好对手情报分析,提前做出应对策略。

（5）战术决策制定的客观依据：大数据挖掘技术可以为战术决策提供客观的依据。通过分析大量的比赛数据,可以预测不同战术策略的成功概率,从而帮助教练和球员做出更明智的战术决策。

（6）隐含战术策略的发现：一些隐含的战术策略可能并不明显,但通过大数据挖掘技术可以被揭示出来。这些隐藏的策略可能对于创新和优化战术非常有价值。

综上,大数据挖掘技术在乒乓球技战术分析中的应用可以为球员和教练提供更全面、准确的信息,帮助他们制定更有效的战术策略,优化训练计划,并在比赛中做出更明智的决策,从而促进球员技术的进步和比赛成绩的提升,进而推动乒乓球运动的发展。

五、乒乓球技战术分析的意义

（1）深入了解对手：通过技战术分析,可以对对手的击球方式、强项和弱点进行深入了解。这有助于制定针对性的战术策略,针对对手的弱点发起攻击,并防守其强项。

（2）创造得分机会：技战术分析有助于找到对手的击球角度和轨迹的规律,从而预测并准备好回击的位置和时间点。这可以帮助选手创造更多的得分机会,并增加赢得比赛的机会。

（3）调整战术策略：通过技战术分析,可以及时调整自己的战术策略以适应对手的打法。如果对手以快速进攻为主,可以选择更注重防守和控制的战术;如果对手以稳定的防守为主,可以选择更具攻击性的战术。

（4）增强自信心：通过技战术分析,选手可以找到对手的弱点并针对性地制定战术,这有助于提升选手的自信心。自信的心态可以在比赛中发挥更好并应对各种挑战。

（5）提高比赛预测能力：技战术分析可以培养选手对比赛的预测能力,通过分析对手的战术和策略,选手可以更好地预测对手的下一步行动,并做出相应的反应。

总的来说,乒乓球技战术分析对运动员来说非常重要,它能够揭示对手的特点、制定战术策略并提高比赛的胜算。通过技战术分析,选手可以深入了解比赛的细节,提升自己的竞争优势,并在比赛中取得更好的成绩。

第三节　我国乒乓球比赛技战术分析的现状

一、传统的乒乓球比赛技战术分析

比赛观察与分析始于美国,其目的在于考察比赛场上运动员的技战术水平和能力。欧洲的 Stiehler(1962)最早将比赛观察的方法与指标系统化,以后逐渐发展成一种传统的比赛分析方法。Lames(1994)在其著作《系统的比赛观察》中详细地讨论了比赛观察与分析的原理、作用与方法等。吴焕群和张晓蓬等人根据长期随队的经验积累,通过专家咨询和世界大赛的调研,在 20 世纪 90 年代初期提出"分段指标评估法",在中国乒乓球队历届备战奥运会和世界锦标赛期间为队员进行竞技状态诊断和技战术分析,取得了良好的效果,成为球类比赛分析的一个典型实例。

这种传统的乒乓球比赛分析方法的优点是操作方便、简单,速度快,可以快速地对技战术进行统计分析,并及时地将技战术统计结果反馈给教练员和运动员。该方法的缺点是统计指标所反映的信息量较少,各项统计指标相互间是独立的、静止的和抽象化了的。例如,乒乓球比赛中最常用技战术统计指标之一,发抢段的得分率和使用率只能反映运动员在该场比赛中发抢段技战术发挥的总体情况,但无法从百分率统计中获知运动员是在何时(开局、中局或尾局)、何种发球(侧上或侧下旋、长球或短球、至对方正手位或反手位等),以及在对手采用了何种技术(摆短、劈长、挑打或拉冲)接发球的情况下使用何种技术(正手或反手、弧圈或快攻)进行抢攻得分等问题。

尽管如此,传统的乒乓球战术分析方法为以后其他技战术分析方法的提出打下了坚实的基础。

二、多媒体在乒乓球比赛技战术分析中的应用

随着计算机技术,特别是多媒体、数据库、网络等技术的发展及其在各领域中的应用。上述传统的比赛分析方法表现出许多不足。张辉等人(2005)在国家乒乓球队备战 2004 年雅典奥运会封闭集训期间,首次在主要对手的技战术分析中运用了多媒体技术,并获得良好的效果,深受国家乒乓球队的教练员与运动员的欢迎。

与传统的比赛录像观察和统计分析相比较,多媒体技战术分析主要有以下两个特点:一是技战术视频数据所包含的信息量要远大于文字统计数据,以视频、动画和图表等表现出来的对手技战术特点清晰有序、生动形象,它能帮助教练员和运动员更加细致地观察、分析对手的技战术优缺点,从而提高备战训练的针对性与科学性;二是多媒体技术分析资

料便于教练员和运动员在大赛前和大赛中随时随地、快速方便地对将要遇到的对手进行分析与研究。

三、计算机辅助比赛技战术分析

近几年，一些软件公司或体育科研机构相继开发了一些比赛分析软件，如著名的 Simi Reality Motion Systems 公司的 SIMIO Scout、Digital Scout 公司的系列掌上计算机球类比赛统计分析软件以及 Dartfish 软件等。这些计算机比赛统计软件的共同特点是减少了人工数据采集的工作量，并能自动地进行数据统计分析和运用各种图表将分析结果显示出来，反馈给教练员与运动员。

计算机辅助比赛统计分析软件也并非完美，依然存在一些问题。它的比赛分析原理、思路与传统的统计描述是一样的，所得到的结果还是各项技战术的得分率、失分率和使用率等，其区别仅在操作手段上，运用计算机更简便、快速，省时省力，本质上并没有出现革命性的突破。

四、乒乓球比赛的技战术数学模拟诊断

随着计算机科学与技术的发展，现代科学计算方法被越来越多地应用于技战术分析领域，如数学模拟诊断、人工神经网络技术的技战术诊断模型、马尔可夫链模型、数据挖掘、系统动力学等，并取得初步的成果。数学模拟竞技诊断不仅可以用来探讨球类比赛技战术的一般性规律和特点，而且可以就某一运动员（队）具体的比赛对象进行研究。借助于计算机进行一系列的数学模拟计算，可以确定对比赛获胜概率影响最大的技术或战术。有意识地加强那些对比赛获胜概率影响最大的技术或战术练习，将会使训练工作收到事半功倍的效果。例如，当进攻的失误减少几个百分点时，比赛的获胜概率会提高多少；而当防守的成功率提高相同比例的百分点时，比赛的获胜概率又会提高几成等。与传统的比赛分析相比较，数学模拟诊断方法不仅能对技战术进行描述性统计分析，而且还能够计算各项技战术行为的竞技效率值（即技战术行为对比赛获胜概率影响的大小）。

（一）基于人工神经网络技术的乒乓球技战术诊断与分析

人工神经网络是模仿人脑的工作方式而设计的一种信息处理系统。人工神经网络是由大量神经元广泛互联而形成的网络，人工神经元是一个近似模拟生物神经元的数学模型，每个神经元接受与其相连的所有神经元信息，并经加权后，加权总和与神经元一一进行比较，如果大于阈值，人工神经元被激活，信号被传递到与其相连的更高一级神经元。

从 20 世纪 80 年代以来，神经网络的理论研究随着误差反向传播算法，即 BP（back propagation）算法的成熟而愈发成熟。BP 算法有着超强的运算能力、纠错能力和自适应能力，它的提出标志着人工神经网络理论研究的突破，至此人们展开了神经网络应用的热潮。BP 学习算法已成为目前最引人注目、应用最广泛的神经网络算法之一。BP 算法由正向传播和反向传播组成。在正向传播过程中，输入信号从输入层通过作用函数，逐层向隐含层、输出层传播，每一层神经元的状态只影响下一层神经元的状态。如果在输出层得不到期望的输出，则转入反向传播，将误差信号沿原来的连接通路返回，通过修改各层神经元的连接权值，使得输出误差信号最小。此学习过程不断地反复进行，直到输出误差信

号小于某一给定数值,这样便获得了映射输入与输出信号的一组连接权值,得到训练好的神经网络。

神经网络与传统的预测、决策、调度等方法相比,不需要再设计任何数学模型,只需要根据输入和输出的数据建立数学模型,网络的统计信息存储在数量巨大的加权矩阵内。神经网络的这种独有的自组织、自学习、超强的信息存储和处理的能力,在解决复杂非线性及不确定的人体运动系统上显示了其诱人的前景。当运动员技战术水平发生改变时,只要在原有的基础上输入最新的技战术统计数据,对现有神经网络模型进行重新训练,即可获得反映当前运动员技术水平的神经网络的连接权值,进而得到修正之后的运动员技战术诊断分析模型。神经网络模型的自组织、自学习及自调节的功能为乒乓球运动员在比赛中找出自己的优势进而赢得比赛提供了强有力的理论及数据支撑。

（二）基于马尔可夫链的乒乓球技战术诊断与分析

基于马尔可夫链的乒乓球技战术诊断与分析的基本思想与方法是由德国学者 Lames(1988)提出来的,即用比赛状态(技术或战术等)的转移概率矩阵概括地描述一场比赛,在此基础上运用马尔可夫链计算比赛获胜概率,并进一步确定各种比赛状态(技术或战术)的竞技效率值。

例如,我们可以将乒乓球比赛典型的战术行为状态划分为发球、接发球、相持、进攻、防守、控制及(一个回合结束状态的)得分。这里的战术行为状态是针对双方运动员的,因此,乒乓球比赛中的一个回合可以这样来描述：运动员 A 发球→运动员 B 接发球→运动员 A 进攻(失误)→运动员 B 得分,或者运动员 B 发球→运动员 A 接发球→运动员 B 进攻(直接得分,运动员 A 在下一板击球时球拍没有触及球)→运动员 B 得分,如此,等等。

由于数学模型的要求,比赛中的技战术模型,如战术行为、技术、击球位置、击球方向等只能被分开、独立地进行讨论。因此,现在的数学模拟竞技诊断方法还不能够回答比赛中更加具体的问题,如运动员在比赛中何时使用何种战术、在什么位置使用何种技术、将球击到对方哪个区域效果更好、对比赛获胜概率的影响更大等。

五、乒乓球比赛技战术分析的发展方向

随着计算机科学与技术的发展,竞技体育对抗性项目技战术分析向三个研究方向迅速推进。一是技战术分析结果的可视化,如计算机多媒体技术,尤其是各种视频分析系统在技战术特征分析中的应用,加深了运动员和教练员对技战术特征的理解。二是现代科学计算方法在技战术诊断与分析的研究领域中渗透,如计算机模拟竞技诊断;人工神经网络技术的技战术诊断模型;数据挖掘技术的使用等。随着研究工作的深入,人们认识到竞技体育制胜因素是多方面的,除了最主要的技战术因素外,运动员的比赛心理、身体机能、比赛环境等因素对比赛的获胜产生综合影响。因此,第三个研究方向是系统集成研究便被应用于技战术评估与预测,如乒乓球技战术系统动力学与决策支持系统的研究。

近几年,乒乓球项目的技战术分析理论与方法得到了较快的发展,如技战术软件开发、智能处理与决策支持等研究均处于国际领先水平。同时,随着大数据、人工智能、计算机图形学和机器视觉相关理论的不断完善和应用的不断深入推广,以及人工智能算法、数据存储和大数据算力等技术的不断发展,有学者和研究机构尝试运用这些高新技术和算

法来解决乒乓球技战术分析相关的其他难题,主要体现在以下几个方面。

1. 基于神经网络的乒乓球轨迹跟踪与预测

在实际乒乓球对打过程中,球与球拍、球桌碰撞时会使乒乓球产生旋转,因此旋转球的轨迹预测问题至关重要。近年来,有相关学者对乒乓球的旋转的数据采集进行了研究,如任艳青等人(2014)设计了一种基于模糊反向传播神经网络的轨迹分类器,通过乒乓球的轨迹识别出上、下、左、右类型的旋转球;Zhang 等人(2021)将补偿模糊算法与递归神经网络相结合,准确区分了乒乓球的旋转状态。上述方法可预测旋转球的轨迹,但需大量的神经网络离线训练,且对球的旋转分类简单。针对此问题,季云峰等人(2018)利用人工神经网络探讨了输入和输出之间的相关性,验证了乒乓球旋转与运动轨迹之间的密切关联;张远辉等人(2012)利用扩展卡尔曼滤波器对乒乓球旋转进行了实时测量,但卡尔曼滤波性能不稳定,估计效率较低;张康洁等人(2014)在张远辉的方法上做出改进,使用无迹卡尔曼滤波的方式对乒乓球旋转速度进行估算,该方式比直接利用系统的非线性建模,预测效果更加准确。

2. 基于高速摄像机的乒乓球转速测算

为解决高速旋转乒乓球转速测量问题,吕程旭(2023)提出一种基于高速视觉的乒乓球旋转速度实时测量方法,利用一种全新视觉系统方案,满足高速旋转球的转速测量要求。此外,中国乒乓球学院采用美国 Vision Research 公司的 Phantom Miro R111 型号高速摄像机进行击球转速的测试。将高速摄像机置于球台右侧中后方 30 cm 处,离地面高度 90 cm。Phantom Miro R111 高速摄像机的最大拍摄速率可达 20000 fps,可清晰地观察到击球后球在空中运行的详细运动轨迹。

3. 基于高速动作捕捉系统的击球动作数据采集

在对乒乓球运动员击球动作的合理性进行分析时,中国乒乓球学院研究团队采用了高速动作捕捉系统来采集击球动作的相关数据。高速动作捕捉系统使用多方位摄像机对运动员身体的各关节动作进行捕捉,通过粘贴在人体上的红外 Marker 球来识别和捕捉人体全身骨骼的三维运动。实验之前,实验人员需要在动捕衣和动捕鞋上的相关位置上贴上 Marker 球点(贴在人体骨骼模型的主要关节处)。

高速动作捕捉系统主要是对运动员击球过程中主要关节点的三维空间坐标和关节角度的变化进行跟踪,称为六自由度(6DoF)追踪。摄像机内置高能近红外 LED 闪光灯,波长为 850 nm,分辨率为 130 万像素,满分辨率最大帧速为 210 fps,其中相机的水平视场角为 90°,垂直视场角为 70°,焦距 4~12 mm。高速动作捕捉系统支持 3D 可视化显示,在同一个 Marker 点上三维坐标的变化反映运动员的真实动作变化,教练员和运动员可以通过监视器实时观看运动员击球过程中人体运动的三维空间动画效果,也可以选择不同的起始帧导出多种格式的数据文件。离线数据分析的主体为运动员骨骼,可解析的数据包括关节空间位置、关节角度和人体重心等,并可以通过图表和曲线显示出来。

总体而言,技战术分析数据采集方法正在不断发展和进步。随着科技的进步和数据分析的重要性不断增加,可以预期未来会有更多先进的方法和工具来帮助乒乓球队和运动员进行更精确和全面的技战术分析。

本章参考文献

房杰,2004.乒乓球技术的五大要素及现状的研究[J].中国体育教练员,(4):30-31.

季云峰,黄睿,施之皓,等,2018.乒乓球精确旋转、速度及落点数据的人工神经网络模型研究[J].上海体育学院学报,42(6):98-103.

李聪,2022.规则变化对乒乓球比赛技战术发展的影响[J].中国体育教练员,30(4):59-60,63.

吕程旭,李清都,季云峰,2023.基于高速视觉的乒乓球旋转速度实时测量方法[J].软件导刊,22(1):128-137.

任艳青,方灶军,徐德,等,2014.基于模糊神经网络的乒乓球旋转飞行轨迹模式分类[J].控制与决策,29(2):263-269.

施之皓,2007.对乒乓球战术特征的再认识[J].乒乓世界,(11):90.

田麦久,2000.运动训练学[M].北京:人民体育出版社.

田麦久,麻雪田,黄新河,等,1990.项群训练理论及其应用[J].体育科学,(6):29-35,94.

吴焕群,李振彪,1990.乒乓球运动员技术诊断方法的研究[J].乒乓世界,(2):39-42.

夏晨阳,雷小明,刘玲,2022.中国乒乓球运动的历史演进及球员媒介形象发展研究[J].文体用品与科技,(24):139-141.

杨双燕,赵水宁,2003.体育数据分析中数据挖掘技术的应用[J].浙江体育科学,25(4):49-51.

张辉,李晓东,傅悦,2005.计算机视频技术在乒乓球比赛分析中的应用[J].上海体育学院学报,29(6):47-50.

张康洁,王奇志,2014.无迹卡尔曼滤波在旋转乒乓球轨迹预测中的应用[J].计算机科学,41(1):83-87.

张晓靖,2016.乒乓球运动发展的历史渊源探究[J].才智,(24):251.

张晓蓬,2004.中国乒乓球队战术训练水平定量诊断方法及实践效用[D].北京:北京体育大学.

张远辉,韦巍,2012.在线角速度估计的乒乓球机器人视觉测量方法[J].浙江大学学报:工学版,46(7):1320-1326.

HOHMANN, LAMES, LETZELTER, 2002. Einführung in die Transzendental philosophie [M] Darmstadt: Wissenschaftliche Buchgesellschaft: 185-194.

LAMES M, 1994. Systematische Spielbeobachtung (in German, Systematic game observation)[M]. Münster: Philippka-Sportverlag.

LAMES M, 1991. Leistungsdiagnostik durch Computersimulation: Ein Beitrag zur Theorie der Sportspiele am Beispiel Tennis. Deutsch.

STIEHLER，GOTTFRIED，1962. J. G. Fichtes synthetische Methode als Keimform der Dialektik[J]. Deutsche Zeitschrift für Philosophie，10(5)：639.

ZHANG J，2021. Automatic detection method of technical and tactical indicators for table tennis based on trajectory prediction using compensation fuzzy neural network [J]. Computational Intelligence and Neuroscience，(1)：1－12.

第二章
乒乓球技战术分析指标体系与方法

第一节 比赛观察单位与观察指标体系

一、比赛观察单位

由于乒乓球技战术的多样性以及比赛过程运动员技战术运用的灵活多变,乒乓球比赛的技战术分析首先需要根据具体的目标选择相应的技战术统计指标体系,然后根据统计指标体系,通过现场或者赛后的比赛录像观察记录运动员比赛过程中的技战术运用情况,从而为赛后的技战术分析提供数据支撑。为了能准确地反映乒乓球运动员比赛过程中的技战术运用情况,比赛观察应用事先设计的观察指标系统尽可能客观、完整地将比赛记录下来。

比赛观察作为乒乓球技战术分析的重要手段,具有直接性和非参与性两个主要特征。直接性是指对运动员比赛过程中的技战术进行直接观察,而不是通过某种现象或效果来进行统计;非参与性是指技战术分析人员本身并不参与比赛的行为,而仅仅是对比赛过程中运动员的技战术运用进行客观的记录。

在通过比赛观察进行乒乓球技战术分析的过程中,需要首先确定比赛观察的观察单位。比赛观察单位是指在一个比赛行为过程中最小的部分,它在比赛技战术分析中不能再进行分割,即观察的最小单位,它直接关系到比赛技战术的分析深度。不同竞技项目的比赛观察单位通常是不同的。为简便起见,乒乓球项目的比赛观察通常选取比赛的一个回合(即1分)作为比赛的观察单位,但也可以根据实际需要选取一次击球(即1拍)作为比赛观察单位。

二、比赛观察指标体系

(一)比赛观察指标的选取

乒乓球技战术分析需要根据选定的观察指标采集运动员比赛过程中的技战术运用情况。不同的观察指标反映了不同的技战术分析目标。观察指标的选择应该与比赛的实际情况和技战术分析的目标需求相符,并且能够提供有价值的信息来帮助教练员提升球员的技战术表现。

1.观察指标类别选取的原则

隔网对抗类项目比赛观察指标包括一般性指标、时间指标、空间指标、技术指标和战术指标等。乒乓球项目各类比赛观察指标内容见表2-1。观察指标的选择一般应依据三个原则,即具有有效性、经济性和可观察性。观察指标的选择要能反映比赛的过程,以便为统计、分析和诊断比赛提供有效信息。尽管现在可以借助于计算机记录比赛的各项技战术行为,但仍然存在着比赛分析前期原始数据录入的问题。因此,观察指标的经济性是比赛分析需要重点考虑的问题。另外,比赛观察指标的一个主要特点是客观性,所以可观察性是评价一个比赛观察指标的重要内容。

表2-1　乒乓球项目比赛观察指标

指 标 类 别	指　标　内　容
一般性指标	运动员、对手、比分(盘、局、场)
时间性指标	击球序列、局序列(开局、中局、尾局)、场序列
空间型指标	球飞行的轨迹、运动员跑动的路线、击球点的空间位置、对手和同伴的位置、击球落点
技术性指标	单个技术动作的体系、方位、强度、方向、旋转
战术性指标	进攻、防守、相持、控制

2. 观察指标具体内容确定的原则

观察指标具体内容的确定应遵循四个原则:① 观察指标内容的唯一性,即同一个技术或战术行为不能同时用一个指标中的两项内容来描述;② 观察指标内容的完整性,即比赛中的所有出现的事件都要考虑到,并能够记录到观察量表中;③ 观察指标内容的可操作性,即比赛中所有出现的事件必须有一个明确的定义,各种事件之间界限要明确,这样才能在实际的比赛观察中进行操作;④ 观察指标内容的有效性,即观察指标能反映所要研究的问题。

3. 观察指标确定的具体步骤

科学合理的乒乓球技战术分析指标体系的选择需要综合考虑比赛的各个方面,包括球员的技术特点、比赛目标、战术策略和数据可获得性等。其中,与教练员和运动员的密切合作是成功选择乒乓球技战术分析指标体系的关键。观察指标的确定通常包括以下几个步骤:

(1)确定分析的目标:明确技战术分析的目标,是为了改进球员的技战术表现,优化战术策略,清晰分析目标有助于确定需要的指标。

(2)考虑比赛类型:不同类型的比赛(单打、双打、团体赛等)可能需要不同的统计指标体系,应确保统计指标体系适用于特定的比赛类型。

(3)分析技术和战术:确定要分析的技术和战术的具体内容,比如发球、接发球、进攻、防守、战术选择等方面。针对每个方面制定相应的统计指标。

(4)考虑技术特点:了解每个球员的技术特点,例如他们的发球类型、擅长的进攻方式、防守策略等,从而制定相应的指标反映这些特点。

(5)数据收集方法:确定数据收集的具体方法。这可以包括使用视频录像、传感器、实时计分系统等,以确保数据可靠性和一致性。

(6)选择指标:根据上述步骤,确定具体的指标。指标应该是可量化的,容易收集和分析的数据,例如得分率、失误率、速度、击球点的分布等。

(7)考虑时间因素:考虑比赛中的时间因素。有些指标可能在比赛的不同阶段变得更重要,例如开尾局的比赛得分率。

(8)制定评估标准:为每个指标制定评估标准,以确定什么水平的表现被认为是出色的,什么水平的表现是一般的。

(9)数据分析和反馈:收集数据后进行数据分析,并反馈给球员和教练团队,帮助他们识别运动员的技术强项和改进之处,从而制定更好的战术策略,提高比赛获胜概率。

(二)比赛观察指标的编码方法

比赛观察指标编码是用数字对比赛中可能出现的技战术进行定义和编码,当预先确定的技战术行为在比赛中出现时,用数字来进行记录。编码系统可以分为两种:第一种仅对需要研究的某些技战术进行定义与编码,当比赛中事先编码好的技战术行为发生时,把它记录到合适的分类表中去;第二种编码系统不只局限于预先选择的技战术行为,它包括在比赛中发生的所有技战术行为。

编码系统制定的基本途径和方法是:首先根据某一项比赛基本的特点、所要研究的问题或依据某种技战术分析原理,确定观察指标;然后用数字或者设计一些简单、合适、容易辨认和记忆的符号来代表相应的技战术,最终形成一套比赛技战术观察系统。制定编码系统的工作主要有两个方面:一是如何将观察范畴设计成为可进行观察的具体项目,即给技战术分析的具体问题下操作定义;二是如何选取数字或设计符号进行标识。

数字型编码是用不同的数字分别代表各个比赛观察单位,被观察单位可以是技术,也可以是战术,所用数字的多少取决具体研究中观察内容的项目。数字型编码的优点是结果整理工作量小,适合用计算机处理。其不足之处是不易记忆,需花费较多的时间记忆数字代码,要求观察者对各代码的意义达到十分熟练的掌握程度,方能进行观察记录。

符号型编码是用一些符号分别代表各个观察内容的项目。符号型编码的特点是形象、逼真、易于记忆。不足之处是结果需要花较多的时间整理,不能直接输入计算机进行统计分析。

对于乒乓球比赛观察指标的编码方法的选择,可以使用各种方式来记录和表示数据。无论选择哪种编码方法,都应该确保它们易于理解、记录和分析。另外,要与球员和教练团队共同讨论和确定使用的编码方法,以确保它们满足乒乓球比赛技战术分析的需求,能为教练员和运动员提供有价值的信息,以帮助他们更好地理解比赛,从而制定更好的比赛战术策略,提升球员的技战术表现。

(三)比赛观察指标体系

基于不同的技战术分析目标,乒乓球技战术分析可以制定和选择不同的观察指标来构建乒乓球技战术分析的指标体系。乒乓球项目经过多年的发展,已经提出了多种用于技战术分析的指标体系。以下将详细讲述乒乓球技战术分析的三段法、四段法、双三段法、动态三段法,以及用于双打比赛技战术分析的八轮次三段法等乒乓球技战术分析指标体系。

第二节　三　段　法

三段法自提出以来,始终在乒乓球技战术分析领域占据主导地位。目前,很多关于乒乓球技战术分析的科学研究都是基于三段法基本理论框架的延伸和发展。该方法的研制成功不仅标志着我国乒乓球技战术定量分析理论体系的正式形成,也为未来我国乒乓球技战术分析研究的蓬勃发展打下了坚实的基础。

一、三段法概述

(一) 三段法提出的背景

1987 年之前,乒乓球领域的技战术分析大都局限于定性分析,定量研究极其有限且不成体系。然而,科学准确的诊断是技战术分析不懈追求的目标,而定量诊断是提高其诊断结果可靠性的一条有效途径。与定性研究相比,定量研究能够更清晰准确地描述事物的特征,认识事物的内在规律。

随着乒乓球项目的不断发展,以及世界乒坛竞争的日益激烈,1988 年,为了能够在汉城奥运会上取得理想成绩,时任中国乒乓球队总教练蔡振华联合多名乒乓球专家在反复实践后,对基础理论和经验又进一步分析和研究,共同提出了三段法,对中国乒乓球队的特长与不足进行全面、深入分析。

(二) 三段法的定义

吴焕群等人(1989)提出的三段法以每个回合最后一板的得分或失分为观察点,将运动员的比赛能力从整体上分为三段,即发抢段、接抢段和相持段。这种阶段被命名为“三段”,并把揭示“三段”训练基本规律的理论命名为“三段评估理论”。

三段法采用三段的得分率、失分率、使用率和贡献率对运动员的比赛能力进行分段诊断与评估,实现了乒乓球技战术评估由定性向定量评估的转变,该方法也成了后来研究乒乓球运动员技战术诊断与比赛评估的基础。长期以来,研究人员运用该方法在国家队备战世界锦标赛和奥运会期间,对国家乒乓球队重点队员和国外主要对手的技战术特征进行了科学分析,取得了良好的效果,成为球类比赛分析中的一个范例,并逐步在各级乒乓球训练中得到了广泛的应用。

(三) 三段法的特点

三段法按照乒乓球比赛的击球次序进行了段的划分,可以对同一个运动员在不同时期或相同时期不同运动员之间的技战术实力进行评估与对比分析。它从宏观上对一名运动员在比赛中临场发挥的能力(或实力)进行整体评估,其优点是简单易懂、操作方便。因此,自 1989 年三段法提出以来被大量的乒乓球研究人员广泛应用。至今为止,绝大多数乒乓球技战术特征研究的文献都采用此方法,它被证明是可行、有效的。

三段法主要从比赛整体出发,评估球员在比赛中的技术和战术表现。三段法具有较强的系统性,评估运动员在发抢、接发抢和相持三个方面技战术水平的高低。这种细分评估方法有助于全面了解球员的技战术能力,确定他们未来的技战术改进方向,能为其制定有针对性的训练计划和比赛战术策略。

二、三段法段的划分及特点

三段法将运动员的比赛能力从整体上分为三个阶段:发抢段(第1、3板)、接抢段(第2、4板)和相持段(第5板及以后)(图2-1)。每一分的争夺取决于发抢(发球、发球抢攻、发球被攻、发球后控制)、接抢(接发球控制、接发球抢攻、接球后被攻、接球后抢攻)及相持(主动相持、被动防御和相互转换等)能力的强弱。

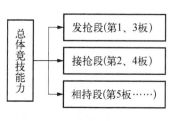

图2-1 三段法段落划分的理论结构

三、三段法技术统计指标及其计算方法

(一) 三段法技术统计指标

三段法的技术统计指标分为发球轮和接发球轮。发球轮技术包括发球和奇数板(第3板、第5板、第7板……)的正手挑打、拉冲、对攻、搓球、被攻和追身等技术,以及反手挑拧、拉冲、对攻、搓球、被攻和追身等技术。接发球轮技术包括对方发球和偶数板(第2板、第4板、第6板……)的正手挑打、拉冲、对攻、搓球、被攻和追身等技术,以及反手挑拧、拉冲、对攻、搓球、被攻和追身等技术(图2-2)。

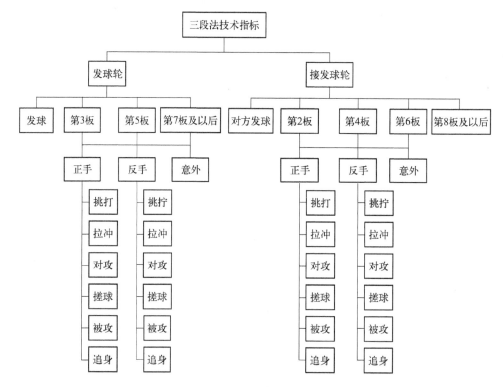

图2-2 三段法技术统计指标

（二）三段法评估指标及其计算公式

三段法选取各段的得分率、失分率、使用率和贡献率作为主要的评估指标，这些指标的计算公式如下：

发抢段得分率=（发球+第 3 板的得分）/（发球+第 3 板的得失分总和）×100%

接抢段得分率=（接发球+第 4 板的得分）/（接发球+第 4 板的得失分总和）×100%

相持段得分率=（第 5 板及以后的得分）/（第 5 板以后的得失分总和）×100%

段使用率=（段得失分总和/总得失分总和）×100%

段得分率=（段得分/段得失分总和）×100%

段失分率=（段失分/段得失分总和）×100%

段贡献率=（段得分/总得失分总和）×100%

三段法通过计算这些评价指标来综合评估运动员的技战术水平，并通过大量的实践研究，提出乒乓球比赛制胜的经验模式（即实力评估标准）。同时，将制胜经验与统计结果对比分析，对球员的技战术水平进行全面的分析和诊断。根据各个方面的诊断分析结果，综合判断球员的整体技战术水平，最终确定他们未来的技战术改进方向，以提升乒乓球运动员的综合技战术实力。

四、三段法的评估标准

吴焕群等人（1989）以得分率和使用率为评价指标，提出了三段法的评判标准。由表 2-2 可知，发抢段的得分率在 70% 以上为优秀，65%~70% 为良好，60%~65% 为及格，低于 60% 为不及格，使用率的正常范围是 25%~30%，超过这个范围的使用率为高，低于这个范围的使用率为低；接抢段的得分率在 50% 以上为优秀，40%~50% 为良好，30%~40% 为及格，低于 30% 为不及格，使用率的正常范围是 15%~25%，超过这个范围的使用率为高，低于这个范围的使用率为低；相持段的得分率在 55% 以上为优秀，50%~55% 为良好，45%~50% 为及格，低于 45% 为不及格，使用率的正常范围是 45%~55%，超过这个范围的使用率为高，低于这个范围的使用率为低。

表 2-2 三段法指标评判标准　　　　　　　　　　　　　　单位：%

	发抢段		接 抢 段		相 持 段	
	得分率	使用率	得分率	使用率	得分率	使用率
优秀	70		50		55	
良好	65	25~30	40	15~25	50	45~55
及格	60		30		45	

五、三段法乒乓球技战术分析的使用方法

三段法以比赛中每个回合得失分的最后一板为观察单位。基于三段法的乒乓球技战术分析分为手工操作和软件操作两种方法。手工操作是利用三段法的简化统计表格手工进行统计,统计指标包括接发球轮次、每个回合最后一板的板数及最后一板的得失分情况。软件操作是利用"乒乓球临场技战术分析软件"(以下简称"分析软件")快速进行统计,统计指标包括接发球轮次、每个回合最后一板的板数、最后一板使用的技术及得失分情况等。

(一)三段法手工统计方法

三段法手工统计简表如表 2-3 所示。

表 2-3　三段法手工统计简表

发 抢 段				接 发 抢 段				相 持 段			
第 1 板		第 3 板		第 2 板		第 4 板		第 5 板		第 6 板及以后	
得分	失分	得分	失分	得分	失分	得分	失分	得分	失分	得分	失分
第一局											
第二局											
第三局											
第四局											
第五局											
第六局											
第七局											

表 2-3 所示的左边第一列为比赛的局号(第一局、第二局、第三局……),第一行标题从左到右分别是三段评估法的三个段(发抢、接发抢和相持)及其每个段所包含的每个回合最后一板的板数(发抢段:第 1、3 板,接发抢段:第 2、4 板;相持段:第 5 板及以后)。在乒乓球比赛技战术分析的录像观察过程中,根据三段法统计简表 2-3,将比赛中每个回合最后一球的板数和得失分情况手工记录到对应的单元格中。这期间,可以利用画"正"字的方式帮助记录和统计。比赛结束后,根据简表中的数据可以统计出每一局和整场比赛各段的得失分情况。同时,为方便核对统计结果是否有误,可以在最后一列写下每一局的比分。

汇总出每一局和整场比赛各段的得失分数据后,根据三段法的评价指标计算公式,可以分别计算出每一局和整场比赛各段的得分率、失分率和使用率,然后根据三段法的评判标准对运动员比赛中发抢、接发抢和相持三个阶段的技战术水平进行综合评估,以全面了解球员的技战术实力。

(二)乒乓球技战术分析软件

中国乒乓球学院研究团队在长期国家队科研攻关服务积累的经验基础上,结合三段法的基本原理,自行研制了统计软件。运行该统计软件后,即可进入分析软件的主界面,如图 2-3 所示。

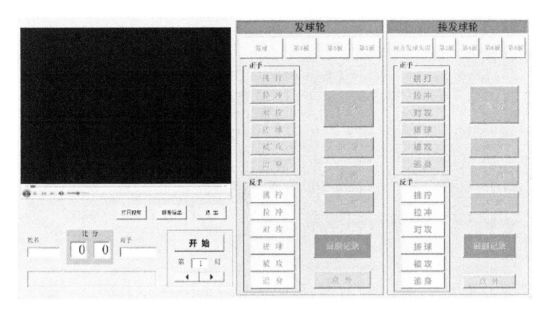

图 2-3　乒乓球技战术分析软件主界面

　　整个主界面分为左右两个区域,左边主要是比赛视频播放区域和一些基本信息输入及功能按钮,右边主要是运动员在发球轮和接发球轮中每个回合最后一板的板数、最后一板使用的技术动作及其得失分情况。首先,填写比赛和运动员的基本信息,在"姓名"栏填写需要观察分析的目标运动员,在"对手"栏填写目标运动员的对手;然后,点击"打开视频"选取目标比赛视频文件,通过观看比赛视频进行该场比赛的技战术分析。

　　每一局比赛开始时,点击"开始"按钮后主界面右边区域相应的按钮就会被激活,即可进行该局比赛的技战术分析。具体操作是:每一回合结束时,根据目标球员当前所处的接发球轮次、回合最后一板的板数、最后一板采用的击球技术动作(擦网、擦边球等记为"意外")及其得失分情况等,依次点击主界面右边区域的相应按钮,即可完成该回合的技战术统计数据采集。同时,主界面左边区域中的比分区域会自动更新,可以根据比分变化和比赛视频中显示的比分来核对点球的数据采集是否正确。

　　完成整场比赛的点球后,点击"数据输出",将技战术分析的结果数据导出并存为Excel 文件,从而得到整场比赛的技战术分析结果数据。最后,点击"退出"按钮退出该统计软件。比赛技战术分析的结果数据导出 Excel 文件的内容如图 2-4 所示。

　　手工统计和软件统计这两种乒乓球比赛技战术分析方存在以下几个方面的区别。

　　(1)手工统计结果不包括具体的技术动作指标,而软件统计指标包括最后一板的技术动作。在不涉及技术动作指标或为追求便捷的情况下可以选择使用手工统计。

　　(2)手工统计虽然更简便、灵活,但统计结果可能会受到统计员自身的影响,例如统计员记录数据的速度、精确度和主观判断等。而软件统计通过自动化的处理提高了统计结果数据的准确性和实时性,减少了人为错误。

　　(3)手工统计结果数据需要手动整理、计算和分析各项指标,而软件统计可以自动生成各种统计图表、技战术分析报告等,效率较高。

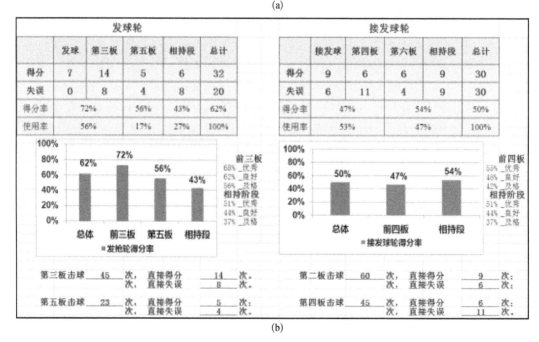

图 2-4　乒乓球技战术分析软件结果数据导出

（三）乒乓球比赛视频的剪辑与合成

乒乓球比赛视频的剪辑与合成是根据技战术分析的需要,将完整的比赛视频以每个回合为单位剪辑成多个视频片段,然后再根据三段法的基本原理,对剪辑好的视频片段按照局数、段数、板数及得失分情况等多个维度进行分类整理并合成,从而便于实现三段法技战术分析结果与对应比赛视频剪辑(合成)片段的关联。这样教练员和运动员在观看技战术分析结果时,不仅可以很直观地了解到运动员在比赛中各段(发抢段、接发抢段和相持段)及其每一板的得失分情况,还可以通过观看各段每一板的得失分视频集锦,深入分析与识别运动员得失分具体原因。在综合评估运动员各段及整场比赛技战术实力的同时,还可以了解到运动员的技战术特征、优劣势,从而为制定针对性训练计划和比赛战术策略提供依据,为下一阶段的训练和比赛提供指导,不断提高运动员个人和团队的竞技水平。

本节以 Movie Maker 视频剪辑软件为例,介绍乒乓球视频剪辑与合成的具体操作。首先,打开 Movie Maker 视频剪辑软件,主界面如图 2 - 5 所示。界面的上面部分是软件的功能区,下面部分的左边区域是视频显示区,右边区域是视频剪辑的操作区。

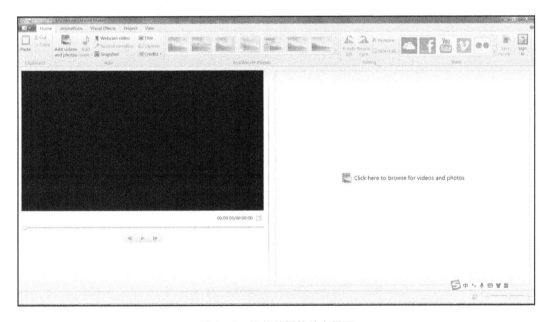

图 2 - 5 视频剪辑软件主界面

然后,点击"Add videos and photos"按钮,选择并加载完整的比赛视频。视频加载过程需要的时间取决于比赛视频文件的大小和电脑的硬件配置高低。视频加载过程中主界面的左边部分会显示视频加载的进度条,视频加载完毕后右边区域会显示每一帧的视频,如图 2 - 6 所示。

比赛视频加载完毕后即可进行比赛视频的剪辑操作。首先需要把光标定位到需要剪辑的比赛回合视频的开始位置,然后在键盘上点击字母"I"键(也可以通过软件的菜单进行操作),标记视频片段的起点,继续播放视频到该比赛回合视频的结束位置,在键盘上点击字母"O"键,标记视频片段的终点,最后,点击左上角"文件"菜单,选择"Save movie"-"For computer"子菜单,将剪辑好的视频片段保存在相应文件夹中,至此完成一个比赛回合的视频剪辑。按照同样的方法可以完成整场比赛其他所有回合的视频剪辑。文件夹的创建及命名可以按照比赛的局数—板数—得失分三个层级进行,而且需要创建多个文件夹以实现视频剪辑片段的分类管理,从而方便后续的视频合成。

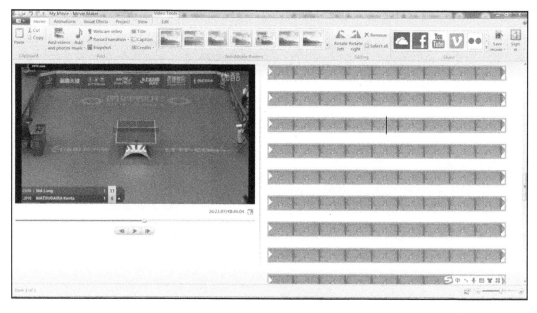

图 2-6 视频剪辑加载界面

完成整场比赛的视频片段剪辑后,根据三段法段的划分,将存放在不同文件夹中相同板数的得分或失分的所有视频剪辑片段依次添加到 Movie Maker 软件中,然后保存到相应的视频合成文件夹中,从而完成比赛视频的合成,得到板数以及每一板的得失分情况进行分类管理的比赛视频集锦,为后续的技战术分析报告的制作打下基础。

以上只介绍了一种乒乓球比赛视频剪辑与合成的分类方法,在实际的乒乓球技战术分析过程中,还可以根据其他个性化的技战术分析需求进行比赛视频的剪辑与合成。

(四)乒乓球比赛技战术分析报告的制作

将乒乓球技战术分析的结果和对应的比赛视频剪辑与合成视频片段,根据三段法的基本原理,利用 PowerPoint 软件完成乒乓球比赛技战术分析报告的制作(图 2-7),从而方便教练员和运动员观看技战术分析的结果。

图 2-7 乒乓球比赛技战术分析报告

六、三段法的优劣势

（一）三段法的优势

（1）简单易用：三段法操作简便，易于理解，不需要复杂的设备或工具。

（2）"三段"的划分与实际的比赛过程相吻合，从发球抢攻、接发球抢攻和相持三个阶段来评估运动员的比赛技战术能力具有一定的科学性。

（3）实现了乒乓球技战术分析方法从定性分析向定量统计的转换。

（4）可以对运动员的技战术实力进行深入的诊断和对比分析。通过技战术评估指标及其相应的评判标准，不仅能对运动员的技战术能力进行客观的分段评估与诊断，而且还可以对运动员的技战术能力进行纵向和横向的对比。

（二）三段法的劣势

（1）主观性较强：三段法主要是基于录像观察进行技战术统计，其结果可能受观察人员的主观判断的影响，缺乏客观性。

（2）三段法主要是从"段"的层次对运动员每场比赛中各段的技战术能力进行评估，并未包含比赛中双方运动员的战术和比赛策略等信息。

（3）三段法仅以"板数"作为段的划分标准，这样会导致比赛双方运动员技术统计数据可能不对应的问题，从而影响技战术分析结果的可靠性以及训练计划的制定。

（4）缺乏细节：仅用三个阶段的得分率和使用率来评估运动员的比赛技战术水平，而无法提供更多的个性化的技战术运用细节，评估结果过于简化。

（5）三段法虽然简便高效、应用较广，但它并不是适用于任何运动员的任何比赛，以及在任何情况下的技战术分析，它也存在着一些局限。如没有击球速度、旋转和落点等信息（徐君伟，2018），并且三段法体现不出发球抢攻或接发球抢攻两板衔接之间的关系。

（6）评价过于片面性：仅用三个阶段的得分率和使用率来评估运动员的比赛技战术水平，评估结果过于简化，无法满足运动员个性化技战术特点的实践需求。

（7）乒乓球运动包括以每分球产生得失分的时序特征和以每局比赛进程的时序特征，三段法统计过程中忽略了每局比赛进程的时序特征，易出现差异较大的数据被平均化的问题，如每局比赛进程中心理变化影响运动员技战术运用的变化和技战术发挥的情况等。

（8）三段法忽视了性别差异，造成结果不准。不同性别的运动员的技战术能力是不一样的，只以一套评估标准来评价不同性别运动员在比赛中的技战术运用情况和胜败原因，会造成结果不准，并且三段法评估标准不适合用于当前乒乓球技战术统计。随着规则的改革和器材的改进，20世纪90年代的评估标准对现如今的乒乓球技战术评估出现了不小的偏差。

三段法的提出标志着我国乒乓球技战术定量分析理论体系的正式形成。随着三段法的不断完善和应用的不断推广，其他一些基于三段法的乒乓球技战术分析方法也诞生了。同时，随着计算机、大数据和人工智能等技术的不断发展与广泛运用，数理模型构建、数理统计和数据挖掘等技术也逐渐被运用到乒乓球的技战术分析之中。目前的发展趋势是这些分析方法的不断交叉融合使用,且更加注重技战术分析的个性化,从而提高乒乓球技战术分析结果的可靠性、实用性和有效性,帮助运动员更好地提高他们的技术水平。

第三节　三段法扩展

三段法仅以每一回合的板数作为段的划分标准,这样会导致双方运动员的技术统计数据可能不对应的问题。当对一场比赛的双方运动员同时进行技术统计时会出现,A 方发抢段(或接抢段)的使用率不能对应 B 方接抢段(或发抢段)的数据,而 A 方相持段的得分率与使用率也不能对应 B 方相持段的数据(吴飞 等,2014)。张辉和杨青(2016)在总结多年研究成果的基础上,根据三段法的基础框架和乒乓球比赛的基本规律,提出了根据第 5 板的得失分将其划归到不同的段(将运动员的第 5 板得分归为相持段,第 5 板失分归为发抢段),从而较好地解决了三段法中第 5 板的归属问题及其双方运动员技术统计数据的不对应问题。同时,在此基础上对三段法进行了改进,引入了"实力差"概念,提出了三段法的扩展应用(以下简称"三段法扩展")(杨青 等,2016)。三段法扩展有利于教练员和运动员从多个角度、直观地进行乒乓球技战术特征分析,对提高优秀乒乓球运动员的科学化训练水平起到非常积极的作用。

一、三段法扩展评估指标的计算方法

为了能用公式更好地描述三段法扩展,本书以每个回合中一方运动员最后一板的得分或失分为观察点,并对其观察方法及代码做下列定义(表 2-4)。

表 2-4　乒乓球比赛技战术观察与代码

轮次	击球	得分观察点及代码	失分观察点及代码	合计代码
发球轮	发球	对方接发球失误(A^+)	本方发球失误(A^-)	A
	第3板	对方第4板失误(B^+)	本方第3板失误(B^-)	B
	第5板	对方第6板失误(C^+)	本方第5板失误(C^-)	C
	相持 I 段	对方第6板以后失误(D^+)	本方第5板以后失误(D^-)	D
接发球轮	接发球	对方第3板失误(X^+)	本方接发球失误(X^-)	X
	第4板	对方第5板失误(Y^+)	本方第4板失误(Y^-)	Y
	相持 II 段	对方第7板及以后失误(Z^+)	本方第6板及以后失误(Z^-)	Z

（一）横向扩展评估指标的计算方法

三段法是按照乒乓球比赛双方运动员的击球时间次序将运动员的技战术实力分成了发抢段、接抢段和相持段三段,因此在本书中称其为横向技战术分析,与此相关的扩展定义为"横向扩展"。横向扩展的评估指标主要包括段得分率、使用率及实力差,其计算方法如下。

1. 横向扩展各段得分率的计算

$$发抢段得分率 = \frac{A^+ + B^+}{A + B + C^-} \times 100\%$$

$$接抢段得分率 = \frac{X^+ + Y^+}{X + Y} \times 100\%$$

$$相持段得分率 = \frac{C^+ + D^+ + Z^+}{C^+ + D + Z} \times 100\%$$

2. 横向扩展各段使用率的计算

为叙述方便,设 S 为比赛总得分与总失分之和,即 S = A+B+C+D+X+Y+Z(以下相同),则各段使用率计算为

$$发抢段使用率 = \frac{A + B + C^-}{S} \times 100\%$$

$$接抢段使用率 = \frac{X + Y}{S} \times 100\%$$

$$相持段使用率 = \frac{C^+ + D + Z}{S} \times 100\%$$

3. 横向扩展各段实力差的计算

横向扩展各段实力差计算方法与李强和王於竞(2011)提出的技战术快速诊断公式思路相同,但由于快速诊断公式没有解决三段法中一直存在的 A、B 双方技术统计数据不对应的问题。因此本书采用张辉和杨青(2016)提出的将第 5 板得分归为相持段,第 5 板失分归为发抢段的计算方法,则乒乓球比赛双方运动员各段数据存在着下列一一对应关系: A 方的发抢段与 B 方的接抢段相对应; A 方的接抢段与 B 方的发抢段相对应; A 方的相持段与 B 方的相持段相对应。

因此,比赛双方运动员的实力差即为 A 方段得分比例减去 B 方相对应段的得分比例,各段实力差与总实力差的计算公式为

$$A\,方发抢段实力差 = \frac{(A_A^+ + B_A^+) - (X_B^+ + Y_B^+)}{S} \times 100\%$$

$$A\,方接抢段实力差 = \frac{(X_A^+ + Y_A^+) - (A_B^+ + B_B^+)}{S} \times 100\%$$

$$A\,方相持段实力差 = \frac{(C_A^+ + D_A^+ + Z_A^+) - (C_B^+ + D_B^+ + Z_B^+)}{S} \times 100\%$$

在以上公式中,下标 A 和 B 分别代表比赛的 A 方和 B 方的统计数据,以下相同。B 方各段的实力差的计算方法则反之。

整场比赛总实力差即为各段实力差之和,即:

$$总实力差 = 发抢段实力差 + 接抢段实力差 + 相持段实力差$$

（二）纵向扩展评估指标的计算方法

根据乒乓球比赛的规则，双方运动员发球与接发球交替进行，从乒乓球比赛的战术起始点来分析，可以将其划分为"发球抢攻及相持"与"接发球抢攻及相持"两种模式。因此，为了能够更加清晰地评估运动员在不同轮次（发球轮与接发球轮）中的技战术水平，本书将发球轮与接发球轮分开来计算，分别计算发抢段（第1、3板）和发球轮相持Ⅰ段的得分率、使用率及实力差；接抢段（第2、4板）和接发球轮相持Ⅱ段的得分率、使用率及实力差，并将其定义为"纵向扩展"。相关指标的计算方法如下。

1. 纵向扩展各段得分率的计算

发抢段得分率公式和接抢段得分率公式见前。

$$发球轮相持Ⅰ段得分率=\frac{C^++D^+}{C^++D}\times100\%$$

$$接发球轮相持Ⅱ段得分率=\frac{Z^+}{Z}\times100\%$$

2. 纵向扩展各段使用率的计算

$$发抢段使用率=\frac{A+B+C^-}{A+B+C+D}\times100\%$$

$$发球轮相持Ⅰ段使用率=\frac{C^++D}{A+B+C+D}\times100\%$$

$$接抢段使用率=\frac{X+Y}{X+Y+Z}\times100\%$$

$$接发球轮相持Ⅱ段使用率=\frac{Z}{X+Y+D}\times100\%$$

3. 纵向扩展各段实力差的计算

发抢段实力差和接抢段实力差公式见前。

$$发球轮相持Ⅰ段实力差=\frac{(C_A^++D_A^+)-Z_B^+}{S}\times100\%$$

$$接发球轮相持Ⅱ段实力差=\frac{Z_A^+-(C_B^++D_B^+)}{S}\times100\%$$

$$总实力差=发抢段实力差+发球轮相持Ⅰ段实力差$$
$$+接抢段实力差+接发球轮相持Ⅱ段实力差$$

4. 纵向扩展发球轮与接发球轮得分率的计算

$$发球轮得分率=\frac{A^++B^++C^++D^+}{A+B+C+D}\times100\%$$

$$接发球轮得分率=\frac{X^++Y^++Z^+}{X+Y+Z}\times100\%$$

5. 纵向扩展发球轮与接发球轮使用率的计算

$$发球轮使用率 = \frac{A+B+C+D}{S} \times 100\%$$

$$接发球轮使用率 = \frac{X+Y+Z}{S} \times 100\%$$

（三）横向与纵向扩展的异同点及意义

三段法是通过各段的得分率和使用率来对运动员的技术实力进行评估。其中,得分率是反映某一段指标的质,而使用率则代表某一段指标的量。前者反映的是运动员该项指标的效益,后者代表该项指标对运动员获得比赛胜利的贡献程度。

横向与纵向扩展在计算各段指标得分率方面是相同的,但在计算使用率方面却有较大的差异。即在横向扩展时以整场比赛的总分为基准(分母)来计算各段的使用率,而在纵向扩展中分别以发球轮总分和接发球轮总分为基准,计算发球轮中的发抢段和相持Ⅰ段使用率以及接发球轮中的接抢段和相持Ⅱ段使用率。从战术分析的角度来看,横向扩展是从整体的视角考察运动员各段的实力与对比赛获胜的贡献程度,而纵向扩展是分别从两个体系(发球轮和接发球)来考察发抢段与相持Ⅰ段,或者是接抢段与相持Ⅱ段对比赛获胜的贡献程度。最为明显的是,纵向扩展方法可以明确地知道,运动员是发球轮中的相持Ⅰ段比较好,还是接发球轮中的相持Ⅱ段更好。

二、三段法扩展的评估标准

1. 三段法扩展的得分率与使用率的评估标准

三段法扩展的得分率与使用率的评估标准如表 2-5 所示,发抢段的得分率在 70% 以上为优秀,65%~70% 为良好,60%~65% 为及格,低于 60% 为不及格,使用的正常范围是 25%~30%,超过这个范围的使用率为高,低于这个范围的使用率为低;接抢段的得分率在 50% 以上为优秀,40%~50% 为良好,30%~40% 为及格,低于 30% 为不及格,使用的正常范围是 15%~25%,超过这个范围的使用率为高,低于这个范围的使用率为低;相持段的得分率在 55% 以上为优秀,50%~55% 为良好,45%~50% 为及格,低于 45% 为不及格,使用率的正常范围是 45%~55%,超过这个范围的使用率为高,低于这个范围的使用率为低。

表 2-5　三段法扩展的得分率与使用率的评估标准（张辉 等,2016）　　　　单位: %

	发 抢 段		接 抢 段		相 持 段	
	得分率	使用率	得分率	使用率	得分率	使用率
优秀	70		50		55	
良好	65	25~30	40	15~25	50	45~55
及格	60		30		45	

根据三段法的基础框架和乒乓球比赛的基本规律,只要将第 5 板得分归为相持段,将第 5 板失分归为发抢段,就能够比较好地解决三段法存在的双方运动员技术统计数据不

对应的问题。横向与纵向扩展的各段得分率计算是相同的,但使用率的计算有很大的区别,横向扩展重视从比赛整体的视角考察运动员的技术实力,纵向扩展更关注运动员在不同的轮次(发球轮与接发球轮)中的技术实力表现。实际应用表明,三段法扩展方法能够进一步揭示乒乓球比赛的客观规律,丰富乒乓球比赛技战术分析理论与方法,也有利于教练员和运动员更加直观与深入地分析运动员的比赛技战术特征,提高优秀乒乓球运动员的技战术水平。

2. 三段法扩展的实力差评估标准

三段法扩展的实力差评估标准包括男子和女子比赛实力差评估标准。为了能让实力差评估法在实践中得到较好的运用,根据测量与评价理论并结合实践经验和优秀乒乓球运动员比赛的实际情况,采用百分位法制定男单和女单比赛的实力差评估标准。该标准将实力差按照15%、20%、30%、20%、15%的比例划分为5个等级,由高到低依次为正差距悬殊、正差距较大、实力相当、负差距较大和负差距悬殊。男、女实力差评估标准具体见表2-6、表2-7所示。

表2-6　男子比赛实力差评估标准(杨青 等,2016)

指　标	正差距悬殊	正差距较大	实 力 相 当	负差距较大	负差距悬殊
发抢段	≥7.00	(7.00, 0.70]	(0.70, -5.00]	(-5.00, -10.00]	<-10.00
接抢段	≥7.00	(7.00, 2.70]	(2.70, -2.00]	(-2.00, -6.00]	<-6.00
相持Ⅰ段	≥10.00	(10.00, 4.00]	(4.00, 1.00]	(1.00, -3.00]	<-3.00
相持Ⅱ段	≥1.00	(1.00, -2.00]	(-2.00, -6.70]	(-6.70, -10.00]	<-10.00
相持段	≥10.03	(10.03, 1.70]	(1.70, -5.00]	(-5.00, -10.00]	<-10.00
发球轮	≥14.00	(14.00, 4.00]	(4.00, -3.00]	(-3.00, -9.00]	<-9.00
接发球轮	≥6.00	(6.00, -1.00]	(-1.00, -8.00]	(-8.00, 14.30]	<-14.30
总实力差	≥16.30	(16.30, 2.00]	(2.00, -12.00]	(-12.00, -22.30]	<-22.30
理论百分比	15	20	30	20	15

表2-7　女子比赛实力差评估标准(杨青 等,2016)

指　标	正差距悬殊	正差距较大	实 力 相 当	负差距较大	负差距悬殊
发抢段	≥11.7	(11.7, 2.15]	(2.15, -4.15]	(-4.15, -10.00]	<-10.00
接抢段	≥6.70	(6.70, 1.30]	(1.30, -5.00]	(-5.00, -8.35]	<-8.35
相持Ⅰ段	≥9.35	(9.35, 4.15]	(4.15, 1.00]	(1.00, -1.00]	<-1.00
相持Ⅱ段	≥4.35	(4.35, -1.00]	(-1.00, -6.15]	(-6.15, -14.00]	<-14.00
相持段	≥14.00	(14.00, 5.00]	(5.00, -3.15]	(3.15, -14.00]	<-14.00
发球轮	≥16.35	(16.35, 7.15]	(7.15, -2.15]	(-2.15, -10.35]	<-10.35
接发球轮	≥9.35	(9.35, 0.45]	(0.45, -13.15]	(-13.15, -18.35]	<-18.35
总实力差	≥24.00	(24.00, 11.00]	(11.00, -13.75]	(-13.75, -30.35]	<-30.35
理论百分比	15	20	30	20	15

三、三段法反推

(一) 三段法反推由来

三段法虽然简便高效、应用较广,但在实际使用过程中也存在一些不足。例如,基于三段法,一名科研人员一次只能统计比赛一方队员的技术数据,不能同时生成对手的三段技术统计数据;此外,现有的三段法只有在比赛结束后一段时间才能生成球员的技术统计数据,不能随着比赛的进行及时生成三段技术统计数据。为了解决这些问题,科研人员根据三段法的基本原理和乒乓球比赛的规则提出了"三段法反推",以同步生成一场比赛双方队员的三段技术统计数据,并应用于乒乓球比赛技战术分析的实践,从而提高乒乓球技战术分析的效率(李永安 等,2022)。

(二) 三段法反推的意义

(1) 把运动员比赛、数据录入和生成统计结果三个过程合而为一,体现了数据的同步性,使教练员在比赛过程中随时了解比赛双方的三段统计数据。

(2) 单个科研人员通过对乒乓球比赛一次的数据录入,同时生成比赛双方运动员的三段统计数据和效果评价,实现了三段统计的双向性,提高了统计的效率。

(三) 三段法反推公式

三段法反推规律及双方队员得失分的对应关系如表 2-8 所示。

表 2-8　三段法反推规律及双方队员得失分的对应关系

A、B 队员得失分对应关系	
$A1^+ = B2^-$	$A1^- = B2^+$
$A2^+ = (B3^-) + (B1^-)$	$A2^- = B1^+$
$A3^+ = B4^-$	$A3^- = B2^+$
$A4^+ = B5^-$	$A4^- = B3^+$
$A5^+ = B6^-$	$A5^- = B4^+$
$A6^+ = B7^-$	$A6^- = B5^+$
$A7^+ = B8^-$	$A7^- = B6^+$
$A8^+ = B9^-$	$A8^- = B7^+$
$A9^+ = B10^-$	$A9^- = B8^+$
$A10^+ = B11^-$	$A10^- = B9^+$

注:① $A1^-$ 和 $B1^-$ 为发球直接失误,在推算和统计时需要单独拿出来统计和计算;② 表中的 A 和 B 代表比赛双方队员,数字代表三段法统计中每个回合最后一板的板数,+和-代表最后一板的得分和失分;③ 表中只列出了 A 方队员前 10 板的得失分与 B 方队员的对应关系。

根据表 2-8 可以得出,一场比赛中双方队员 A 和 B 的三段技术统计数据的对应关系及三段法反推的规律为:A 第 1 板得分=B 第 2 板失分、A 第 1 板失分=B 第 2 板得分、A 第 2 板得分=B 第 3 板失分+B 第 1 板失分、A 第 2 板失分=B 第 1 板得分、A 第 3 板得分=B 第 4 板失分、A 第 3 板失分=B 第 2 板得分……以此类推。

根据三段法反推的规律得到每局比赛双方运动员的三段技术统计数据后,可以汇总得到整场比赛的三段统计数据,然后根据三段法的计算公式,分别计算双方运动员发抢段、接抢段和相持段的得分率和使用率,并根据评判标准对运动员的技战术水平进行评估与对比分析。

利用三段法反推的规律可以根据比赛中一方队员的三段技术统计数据推算出对手的比赛三段统计数据,实现了三段统计数据的双向性,同时也提高了技战术分析的效率。

第四节 四 段 法

一、四段法概述

(一) 四段法的提出

三段法根据乒乓球比赛的基本规则将一场比赛划分为发抢段、接抢断和相持段,并运用每段的得分率、失分率和使用率对运动员比赛中各段的技战术水平进行评估。然而,三段法在实际使用过程中也存在一些局限,主要是对第 5 板球的归属问题及其导致的双方运动员三段技术统计数据不对应的问题,以及不能清晰地反映发抢段与发抢后的相持段之间和接抢段与接抢后的相持段之间的关系等。为解决这些问题,杨青等人(2014)在以往多年研究的基础上,根据三段法的基本理论框架及乒乓球比赛的规则,提出其他的一些乒乓球技战术分析方法。其中,四段法已被证明更适用于现阶段乒乓球改革后的比赛技战术分析,因此成为除三段法之外的另一种使用较多的技战术分析指标体系。

(二) 四段法的定义

针对三段法由于没有划清第 5 板球的归属从而导致双方运动员的三段技术统计数据可能存在不对应的问题,四段法将第 5 板球的归属根据得失分进行了划分,将第 5 板失分归为发抢段,第 5 板得分归为相持段。同时,为了解决三段法不能清晰地反映发抢段与发抢后的相持段之间和接抢段与接抢后的相持段之间的关系的问题,根据乒乓球比赛规则及技战术的逻辑关系,四段法将原来三段法的相持段划分为发球轮相持段(相持Ⅰ段)和接发球轮相持段(相持Ⅱ段),从而构建了四段法理论模型。四段法理论模型将一场乒乓球比赛以发球轮与接发球轮为单位,划分为发抢段、发球轮相持段(相持Ⅰ段)、接抢段和接发球轮相持段(相持Ⅱ段)四个击球段("四段法"也因此而得名),利用这四个段的得分率、使用率作为评价指标对运动员在比赛中的技战术水平进行评估。

(三) 四段法的作用

四段法实现了对比赛中第 5 板归属的合理划分,使得技术统计结果更为准确且双方队员的各段统计数据相互对应。运用四段法的评估指标能够清晰地反映运动员发抢段与发抢后的相持段之间,以及接抢段与接抢后的相持段之间的关系,从而可以对运动员的技战术实力进行更加全面的评估。四段法对于男女乒乓球运动员有不同的评估标准,使得技战术评估结果更具有针对性。

（四）四段法和三段法的区别

（1）四段法解决了三段法对比赛双方运动员各段统计数据不对应的问题。在四段法中，将第 5 板失分归入发抢段，使得比赛双方运动员各段的使用率一一对应，即运动员 A 的发抢段对应运动员 B 的接抢段，运动员 A 的接抢段对应运动员 B 的发抢段，运动员 A 的相持段对应运动员 B 的相持段。

（2）四段法将比赛的相持段划分为相持Ⅰ段和相持Ⅱ段，分别对应发球与接发球的不同轮次，评估的结果会更加细化。四段法不仅能够更加直观和明确地反映运动员相持段各击球轮次的技战术优点与缺点，而且还有助于分析发抢段与相持Ⅰ段之间、接抢段与相持Ⅱ段之间的技战术动态变化关系，从而为教练员和运动员及时调整比赛战术策略提供依据。

（3）四段法并不是完全独立于三段法的，只是对三段法进行了一些改进。根据四段法的统计数据，还可以推算出三段法的各个指标数据，但四段法提供了更多的指标数据，能够更加精确地反映运动员的技战术特征，有利于提高优秀乒乓球运动员的科学化训练水平，进一步丰富乒乓球比赛技战术分析的理论体系。

二、四段法段的划分

四段法主要是基于三段法的理论框架和乒乓球比赛规则及技战术逻辑关系构建的，它以一场比赛的发球轮与接发球轮为单位，分为发抢段、发球轮相持段（相持Ⅰ段）、接抢段和接发球轮相持段（相持Ⅱ段）4 个击球段。其中，发抢段包括第 1 板（发球）、第 3 板和第 5 板失分；发球轮相持段（相持Ⅰ段）包括第 5 板得分、第 7 板及以后的奇数板；接发球抢攻段（接抢段）包括第 2 板（接发球）和第 4 板；接发球轮相持段（相持Ⅱ段）包括第 6 板及以后的偶数板（杨青，2014）。四段法段的具体划分如图 2-8 所示。

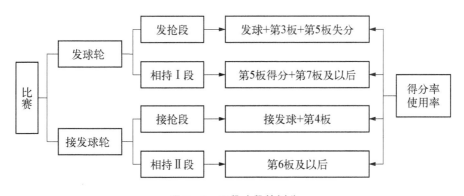

图 2-8　四段法段的划分

三、四段法技术统计指标及其计算方法

四段法仍沿用三段法的指标体系，使用发抢段、相持Ⅰ段、接抢段和相持Ⅱ段 4 个击球段的得分率、失分率和使用率作为评估运动员比赛中各段技战术水平的主要指标。四段法是一种更全面、科学的评估方法，可以帮助我们更准确地评估运动员在比赛中的技战术表现，而为后续的比赛制定针对性训练计划和比赛策略。为了能用公式更好地描述四

段法的指标体系,本书仍以每个回合中一方运动员最后一板的得分或失分为观察点,并对其观察方法及各段得失分代码做下列定义(表2-9)(杨青,2014)。

表2-9 四段法各段得失分代码

轮次	击球	得分观察点及代码	失分观察点及代码	合计代码
发球轮	发球	对方接发球失误（A^+）	本方发球失误（A^-）	A
	第3板	对第4板失误（B^+）	本方第3板失误（B^-）	B
	第5板	对第6板失误（C^+）	本方第5板失误（C^-）	C
	相持Ⅰ	对第8板及以后失误（D^+）	本方第7板及以后失误（D^-）	D
接发球轮	接发球	对第3板失误（X^+）	本方接发球失误（X^-）	X
	第4板	对第5板失误（Y^+）	本方第4板失误（Y^-）	Y
	相持Ⅱ	对第7板及以后失误（Z^+）	本方第6板及以后失误（Z^-）	Z

为叙述方便,设 I 为比赛总得分与总失分之和,即 I=A+B+C+D+X+Y+Z(下同),则各段得分率和使用率指标计算如下:

$$发抢段得分率=\frac{A^++B^+}{A+B+C^-}\times100\%$$

$$发抢段使用率=\frac{A+B+C^-}{A+B+C+D}\times100\%$$

$$接抢段得分率=\frac{X^++Y^+}{X+Y}\times100\%$$

$$接抢段使用率=\frac{X+Y}{X+Y+Z}\times100\%$$

$$相持Ⅰ段得分率=\frac{C^++D^+}{C^++D}\times100\%$$

$$相持Ⅰ段使用率=\frac{C^++D}{A+B+C+D}\times100\%$$

$$相持Ⅱ段得分率=\frac{Z^+}{Z}\times100\%$$

$$相持Ⅱ段使用率=\frac{Z}{X+Y+Z}\times100\%$$

四、四段法的评估标准

四段法的得分率与使用率的评估标准如表2-10、表2-11所示,四段法评估的标准主要是以得分率和使用率为基础进行分析研究的,在统计学理论的基础组织上,结合学术界的研究成果和相关的经验。主要是将得分率指标划分为优秀、良好、及格和不及格 4 个等级,对应理论百分比分别为 20%、30%、30% 和 20%,这样就制定了四段得分率评估的标准。使用率评估标准的制定,将使用率指标划分为高、中、低 3 个等级,对应理论百分比分别为 25%、50% 和 25%(杨青 等,2014)。

表 2-10 男女单打比赛得分率评估标准　　　　　　　　单位:%

		优 秀	良 好	及 格	不及格
男子单打	发抢得分率	≥54.32	(54.32, 46.43]	(46.43, 36.95]	<36.95
	接抢得分率	≥58.33	(58.33, 50.00]	(50.00, 42.04]	<42.04
	相持 I 得分率	≥72.19	(72.19, 56.25]	(56.25, 43.39]	<43.39
	相持 II 得分率	≥51.05	(51.05, 37.50]	(37.05, 23.08]	<23.08
女子单打	发抢得分率	≥64.77	(64.77, 50.00]	(50.00, 34.70]	<34.70
	接抢得分率	≥60.42	(60.42, 43.94]	(43.94, 37.21]	<37.21
	相持 I 得分率	≥70.16	(70.16, 56.57]	(56.57, 50.00]	<50.00
	相持 II 得分率	≥55.56	(55.56, 40.46]	(40.46, 22.48]	<22.48
理论百分比		20	30	30	20

表 2-11 男女单打比赛使用率评估标准　　　　　　　　单位:%

		高	中	低
男子单打	发抢使用率	≥72.22	(72.22, 57.07]	<57.07
	接抢使用率	≥73.86	(73.86, 57.02]	<57.02
	相持 I 使用率	≥42.93	(42.93, 27.78]	<27.78
	相持 II 使用率	≥42.98	(42.98, 26.14]	<26.14
女子单打	发抢使用率	≥63.47	(63.47, 48.57]	<48.57
	接抢使用率	≥51.72	(51.72, 41.39]	<41.39
	相持 I 使用率	≥51.43	(51.43, 36.53]	<36.53
	相持 II 使用率	≥52.14	(52.14, 35.29]	<35.29
理论百分比		25	50	25

五、四段法乒乓球技战术分析的使用方法

基于四段法的乒乓球技战术分析目前主要采用手工统计的方法。四段法手工统计

的简表如表2-12、表2-13所示。根据四段法的基本框架,手工统计的简表也分为发球轮和接发球轮表2-12。统计简表的左边第一列为比赛的局号(第一局、第二局、第三局……),第一行标题从左到右分别是发球轮的两个段(发抢段和相持Ⅰ段)和接发球轮的两个段(接发抢和相持Ⅱ段)以及其每个段所包含的每个回合最后一板的板数[发抢段:第1板(发球)、第3板和第5板失分,相持Ⅰ段:第5板得分、第7板及以后的奇数拍;接抢段:第2板(接发球)和第4板;接发球轮相持段(相持Ⅱ段):第6板及以后的偶数拍]。在乒乓球比赛技战术分析的录像观察过程中,将比赛中每个回合最后一球的板数和得失分情况手工记录到对应的单元格中。期间,可以利用三段法手工统计画"正"字的方式帮助记录和统计。比赛结束后,根据简表中的数据可以统计出每一局和整场比赛各段的得失分情况。同时,为方便核对统计结果是否有误,可以在最后一列写下每一局的比分。

表2-12　四段法发球轮统计表格

发　球　轮							
发　抢　段						相持Ⅰ段	
第1板		第3板		第5板		第7板及以后	
得分	失分	得分	失分	得分	失分	得分	失分
第一局							
第二局							
第三局							
第四局							
第五局							
第六局							
第七局							

表2-13　四段法接发球轮统计表格

接　发　球　轮						
接　抢　段				相持Ⅱ段	
第2板		第4板		第6板及以后	
得分	失分	得分	失分	得分	失分
第一局						
第二局						
第三局						
第四局						
第五局						
第六局						
第七局						

汇总出每一局和整场比赛各段的得失分数据后,根据四段法的评价指标计算公式,可以分别计算出每一局和整场比赛各段的得分率、失分率和使用率,然后根据四段法的评判标准对运动员比赛中发抢段、相持Ⅰ段、接发抢段和相持Ⅱ段四个阶段的技战术水平进行综合评估。这有助于了解运动员在比赛中各段的得分来源和失分原因,同时还可以通过对比不同阶段的得失分情况,找出运动员的技战术优势和劣势,并根据统计数据进行战术调整,以提高运动员的竞技水平。

总之,通过四段法的技战术分析结果,可以更全面地了解运动员在比赛中的得失分情况,并为后续制定针对性训练计划和比赛策略调整提供依据。

六、四段法的优势

(1)四段法操作简便,解决了三段法中比赛双方运动员各段统计数据(使用率)不对应的情况。在四段法中,将第5板失分归入发抢段,使得比赛双方运动员的各段使用率一一对应,即运动员 A 的发抢段对应运动员 B 的接抢段;运动员 A 的接抢段对应运动员 B 的发抢段;运动员 A 的相持段对应运动员 B 的相持段;有利于对比赛双方技战术数据进行对比分析。

(2)在四段法中,将相持段区分为相持Ⅰ段和相持Ⅱ段,能够更加明确地反映运动员相持优势或劣势所属的击球轮次,有利于教练员和运动员对不同的相持情况进行区别分析。同时,还有利于反映发抢段与相持Ⅰ段之间、接抢段与相持Ⅱ段之间的动态变化关系,便于在临场比赛中及时调整得分点的分布,有利于训练效果的定量分析及比赛的临场指导。

(3)根据已有的四段指标的数据,可以推算出三段法的各个指标信息,有利于多方位的技战术分析。

(4)四段法理论框架的提出及其评估标准的制定,能够更加精确地反映运动员的技战术特征,有利于提高优秀乒乓球运动员的科学化训练水平,进一步丰富了乒乓球比赛分析的理论体系。

第五节　双 三 段 法

一、双三段法概述

(一) 双三段法提出的背景

乒乓球比赛过程具有很明显的时序特征,例如,每一局比分产生的时序性、一场比赛每局比赛进程的时序性等。乒乓球技战术分析也需要紧紧地抓住乒乓球比赛过程的这种时序性。例如,是以每个回合(每一分)结束时得失分产生的时序特征为依据,按板数将比赛过程划分发抢、接发抢和相持 3 个阶段;再如,有研究以比赛进程为时序特征将比赛过程划分为开局段、中局段和尾局段等。

三段法是乒乓球技战术量化统计与分析的基础,然而其统计分析结果不能充分反映运动员在比赛中技战术发挥的变化或者稳定性。开局、中局、尾局局段划分的相关研究虽然能够很好地体现运动员在比赛进程中的变化,但技战术方面的数据体现却不足。因此,仅用三段法的统计数据或者是开局段、中局段、尾局段的统计结果均不能充分反映运动员在比赛中技战术发挥的变化或者稳定性。

(二) 双三段法的定义

近年来,随着乒乓球运动员竞技水平的不断提高和乒乓球技战术的快速发展,为了使乒乓球项目的技战术分析结果更加全面和接近比赛的实际情况,有研究在三段法和比赛局段划分相关研究的基础上对乒乓球技战术分析的方法做了一系列的改进,提出了一些更完善和适用的技战术分析方法。其中,肖丹丹等人(2018)在对经典三段法的核心理念、基本框架、评估指标和优缺点深入分析和探讨基础上,结合比赛开局、中局、尾局局段划分相关研究成果,将三段法"发抢段、接发抢段和相持段"的划分与"开局、中局、尾局"的划分相融合,从而形成一个"双三段",进而提出了乒乓球技战术分析的双三段法。

(三) 双三段法的作用

乒乓球比赛中,开局情况极其重要,对于开局后运动员心理有所影响。一个好的开局,能够增加运动员自信心并给对手造成心理压力。每局的最后为局尾,局尾对运动员的心理也会造成一种压力,能否在局尾保持水平稳定或超常发挥,是对运动员心理的极大考验。因此,对运动员每局的开局与尾局中技术水平发挥情况与心理方面的研究也非常重要。

三段法实现了对乒乓球技战术统计科学的定量研究,而且研究指标可粗可细,既可整体概括,又能具体分析。但对于运动员在某一场比赛中技战术运用的变化或是技战术发挥的稳定性研究并不是它的强项。开局、中局、尾局的相关研究能够很好地体现运动员在比赛进程中的变化,但运动员技战术方面的特征数据体现不足。双三段法使技战术分析的结果更为全面、清晰,且不烦琐。此外,该方法的统计分析结果还可以较好地反映运动员比赛过程中心理状态的变化,是三段统计法的有益补充(肖丹丹,2018)。

(四) 双三段法的意义

双三段法是对经典三段法的有益补充。它在确保技战术统计工作不变烦琐的条件下,根据现有技战术分段统计结果数据存在的不足以及教练员、运动员对技战术分析的实际需求,对现有的分段统计方法进行融合、改进与完善,使之尽可能地避免统计过程中差异较大的数据被平均化的问题,同时使技战术统计的结果更加全面、详尽,能够更加清晰地看到运动员在比赛中技战术运用的变化以及发挥的情况。

二、双三段法段的划分

双三段法包括以得失分产生的时序特征为依据划分的发抢段、接抢段、相持段,以及以比赛进程的时序特征为划分依据的开局段、中局段、尾局段,两者之间相互交叉、相互交融,具体的划分标准如下。

(1) 每局比赛中,在某一方得分达到4分之前为开局段,从任意一方的得分达到4分至某一方得分达到8分之前为中局段,在任意一方的得分达到8分之后为尾局段。

(2) 对每一分球,根据每个回合(每一分)结束时得失分产生的板数,将第1、3板划归为发抢段,第2、4板划归为接抢段,第5板及以后划归为相持段。

通常,一场乒乓球比赛是由局、分、板组成。若将比赛的结构划分为不同的层次,则比赛(场)为第 1 层次、局为第 2 层次、分为第 3 层次。

以最后一板得失分产生的时序特征为依据,从而划分成三段:发抢段、接抢段、相持段,形成对乒乓球比赛的第 3 层次划分。通过对"分"的划分形成"段"。一场比赛可以分为 3 段,"段"可视为乒乓球比赛中的第 2 层次。因此,3 段的划分使处于第 3 层次的"分"类聚,使其提升到了第 2 层次。这种处在第 2、第 3 层次的研究,能够较好地做到具体化的分析,但对于整体的分析还有一些欠缺。

以比赛进程的时序特征为依据的开局段、中局段、尾局段的研究实际上是对处于第 2 层次"局"的划分。通过对"局"的划分,使之类聚,所反映的是整场比赛的特征。因此,对"局"的划分,使之提升到了第 1 层次。这种第 1、第 2 层次的研究,能够很好地分析整体,但不足以具体化。

双三段法将乒乓球比赛结构中处于第 2 层次的"局"与"段"相融合,将第 1 层次、第 2 层次、第 3 层次相连接,使之相互交叉、合为一体。从"局"结合"段"的内容与关系具体看,每一个开局段、中局段、尾局段中均包含发抢段、接抢段与相持段;再从"段"结合"局"的内容与关系具体看看,每一个发抢段、接抢段、相持段中都包含开局段、中局段与尾局段。这样纵横交叉,具体分析,进而对乒乓球比赛技战术的统计与分析更为全面、详尽。具体划分见图 2-9。

图 2-9　双三段法的结构划分

三、双三段法统计指标的计算方法

双三段法仍以每个回合中一方运动员最后一板的得分或失分为观察点。首先建立双三段法的技战术分析模板;然后根据双三段法的局段划分对每一分球进行标记和数据采集,具体包括每分球产生得失分时的比分、板数、得失分情况等指标;在传统三段统计分析方法的基础上,对所采集到的数据进行统计。双三段法的技战术统计指标包括各段得失分、各段得分率和各段使用率等,具体计算公式如下:

$$段得分率=\left[\frac{段得分}{(段得分+段失分)}\right]\times100\%$$

$$段使用率=\left[\frac{(段得分+段失分)}{(总得分+总失分)}\right]\times100\%$$

四、双三段法乒乓球技战术分析的使用方法

基于双三段法的乒乓球技战术分析目前主要采用手工统计的方法。双三段法统计的简表如表 2-14 所示。根据双三段法的基本框架,手工统计简表包括发抢、接发抢和相持段,以及开局段、中局段与尾局段。统计简表的左边第一列为比赛的局号(第一局、第二局、第三局……),以及每一局所包含的开局、中局和尾局三段。第一行标题跟传统的三段统计法一样,从左到右分别是发抢段、接发抢段和相持段,以及其每个段所包含的每个回合最后一板的板数。在乒乓球比赛技战术分析的录像观察过程中,将比赛每局段中每个

回合最后一球的板数和得失分情况手工记录到对应的单元格中。期间,可以利用三段法手工统计画"正"字的方式帮助记录和统计。同时,为方便核对统计结果是否有误,可以在最后一列写下每一局的比分。

　　录像观察结束后,根据简表中的数据可以统计出每一局和整场比赛各局段的得失分情况,并进行汇总。然后将汇总的各局段得失分数据代入统计指标计算公式中,分别计算出开局段、中局段、尾局段的发抢段、接抢段和相持段的得分率、失分率和使用率。各局段的统计指标汇总表格如表2-15所示。

表2-14　双三段法统计表格

		发　抢　段				接　抢　段				相　持　段			
		第1板		第3板		第2板		第4板		第5板		第6板及以后	
		得分	失分	得分	失分	得分	失分	得分	失分	得分	失分	得分	失分
第一局	开局												
	中局												
	尾局												
第二局	开局												
	中局												
	尾局												
第三局	开局												
	中局												
	尾局												
……	……												
第七局	开局												
	中局												
	尾局												

表2-15　双三段法汇总统计表格

		开局段	中局段	尾局段	总　计
发抢段	得失分				
	使用率(%)				
	得分率(%)				
接抢段	得失分				
	使用率(%)				
	得分率(%)				
总　计	得失分				
	使用率(%)				
	得分率(%)				

总之,根据计算所得的各局段统计指标数据,可以对比开局段、中局段、尾局段的得分率、失分率和使用率,找出其比赛过程中技战术的优势期和劣势期。通过双三段法的技战术分析结果,可以对比分析不同局段运动员技战术的优势和劣势,可以了解运动员开局段、中局段和尾局段技战术运用的变化或者技战术发挥的稳定性,从而更全面地了解运动员在比赛中的运用技战术特征击球优劣势,从而为后续制定针对性训练计划和比赛策略调整提供依据,以进一步提高运动员的竞技水平。

五、双三段法的优势

(1) 双三段法很好地继承了三段法的基本理念和段的划分,在统计方法上没有发生实质性的变化。

(2) 双三段法很好地将乒乓球比赛结构的第 1 层次(场的分析)、第 2 层次(局的分析)与第 3 层次(分的分析)相互融合,既有整体的概括,又有具体的细节,也解决了仅有整体概括情况下经常出现的差异较大的数据被平均化的问题。

(3) 双三段法是从两个不同的视角来剖析比赛,使分析的结果更加全面、清晰,也符合技战术分析的实际需要。

(4) 双三段法中,若以开局段、中局段、尾局段的划分为主,结合发抢段、接抢段和相持段,能清晰地看到运动员在比赛中技战术运用的变化情况。

(5) 双三段法中,若以发抢段、接抢段和相持段的划分为主,结合开局段、中局段、尾局段,能清晰地看到运动员在比赛中技战术的发挥情况。

第六节　动态三段法

一、动态三段法的由来及定义

三段法是进行乒乓球技战术分析和诊断的基础和核心,然而,随着乒乓球技战术的不断发展,三段法也存在一些局限,已经不能满足乒乓球技战术发展的需要,需要在充分继承三段法的基础上进行改进和创新。近年来,随着反手拧拉等接发球台内进攻技术的出现,往采用接发球先控制后抢攻的接发球体系被打破了,使得比赛的相持段相对前移,乒乓球项目呈现出了强上手、强转换、强对抗的发展趋势。为了使乒乓球技战术分析的结果能够较好地体现这种技战术的发展变化,更客观和真实地评价运动员比赛中的技战术水平,需要对三段法进行一些改进和完善。

因此,为了适应当前乒乓球比赛由于接发球反手拧的使用而使得相持段相对前移,乒乓球运动员技战术个性化和多样化的发展趋势,并使比赛双方三段数据保持一致,在继承三段法核心思想的基础上,构建了动态三段法。该方法不是严格以板数进行三段判定,而是根据双方接发球使用的技术类型,动态地、灵活地进行三段判定。

二、动态三段法的构建

在备战 2016 里约奥运会封闭集训期间,张晓栋(2018)在继承三段法理念的基础上,结合前人的研究成果,与国家队教练员反复讨论、摸索与实践后,提出了"乒乓球技战术动态三段法"。该统计方法在继承三段法的基础上,提出不严格以板数来划分三段,而是根据双方接发球使用的技术类型(是控制技术还是进攻技术),动态地、灵活地对双方进行三段判定的方法。其与三段法判定不同之处在于对于第 4 板、第 5 板的判定,其他板数与三段法判定相同。其判断的基本标准是在前 3 板中,将连续 2 板进攻就视为相持。以下为具体判定内容。

1. 对第 4 板三段归属的判定

(1)我方队员接发球使用接发球抢攻技术(拧、挑、拉)后,第 4 板得分归为相持段得分,第 4 板失分则归为接抢段失分。

(2)我方队员接发球使用接发球控制技术(控、劈)后,第 4 板得失分归为接抢段。

2. 对第 5 板三段归属的判定

(1)对方第 2 板使用接发球抢攻技术后,我方第 5 板得失分都归为相持段。

(2)对方第 2 板使用接发球控制技术后,我方第 5 板得分归为相持段得分,若第 5 板失分则归为发抢段失分。

具体统计方法如图 2-10 所示,发抢段包括第 1、3 板得、失分和发球被控后衔接(第 5 板)失分;接抢段包括接发球得、失分,接发球控制后衔接(第 4 板)得、失分和接发球抢攻后衔接(第 4 板)失分;相持段包括接发球抢攻后衔接(第 4 板)得分,发球被控后衔接(第 5 板)得分,发球被攻后衔接(第 5 板)得、失分和第 6 板及以后得、失分。

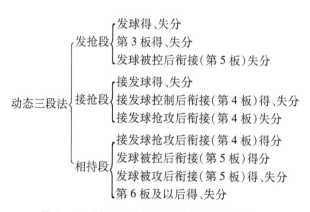

图 2-10 动态三段指标统计法具体统计方法

三、动态三段法段的判定

动态三段法与三段法的三段划分均以第 1、3 板为发抢段,第 2、4 板为接抢段,第 5 板及以后为相持段的概念为核心,而动态三段法仅比三段法多了一方连续两板进攻后得分为相持这一个条件,两者的对比见表 2-16。

表 2-16 动态三段法与三段法的三段判定对比

具体情况			动态三段法判定		三段法判定	
板 数	条 件	得失分	本 方	对 手	本 方	对 手
发球		得、失	发抢段	接抢段	发抢段	接抢段
第3板		得、失	发抢段	接抢段	发抢段	接抢段
第5板	对方接抢	得	相持段	相持段	相持段	相持段
		失	相持段	**相持段**	相持段	**接抢段**
	对方接抢	得	相持段	相持段	相持段	相持段
		失	**发抢段**	接抢段	**相持段**	相持段
接发球		得、失	接抢段	发抢段	接抢段	发抢段
第4板	接控	得	接抢段	**发抢段**	接抢段	**相持段**
		失	接抢段	发抢段	接抢段	发抢段
	接抢	得	**相持段**	相持段	**接抢段**	相持段
		失	接抢段	发抢段	接抢段	发抢段
第5板及以后		得、失	相持段	相持段	相持段	相持段

注：粗体字部分为三段法与动态三段法判定有所不同之处。

从各板得失分的具体判定看,两种方法仅在第4板得分和第5板失分的情况下存在一些差异。例如,接发球控制后第4板得分,按三段法判定,对手为相持段,而按动态三段法判定,对手则为发抢段。接发球上手后第4板得分,按三段法判定,为接抢段,而按动态三段法判定,则为相持段。对手接发球抢攻后,本方第5板失分,按三段法判定,对手为接抢段,而按动态三段法判定,对手则为相持段。对手接发球控制后,本方第5板失分,按三段法判定,为相持段,而按动态三段法判定,则为发抢段。这两种方法的判定虽有不同,但差异不大,除上述4类问题,其他判定均无区别(张晓栋,2018)。

四、动态双段法的优劣势

动态三段法在继承三段法核心理念的基础上,不再是严格地以板数进行三段判定,而是根据双方接发球使用的技术类型,动态地、灵活地对第4板和第5板进行三段判定。该方法更能体现出乒乓球比赛由于接发球反手拧的使用而使得相持段相对前移及乒乓球运动员技战术多样化、个性化的发展趋势,同时保证了比赛双方三段数据相一致,更有利于双方三段数据的对比与分析(张晓栋,2018)。

(一)动态三段法的优势

(1)使得比赛双方各段数据相对应,统计计算一方三段数据后,即可明确另一方数据,便于对比。

(2)可以更加清晰地体现出近年来由于反手拧拉技术的广泛使用而带来的相持段相对前移的乒乓球项目技战术的发展趋势。

(3)对于三段的判定打破了传统的固有模式,采用了动态判定的方式,更能适应乒乓球运动员打法多样化的发展趋势,能适用于不同打法类型的运动员。

(4)能实现仅运用一种方法,但又不忽视双方运动员技战术的个性化特征,且能保证双方数据相对应。

(5)综合改进了近年来学者们关于三段争论中的各种有益观点,且最大限度地避免了附带问题的出现。既继承了三段法的理念,又做到了与时俱进。

任何一个方法都不可能是完美的,动态三段法亦是如此,改进创新的同时,必然也会出现相应的问题。

(二)动态三段法的劣势

(1)对接抢段与相持段的得分率有一定影响。例如,对手接发球控制后,本方第5板得分为相持段,失分为发抢段;再如,接发球上手后,第4板得分为相持段,失分为接抢段。在一定程度上,相持段的得分率相对升高,而两个抢攻段的得分率相对下降,使3段的得分率出现一定的偏差。

(2)乒乓球是一项回合制的体育运动,既然是回合制,自然有先后。三段法中所描述的,本方第5板失分为相持,而对手仍在接抢段,从比赛的一方运动员而言,本方的确比对手多打一板,而先进入相持,双方三段数据不一致也是合理的。动态三段法通过条件限制,虽解决了双方三段数据一致的问题,但同时也使得板数相同的一板球根据不同的情况而分属于不同的段落。

第七节　八轮次三段法

一、八轮次三段法的定义

根据双打比赛的规则,一场比赛由8个不同的发接轮次所组成,每个轮次发球和接发球的顺序都不同,每一板衔接上一板的对手也不同,其运用的技战术也不同。以往运用传统的三段法虽能很好地反映比赛双方整体的实力,但不能很好地体现单个运动员的技战术特点,对于8个轮次组合的细节缺少准确的定量分析。肖丹丹等人(2019)针对乒乓球双打项目,在三段法的基础上提出了"八轮次三段法"。该方法不仅可以将双打运动员作为一个整体进行研究与分析,还能对运动员发接发轮次的技战术表现进行研究与分析,使运动员的技战术诊断分析结果更加全面、细致。

在继承三段法的基础上,根据国家乒乓球队备战奥运会的实践新需求,中国乒乓球队科研人员将双打双方的8个发接轮次与三段法的基本框架相结合,提出"乒乓球双打技战术八轮次三段法"。将双打比赛从整体三段视角对双打技战术使用情况进行把握,分析整体三段的优势和劣势环节,同时结合8个发接发轮次,从细节上分析单个运动员技战术发挥情况。

八轮次三段法对一场双打比赛(包括混双)从三段和八轮次两个角度进行统计与分析,并且通过三段和八轮次的结合,在对双打运动员的技战术运用进行整体研究和分析的同时,还可以对发接发轮次的细节和个别运动员的技战术运用特点进行详细分析,从而找到双打运动员技战术运用的特点,进而帮助双打运动员找出优劣势轮次。

二、八轮次三段法段的划分

一场乒乓球双打比赛（A/B *v.s.* X/Y）可以根据每个回合的板数划分为三段,分别是发抢段、接抢段和相持段;也可以按照发球与接发球轮次划分为 4 个发球轮次和 4 个接发球轮次,分别为 A 发球 X 接发球轮次、A 发球 Y 接发球轮次、B 发球 X 接发球轮次、B 发球 Y 接发球轮次、A 接发球 X 发球轮次、A 接发球 Y 发球轮次、B 接发球 X 发球轮次、B 接发球 Y 发球轮次。八轮次三段法的结构特征如图 2 – 11 所示。

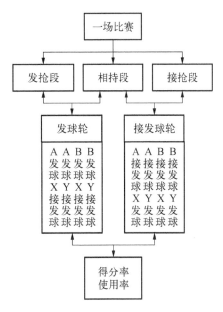

图 2 – 11　八轮次三段法的结构特征

将三段与 8 个轮次相结合,可以发现两者之间的关系:

（1）发抢段包含于 4 个发球轮次,4 个发球轮次包含发抢段。

（2）接抢段包含于 4 个接发球轮次,4 个接发球轮次包含接抢段。

（3）相持段包含 4 个发球轮次和 4 个接发球轮次,发球轮相持和接发球轮相持包含于相持段。

三、八轮次三段法评价指标与计算方法

八轮次三段统计法仍以每个回合最后一板的得分或失分为观察点,其沿用三段法中的评价指标,主要通过各段或者轮次的得分率与使用率来评价双打运动员的技战术实力与特征,具体计算公式如下:

$$段得分率 = \left[\frac{段得分}{(段得分 + 段失分)} \right] \times 100\%$$

$$段使用率 = \left[\frac{(段得分 + 段失分)}{(总得分 + 总失分)} \right] \times 100\%$$

$$轮次得分率 = \left[\frac{轮次得分}{(轮次得分 + 轮次失分)} \right] \times 100\%$$

$$轮次使用率 = \left[\frac{(轮次得分 + 轮次失分)}{(整场总分)} \right] \times 100\%$$

四、八轮次三段法乒乓球技战术分析的使用方法

八轮次三段法目前主要采用手工统计的方法。双打八轮次三段法仍以比赛中每个回合得失分的最后一板为观察单位。根据双打八轮次三段法的结构特征,双打八轮次三段

法技战术数据统计表格包括整体三段数据统计表和 8 个发、接发轮次数据统计表,分别如表 2 - 17 和表 2 - 18 所示。

表 2 - 17　双打八轮次三段法整体三段数据统计表

	拍　数	得　分	失　分	总　计	得分率	使用率
局号	发球					
	第 3 板					
	接发球					
	第 4 板					
	相持					

表 2 - 18　双打八轮次三段法 8 个发、接发轮次数据统计表

	发、接发轮次	得　分	失　分	总　计	得分率	使用率
局号	A 发球 X 接发球					
	A 发球 Y 接发球					
	B 发球 X 接发球					
	B 发球 Y 接发球					
	X 发球 A 接发球					
	X 发球 B 接发球					
	Y 发球 A 接发球					
	Y 发球 B 接发球					

其中,整体三段数据统计表格跟三段法统计表格类似。8 个发接轮次数据统计表的左边列为比赛每局的编号以及局中 8 个发接发轮次的发球与接发球队员编号(表中 A、B 与 X、Y 分别为双方队员的编号)。第一行标题为每个发接发回合的运动员得分、失分与得分率、使用率。在乒乓球双打比赛技战术分析的录像观察过程中,根据双打八轮次三段法的两个统计表格,分别将每局比赛中每个回合双方运动员的得失分情况手工记录到对应的单元格中。为方便核对统计结果是否有误,可以在最后一列写下每一局的比分。

录像观察结束后,根据每局比赛的整体三段和 8 个发接轮次的统计数据汇总出整场比赛的整体三段和 8 个发接轮次的得失分情况及其相应的得分率、失分率和使用率。然后,根据两个表格的汇总统计指标数据,先从三段的角度分析双打两个运动员的整体技战术表现及其优劣势;再从八个轮次结合三段的角度,具体分析某个发接轮次运动员的技战术表现细节及单个运动员技战术运用特点,帮助双打运动员准确地找出针对不同对手的技战术优势和劣势,从而为后续制定针对性训练计划和比赛策略提供依据,以进一步提高双打比赛的成绩。

五、八轮次三段法的优劣势

（一）八轮次三段法的优势

三段法虽然可以很好地反映比赛双方整体的三段技战术实力，但对于单个运动员的技战术特点不能很好地体现，对于 8 个轮次组合的细节也缺少准确的定量分析，不能清楚地反映双打一方中单名运动员个人的技战术特征和某个发接轮次的技战术表现细节。仅仅通过对 8 个发接轮次的得失分统计，虽然可以清晰地看出双打一方运动员在不同发接轮次的优劣势，但无法明确具体的技战术问题出现在哪一个环节。例如，无法明确他们是在接发球环节没有处理好，还是在后续衔接中出现了问题。这使得 8 个轮次统计方法的研究结果也是不全面、不具体的，对技战术特征或是问题的反映并不全面、细致，几乎不能起到指导运动员后续开展针对性训练的作用。

将双打八个发接轮次与三段法相结合后所形成的乒乓球双打技战术八轮次三段法，既可从整体上对两名双打运动员技战术的使用情况进行诊断分析，又可以对某一发接轮次的细节及单个运动员技战术使用特点进行详细的分析，进而能够帮助双打运动员准确地找出针对不同对手的优势环节和薄弱环节，为乒乓球双打科学训练提供数据和理论支持。

八轮次三段法一定程度上解决了三段法的不足，使我们不仅能从三段的角度分析双打两个运动员的整体技战术表现，还能从八个轮次结合三段的角度，具体分析某个轮次运动员的技战术表现及其问题出现的环节。八轮次三段法的技战术分析结果更全面、细致，既可从整体上把握运动员组合技战术运用情况，又可深入分析某一发接轮次以及单个运动员技战术运用特点。

八轮次三段法是乒乓球双打三段法的有效补充，在技战术统计方法上是一种创新，进一步完善了乒乓球技战术科研实践方法，丰富了乒乓球技战术理论体系。

（二）八轮次三段法的劣势

双打八轮次三段法是根据运动员的姓名，对发球和接发球轮次进行划分的，因此每一轮次中均含有具体的运动员姓名标签。在综合统计时，只能对同一对手进行多场次的研究与分析，无法对不同对手的比赛进行统计，综合分析混双运动员技战术特征的优劣势。该方法只能对同一对手的比赛进行综合分析，不能反映混双运动员在面对不同对手时技战术的使用情况，同时该方法也忽略了混双项目中性别的差异。

第八节　乒乓球比赛技术效能和比赛表现

一、技术效能

（一）技术效能的由来与定义

1. 技术效能的由来

本节上面的内容主要介绍了乒乓球单打和双打的技战术分析指标体系，主要包括经典的三段法、三段法的扩展、四段法、双三段法、动态三段法，以及八轮次三段法等。这些技战术分析指标体系分别从不同的视角对乒乓球比赛中运动员的技战术实力与特征进行不同程度的诊断分析。然而,这些指标体系都主要是使用三段法的段得分率和使用率来评估运动员比赛中的技战术特征,无法综合运用这些指标对运动员比赛中的技战术运用效能(即"技术效能")进行定量的评估。为此,Zhang 等人(2013)根据乒乓球项目的技战术特征,结合经典三段法的评估指标体系,提出了利用三段法的段得分率和使用率,实现对运动员比赛中技战术运用效能的定量评估。

2. 技术效能的定义

乒乓球技术效能(technique effectiveness,TE)是一个综合性指标,它利用三段法的得分率和使用率评价指标来综合评估运动员在比赛中的技术表现和技术有效性。它考虑了多个技战术要素,如发球、接发球、发球抢攻、接发球抢攻、进攻、防守等,以确定一个乒乓球运动员比赛中的综合技术水平。

(二)技术效能的评价指标

技术效能也是基于三段法提出来的,因此,乒乓球运动员的 TE 也通过三个指标来评估,分别为第 1、3 板的技术效能($TE_{1,3}$),第 2、4 板($TE_{2,4}$)和第 4 板之后($TE_{>4}$)。选择这三个指标有以下几个原因。

(1)乒乓球比赛中,双方选手轮流击球。在一方球员作为观察对象的情况下,如果轮到他先发球,则击球动作被分类为第 1 板、第 3 板、第 5 板等;如果轮到他接球,则击球动作称为第 2 板、第 4 板、第 6 板等。

(2)乒乓球比赛是一项复杂的隔网竞技运动,它充满了变化(包括球速、落点、旋转、位置、节奏、力量、弧线等),这些变化大多发生在前四拍击球过程中。

(3)在乒乓球比赛中,发球(第 1 板)是唯一不受对手限制的击球动作,所以它在速度、旋转、落点和节奏等方面都可以有较大的变化。它不仅可以给对手施加更大的压力,而且可以为下一次击球(第 3 板)创造有利的条件。因此,将选手发球(第 1 板)和第 3 板作为指数($TE_{1,3}$)相结合可以更好地评估球员在前三板的技术效能。

(4)因为发球和第 3 板击球的特殊意义,选手的接发球(第 2 板)和第 4 板的得分能力就成为评估技术效能的第二指标($TE_{2,4}$)。

(5)第 4 板之后(相持阶段)的比赛变得相对简单。通常情况下,拥有更高技能和相持能力的球员这一阶段的得分率越高。因此,在第 4 板之后直到回合的最后一板被作为技术效能评估的第三指标($TE_{>4}$)。

(三)技术效能的计算方法

乒乓球技术使用效能计算公式受到乒乓球运动员得分率(SR)和使用率(UR)两个因素的影响。当得分率大于 0.5 的时候,使用率越大对比赛获胜产生的积极影响越大;当得分率小于0.5 的时候,使用率越大,对比赛获胜产生的消极影响也越大。根据这个原理,张辉和刘炜构建了 TE_0 的计算公式:

$$TE = -\left(1+\frac{\sqrt{2}}{2}\right) + (1.5+\sqrt{2})\, TE_0 - \frac{\sqrt{2}}{2} TE_0^2$$

式中,$TE_0 = (1+UR)^{SR-0.5}$。

乒乓球运动员比赛的技术效能主要受运动员各段得分率和使用率两个因素的影响。基于这个前提,张辉和刘炜在大量模拟测算的基础上,根据统计学的基本原理构建了技术效能 TE 的计算公式:

$$TE = -\left(1+\frac{\sqrt{2}}{2}\right) + (1.5+\sqrt{2})\,TE_0 - \frac{\sqrt{2}}{2}TE_0^2$$

式中,$TE_0 = (1+UR)^{SR-0.5}$。

TE_0 的功能被设计为满足以下特性:得分率大于 0.5 的时候,使用率越大对比赛获胜产生的积极影响越大;当得分率小于 0.5 的时候,使用率越大对比赛获胜产生的消极影响也越大。理论上,当得分率等于 0.5 时,无论使用率是多少,TE_0 值都保持不变。

基于上述原则,我们可以推算 TE_0 和 TE 的对应关系:

(1) 当 $SR = 0.5$ 时,无论 UR 取什么值,TE_0 的值都为 1,在这种情况下 $TE = 0.5$。

(2) 当 $UR = 0$ 时,无论 SR 取什么值,TE_0 的值都为 1,在这种情况下 $TE = 0.5$。

(3) 当 $SR = 0$ 且 $UR = 1$ 时,$TE_0 = \frac{\sqrt{2}}{2}$,在这种情况下 $TE = 0$。

(4) 当 $SR = 1$ 且 $UR = 1$ 时,$TE_0 = \sqrt{2}$,在这种情况下 $TE = 1$。

基于上述分析,我们可以得到三组反映 TE_0 和 TE 对应关系的数据:

(1) $TE_0 = 1$,$TE = 0.5$。

(2) $TE_0 = \frac{\sqrt{2}}{2}$,$TE = 0$。

(3) $TE_0 = \sqrt{2}$,$TE = 1$。

为简化起见,我们将第 1 板和第 3 板的技术效能($TE_{1,3}$)、第 2 板和第 4 板的技术效能($TE_{2,4}$)和第 4 板后的技术效能($TE_{>4}$)的计算公式统一表述为:

$$TE = A + B \cdot TE_0 + C \cdot TE_0^2$$

式中,A、B、C 为常量,$A = -\left(1+\frac{\sqrt{2}}{2}\right)$;$B = (1.5+\sqrt{2})$;$C = -\frac{\sqrt{2}}{2}$。

根据 TE 的定义及计算公式可以得知,TE_0 的值取决于比赛各段的得分率 SR 和使用率 UR,因此,TE 计算公式中的 SR 和 UR 也分别有 3 个值,即:第 1 板和第 3 板的得分率($SR_{1,3}$)、第 2 板和第 4 板的得分率($SR_{2,4}$)和第 4 板以后的得分率($SR_{>4}$);第 1 板和第 3 板的使用率($SR_{1,3}$)、第 2 板和第 4 板的使用率($SR_{2,4}$)和第 4 板以后的使用率($SR_{>4}$)。

根据三段法各段评价指标的计算公式,公式 $TE_0 = (1+UR)^{SR-0.5}$ 中各段得分率 SR 和使用率 UR 的计算方法如下:

$$SR_{1,3} = \frac{S_{1,3}}{S_{1,3}+L_{1,3}}$$

$$SR_{2,4} = \frac{S_{2,4}}{S_{2,4}+L_{2,4}}$$

$$SR_{>4} = \frac{S_{>4}}{S_{>4}+L_{>4}}$$

$$UR_{1,3} = \frac{S_{1,3} + L_{1,3}}{总得分 + 总失分}$$

$$UR_{2,4} = \frac{S_{2,4} + L_{2,4}}{总得分 + 总失分}$$

$$UR_{>4} = \frac{S_{>4} + L_{>4}}{总得分 + 总失分}$$

公式中的 $S_{1,3}$、$S_{2,4}$ 和 $S_{>4}$ 分别为第 1 板和第 3 板的得分数、第 2 板和第 4 板的得分数和第 4 板以后的得分数;公式中的 $L_{1,3}$、$L_{2,4}$ 和 $L_{>4}$ 分别为第 1 板和第 3 板的失分数、第 2 板和第 4 板的失分数和第 4 板以后的失分数。

（四）技术效能的评估标准

技术效能的评估标准按性别分为男子和女子的评估标准。根据运动员比赛中各段技术效能值（$TE_{1,3}$、$TE_{2,4}$ 和 $TE_{>4}$），将 TE 的评估等级划分为优秀、良好、及格和不及格,标准具体见表 2–19。

表 2–19　技术效能评估标准（张辉 等,2013）

性别	优　秀	良　好	及　格	不 及 格
男	$TE_{1,3} \geqslant 0.565$	$0.565 > TE_{1,3} \geqslant 0.543$	$0.543 > TE_{1,3} \geqslant 0.520$	$TE_{1,3} < 0.520$
	$TE_{2,4} \geqslant 0.533$	$0.533 > TE_{2,4} \geqslant 0.506$	$0.506 > TE_{2,4} \geqslant 0.477$	$TE_{2,4} < 0.477$
	$TE_{>4} \geqslant 0.477$	$0.477 > TE_{>4} \geqslant 0.454$	$0.454 > TE_{>4} \geqslant 0.423$	$TE_{>4} < 0.423$
女	$TE_{1,3} \geqslant 0.567$	$0.567 > TE_{1,3} \geqslant 0.549$	$0.549 > TE_{1,3} \geqslant 0.526$	$TE_{1,3} < 0.526$
	$TE_{2,4} \geqslant 0.517$	$0.517 > TE_{2,4} \geqslant 0.493$	$0.493 > TE_{2,4} \geqslant 0.465$	$TE_{2,4} < 0.465$
	$TE_{>4} \geqslant 0.483$	$0.483 > TE_{>4} \geqslant 0.456$	$0.456 > TE_{>4} \geqslant 0.431$	$TE_{>4} < 0.431$

（五）技术效能的实际意义

技术效能概念的提出巧妙地解决了比赛中各段得分率和使用率两个指标的相互关系问题,使运动员技战术实力的评价更为准确且评价指标唯一。评价标准考虑到了性别的差异,使得评价结果更加科学合理。

根据公式原理和推导过程,TE 值总满足：$0 \leqslant TE \leqslant 1$。在此区间内,TE 值越大,说明该项技术使用效能越高;反之则越低。当得分率 $SR = 0$ 且使用率 $UR = 1$ 时,TE 取最小值 0,说明该项技术得分率最低,使用率却最高,使用效能最低;当得分率 $SR = 1$ 且使用率 $UR = 1$ 时,TE 取最大值 1,说明该项技术得分率和使用率都达到了最高值,使用效能最高。

二、比赛表现

（一）比赛表现的由来

比赛表现（competitive performance,CP）的由来主要是根据运动员在比赛中的表现和成绩来评估其水平和能力。比赛表现的形成是基于以下几个方面。

（1）比赛结果：比赛的最终结果是比赛表现的基础,通常以胜利或得分来衡量。胜利数或者比分的高低直接反映了运动员在比赛中取得的成绩。

（2）技术表现：比赛中运动员的技术表现是评估比赛表现的重要指标之一。这包括球员的击球技巧、球路控制、发球接发球能力、战术运用、技术变化等方面。通过记录和分析运动员比赛中的技术数据，如发球得失分、接发球得失分等，可以得到关于球员技术表现的信息。

（3）心理素质：运动员在比赛中的心理状态和应对压力的能力也是评估比赛表现的因素之一。这包括自信心、专注力、应变能力、情绪控制等方面。

综合以上因素，比赛表现能够对运动员在比赛中的整体表现和成绩进行评估。它旨在通过对球员表现的量化和分析，为运动员及教练提供参考，以便更好地改进和提高自身的比赛水平。

（二）比赛表现的定义

比赛表现是指在乒乓球比赛中运动员的整体表现和表现水平，它通过综合考虑比赛结果、技术表现、心理素质和战术应用等因素来量化和评估球员在比赛中的整体表现，从而帮助教练员和运动员识别并改进弱点，制定针对性的训练计划，提高技术和战术水平，进而提高比赛水平。

技术效能与比赛表现的相关分析有助于识别与运动员比赛成绩高度相关的技术指标。比赛表现是根据运动员在比赛中的技战术表现和成绩来评估其比赛水平和能力，它可以用来评估运动员的比赛水平，也可以用来监测运动员比赛水平的进步，以便更好地改进和提高球员的比赛水平。

（三）比赛表现的计算公式

比赛表现是衡量乒乓球运动员比赛成绩的重要指标。在乒乓球比赛中，团体赛采用五局三胜制，单打采用七局四胜制。每场比赛得 11 分。理论上，输赢之间的最大差距是22 分（也就是说，输赢之间的最大差距是 11∶0 和 0∶11）。

比分是衡量乒乓球运动员比赛成绩的重要指标。乒乓球比赛一局胜与负的最大分差值为 22 分，通过计算运动员一场比赛中每局获胜分与净胜分的差距来反映其一场比赛的发挥水平。CP 的计算公式如下：

$$CP = 22 - \sqrt{\sum_{i=1}^{n}(x_i - 11)^2 / n}$$

其中，x_i 为每局的比分差值；n 为局数。

CP 的取值范围为 0~22。当每局的比分差值 $x_i = 11$ 时，CP 的最大值为 22；当每局的比分差值 $x_i = -11$ 时，CP 的最小值为 0。CP 的值越高，说明比赛发挥得越好；CP 的值越低，说明比赛发挥得越差。

（四）比赛表现的意义

（1）评估运动员水平：比赛表现通过综合考虑比赛成绩、技术表现、心理素质和战术应用等因素，能够客观地评估球员的整体比赛水平和能力。这有助于球员了解自己的优势和不足，从而制定改进和提高的计划。

（2）制定训练计划：通过对比赛表现的评估，可以确定运动员在技术、心理和战术等方面的需要改进的地方。基于比赛表现的评估结果，教练可以制定针对性的训练计划，帮助球员强化短板、提升整体实力。

（3）对手分析和战术调整：通过分析对手的表现和研究比赛数据，比赛表现可以帮助运动员和教练了解对手的特点和弱点。在比赛中，根据对手的比赛表现评估结果进行战术调整和策略应对，提高比赛的获胜概率。

（4）目标设定和激励：比赛表现可以作为设定目标和激励球员的依据。通过不断改善比赛表现评估结果，球员可以设定可行和具体的目标，不断提高自身的比赛水平。同时，相关奖励和激励机制也可以根据比赛表现的提高程度进行合理设置，激发球员的动力和努力。

总之，CP 的意义在于通过客观、量化的评估，帮助运动员和教练了解球员的实际水平和改进方向，制定针对性的训练计划，从而提高比赛的整体水平和成绩。

（五）比赛表现的优劣势

1. 优势

（1）客观性：比赛表现基于客观数据和评估指标，能够提供相对客观的评估结果，减少主观因素的干扰，帮助球员和教练更准确地了解球员的表现水平。

（2）量化评估：比赛表现通过综合考虑比赛成绩、技术数据和其他因素，将球员的比赛表现量化为具体的指标和数据，形成可衡量和可比较的结果，便于分析和比较。

（3）针对性训练：基于比赛表现评估结果，教练员和运动员可以有针对性地制定训练计划，针对技术和战术的不足之处进行有针对性的训练和提高，有助于快速改进和提高比赛水平。

（4）对手分析：通过对比赛表现评估结果的分析，可以了解对手的特点和弱点，帮助制定和调整相应的战术策略，提高击败对手的机会。

2. 劣势

（1）评估局限：比赛表现仅能通过可观测和可量化的指标进行评估，而难以量化的因素如心理素质、决策能力等可能无法完全反映在比赛表现评估结果中，限制了对运动员全面表现的评估。

（2）数据局限：比赛表现评估结果受限于所能收集到的数据，可能存在数据缺失或不完整的情况，导致评估结果的准确性受到一定程度的影响。

（3）其他因素影响：比赛表现评估结果可能受到比赛环境、运动员状态、对手表现等其他因素的影响，而难以完全剔除这些因素的干扰，从而影响评估结果的准确性。

综上所述，比赛表现的应用具有客观性、量化评估和针对性训练等优势，但也存在评估局限、数据局限以及其他因素的干扰等劣势。在应用中需要综合考虑和衡量，结合其他因素进行全面评估和训练。

本章参考文献

崔英敏,2022.男子乒乓球技战术诊断方法研究[D].北京:北京体育大学.

黄燕娥,2019.规则改革背景下乒乓球"三段指标评估法"与技战术研究[J].体育科技文献通报,27(10)：98－100.

李永安,宋丽强,2022.乒乓球比赛双方三段数据同步生成系统的设计与应用研究

[C]//中国体育科学学会.第十二届全国体育科学大会论文摘要汇编:3.

王杰,2010.基于人工智能的乒乓球比赛技战术诊断与评估研究[D].上海:上海体育学院.

文婧,徐君伟,陈永存,等,2018.规则改革与乒乓球技战术分析方法研究——"三段指标评估法"的再探索[J].广州体育学院学报,38(2):76-80.

吴飞,刘国兵,华承健,等,2014.关于改进乒乓球3段技战术统计方法的研究[J].中国体育科技,50(1):71-74.

吴焕群,等,1988.乒乓球比赛中实力评估与技术诊断的方法及其应用效果[J].中国体育科技,(4):43-45.

吴焕群,李振彪,1989.乒乓球比赛中实力与技术诊断的方法及其应用效果[J].国家体委科学研究所学报,(1):32-41.

吴焕群,李振彪,1990.乒乓球运动员技术诊断方法的研究[J].乒乓世界,(2):39-42.

吴焕群,张晓蓬,2002.乒乓球竞技研究中定量方法的开发及效用[M].北京:北京体育大学出版社.

肖丹丹,钱磊,张兴林,2019.乒乓球双打技战术八轮次三段法的构建与应用[J].北京体育大学学报,42(12):53-60.

肖丹丹,周星栋,刘恒,等,2018.乒乓球技战术双三段统计法的构建与应用[J].中国体育科技,54(5):112-116.

徐君伟,2018.规则改革背景下乒乓球三段指标评估法演进与发展趋势研究[J].山东体育学院学报,34(1):115-121.

徐君伟,马艳辉,唐建军,等,2015.乒乓球运动员技战术实力诊断方法——"三段指标评估法"研究进展[C]//中国体育科学学会.2015第十届全国体育科学大会论文摘要汇编(二).北京体育大学:2.

徐君伟,孙荑茜,唐建军,2014.我国乒乓球技战术分析理论与方法的研究热点与展望[J].南京体育学院学报(自然科学版),13(4):11-16.

杨青,2016.乒乓球技战术三维评估模型的构建与应用[D].上海:上海体育学院.

杨青,张辉,2014.乒乓球比赛技战术"四段指标评估法"的构建与应用[J].天津体育学院学报,29(5):439-442.

杨青,张辉,2016.乒乓球比赛实力差评估法的构建与运用[J].首都体育学院学报,28(6):541-545.

虞丽娟,张辉,戴金彪,等,2007.隔网对抗项目比赛技战术分析的理论与方法[J].上海体育学院学报,(3):48-53.

张辉,杨青,2016.乒乓球比赛技战术分析"三段指标评估法"的扩展应用[J].体育科研,37(1):61-66.

张晓栋,肖丹丹,周星栋,等,2018.乒乓球技战术动态三段指标统计法的构建与应用[J].中国体育科技,54(1):80-83.

邹毅超,2015.乒乓球三段分析法的细化和完善研究[D].成都:成都体育学院.

邹泽宇,2021.乒乓球技战术统计方法的评价研究[D].广州:华南理工大学.

ZHANG HUI, LIU WEI, HU JIN-JU, et al., 2013. Evaluation of elite table tennis players' technique effectiveness. Journal of Sports Sciences, 31(14):1526-1534.

第三章
乒乓球技战术分析指标体系的应用案例

第一节　三段法在乒乓球技战术分析中的应用案例

本节介绍三段法在不同场景下的乒乓球比赛技战术分析应用案例,其中包括单打比赛、双打(混双)比赛,以及反胶打法、颗粒胶打法和多场比赛的技战术分析,其统计分析方法包括手工统计和统计软件两种。

一、三段法手工统计应用案例

(一)单打比赛技战术分析

1.比赛技战术统计数据

在单打比赛中,通过三段法技战术分析可以帮助教练员更好地了解运动员的技战术运用特征及其优劣势,从而制定针对性训练计划和调整比赛策略,提高比赛获胜概率。以2019年WTT单打半决赛中王楚钦对樊振东的单打比赛为例,运用三段法手工统计表格对王楚钦比赛过程中的技战术进行观察分析。通过录像观察,以回合为单位统计每个回合最后一板的板数和得失分情况,得到三段法手工统计的原始数据,如表3-1所示。

表3-1　王楚钦 v.s.樊振东三段技战术统计原始数据

	发 抢 段				接 发 抢 段				相 持 段			
	发　球		第3板		接发球		第4板		第5板		第6板及以后	
	得分	失分	得分	失分	得分	失分	得分	失分	得分	失分	得分	失分
第一局	1		2	1	1	3		3	1	3	2	1
第二局			4	1		2	3	2	1	1	3	1
第三局	3	1	2		3	1	1	3	2	3	2	3
第四局			1	4	1			1	1	2	2	4
第五局	3		1	3	4			2	1	3	3	2
第六局	2			2				3		2	1	4
第七局			3	2	4		1	3	2	2	1	2

将得失分数据按照发抢段、接发抢段和相持段进行分类和整理,得到得失分汇总,如表 3-2 所示。

表 3-2 王楚钦 *v.s.*樊振东得失分汇总

	发 抢 段		接 发 抢 段		相 持 段	
	发 球	第 3 板	接发球	第 4 板	第 5 板	第 6 板及以后
得分	9	13	13	5	8	14
失分	1	13	6	17	16	17

根据三段法评估指标的计算公式,利用得失分汇总数据计算出王楚钦比赛中每段的得分率、使用率、失分率,计算方法如下。

发抢段得分率=(发球+第 3 板的得分)/(发球+第 3 板的得失分总和)×100%
　　　　　=(9+13)/(10+26)×100%
　　　　　=61.1%

接抢段得分率=(接发球+第 4 板的得分)/(接发球+第 4 板的得失分总和)×100%
　　　　　=(13+5)/(19+22)×100%
　　　　　=43.9%

相持段得分率=(第 5 板及以后的得分)/(第 5 板及以后的得失分总和)×100%
　　　　　=(8+14)/(24+31)×100%
　　　　　=40.0%

发抢段失分率=(发球+第 3 板的失分)/(发球+第 3 板的得失分总和)×100%
　　　　　=(1+13)/(10+26)×100%
　　　　　=38.9%

接抢段失分率=(接发球+第 4 板的失分)/(接发球+第 4 板的得失分总和)×100%
　　　　　=(6+17)/(19+22)×100%
　　　　　=56.1%

相持段失分率=(第 5 板及以后的失分)/(第 5 板及以后的得失分总和)×100%
　　　　　=(16+17)/(24+31)×100%
　　　　　=60.0%

发抢段使用率=(发抢段得失分总和/总得失分总和)×100%
　　　　　=(10+26)/(10+26+19+22+24+31)×100%
　　　　　=27.3%

接抢段使用率=(接抢段得失分总和/总得失分总和)×100%
　　　　　=(19+22)/(10+26+19+22+24+31)×100%
　　　　　=31.1%

相持段使用率=（相持段得失分总和/总得失分总和）×100%

$$=（24+31）/（10+26+19+22+24+31）×100\%$$

$$=41.7\%$$

计算结果如表 3-3 所示。

表 3-3　王楚钦 v.s.樊振东三段技战术分析数据　　　　　　　　　单位：%

	得 分 率	失 分 率	使 用 率
发抢段	61.1	38.9	27.3
接抢段	43.9	56.1	31.1
相持段	40.0	60.0	41.7

2. 分析

（1）发抢段：王楚钦在发抢段表现出较好的优势,得分率为 61.1%,说明他能够通过高质量发球和第 3 板的衔接展开进攻并得分,显示出较强的进攻性。

（2）接抢段：王楚钦的接发球抢攻使用率为 31.1%,得分率为 43.9%,说明他在接发球处理方面还存在一些问题,导致第 4 板处于较为被动的局面。后续需要更加细致地处理接发球,提高得分率。

（3）相持段：王楚钦在相持段相对较弱,失分率较高,为 60.0%。结合录像观察发现,对手的拉球质量较高,给他造成较大的威胁,导致失误较多。

3. 建议

（1）加强接发球控制：在接发球阶段,王楚钦需要更加细致地处理接发球,保证高质量的回球,给对手制造困扰,避免对手轻松发起攻势。

（2）提高拉球稳定性：在相持段,王楚钦需要提高拉球的稳定性。通过强化相持球的技术训练、步法和身体平衡等训练,提高拉球的质量和稳定性。

（3）提高攻防转换能力：在相持段,攻防转换非常关键。王楚钦需要加强第 4 板以后的攻防转换能力,即在自己进攻的同时做好对对方进攻的防守。通过模拟比赛场景进行攻防转换训练,提高攻防转换的反应和技术能力。

（二）双打（混双）比赛技战术分析

1. 比赛技战术统计数据

三段法主要用于单打比赛的技战术分析。由于乒乓球双打（混双）比赛的规则有别于单打比赛,双打（混双）比赛中本方两个队员需要交替击球,因此,将三段法应用于双打（混双）比赛的技战术分析时,需要将双打（混双）中的两名运动员看作一个整体,从“发抢段（第 1、3 板）”、“接抢段（第 2、4 板）”和“相持段（第 5 板及以后）”进行统计与分析,从整体上分析双打（混双）运动员在比赛中的技战术特征与优劣势,从而为比赛策略制定与调整提供依据,进而双方形成默契,提高整体战斗力,以保持竞争优势。

以下选取 2021 年东京奥运会乒乓球混双决赛中许昕/刘诗雯的技战术进行三段法统

计分析,结果如表 3-4 所示。

表 3-4　许昕/刘诗雯混双比赛三段数据统计表

	发 抢 段		接 抢 段		相 持 段	总　　分
	发　球	第 3 板	接发球	第 4 板	第 5 板及以后	
得分	7	17	11	10	20	65
失分	0	8	6	13	35	62
小计	7	25	17	23	55	127
得分率/%	75		53		36	51
使用率/%	25		31		43	100

2. 分析

(1) 发抢段：许昕和刘诗雯在发抢段的使用率为 25%,得分率为 75%。这说明他们主要依靠发抢段得分,但是在该段的使用率较低。发球稳定性较好,没有无谓失误。

(2) 接抢段：在接抢段中,得分率为 53%,使用率为 31%。与其他两段相比,接抢段的表现一般。第 2 板接发球的得分比失分高,而第 4 板的失分比得分高,说明他们在接发球处理方面表现较好,但在衔接时出现了一些失误,第 4 板较为被动。

(3) 相持段：在相持段中,得分率为 36%,使用率为 43%。许昕和刘诗雯在相持段中的得失分均较多,相持段是三段中得分率最低且使用率最高的段。整体来看,他们在进入相持段后的连续性相对较差。

3. 建议

(1) 发抢段：建议他们在比赛中增加发抢段的使用频率,利用他们发球的稳定性获取更多得分机会。

(2) 接抢段：建议他们加强第 2 板与第 4 板衔接技术的训练,减少失误,并提高在接抢段进攻的主动性。

(3) 相持段：在相持段他们的得分率较低,同时使用率较高。建议他们通过优化战术策略、提升配合默契度等方式加强在相持段的表现,提高得分率。

总体而言,许昕和刘诗雯可以通过增加发抢段的使用频率、加强接抢段的衔接技术和提高在相持段中的连续性来提升他们的比赛表现,以取得更好的成绩。

二、三段法技战术统计软件应用案例

(一) 反胶打法运动员技战术分析

1. 比赛技战术统计数据

以 2018 年国际乒联世界巡回赛中王曼昱 *v.s.* 刘诗雯的比赛为例,运用乒乓球技战术分析软件对王曼昱比赛过程中的技战术进行统计分析,结果如图 3-1 所示。

王曼昱　技战术统计表

日期　2022/11/22　　　　8:54:42 PM
对手

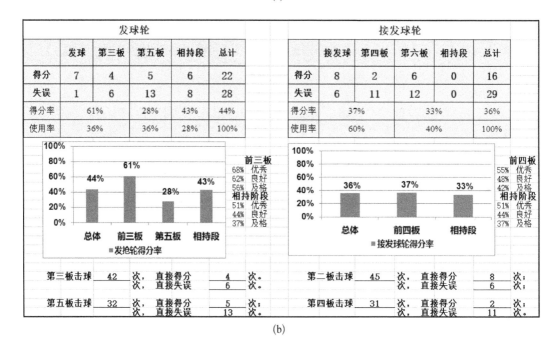

发球轮							接发球轮					
	发球	第三板	第五板	相持段	总计			接发球	第四板	第六板	相持段	总计
得分	7	4	5	6	22		得分	8	2	6	0	16
失误	1	6	13	8	28		失误	6	11	12	0	29
得分率	61%	28%	43%	44%			得分率	37%	33%	36%		
使用率	36%	36%	28%	100%			使用率	60%	40%	100%		

发抢轮得分率： 总体 44%，前三板 61%，第五板 28%，相持段 43%
前三板：68% 优秀，62% 良好，56% 及格
相持阶段：51% 优秀，44% 良好，37% 及格

接发球轮得分率： 总体 36%，前四板 37%，相持段 33%
前四板：55% 优秀，48% 良好，42% 及格
相持阶段：51% 优秀，44% 良好，37% 及格

第三板击球　42　次，直接得分　4　次；直接失误　6　次。
第五板击球　32　次，直接得分　5　次；直接失误　13　次。

第二板击球　45　次，直接得分　8　次；直接失误　6　次。
第四板击球　31　次，直接得分　2　次；直接失误　11　次。

(a)
(b)

图3-1　王曼昱 *v.s.*刘诗雯的乒乓球技战术分析软件结果数据导出

2. 分析与建议

从发球轮统计数据表(图 3-1)中可以看出,王曼昱在发抢段的得分率为 61%,发球轮相持段得分率为 43%。在接发球轮统计数据表(图 3-1)中,王曼昱在接抢段的得分率为 37%,接发球轮相持段得分率为 33%。这说明王曼昱第 1、3 板的得分率相对较高,显示出较好的发球能力。然而,在接抢段和相持段中,王曼昱的得分率均较低,显示出相对较弱的接发球抢攻能力和相持能力。

根据以上技战术分析的结果,建议王曼昱在接下来的训练中加强对接发球的控制,防止对手第 3 板的抢攻,同时需要随时做好第 4 板防守反攻的准备。此外,需针对相持段进行战术调整和技术训练,以提高该段的得分率。

(二)颗粒胶打法运动员技战术分析

1. 比赛技战术统计数据

以 2019 国际乒联卡塔尔公开赛何卓佳对阵平野美宇的比赛为例,以何卓佳为观察对象,通过收集比赛数据和录像视频,运用三段法"乒乓球临场技战术统计软件"进行技战术分析。

2. 分析

在发球轮统计数据表(图 3-2)中,何卓佳在发球方面的得分率为 82%,说明她在这个环节表现出色,优势是前三板。此外,她在接抢段表现优秀,接抢段的得分率为 65%。然而,何卓佳在相持段的得分率较低,发球轮相持段得分率仅为 32%,接发球轮相持段得分率为 52%,可见何卓佳的发球轮相持段相对较弱。

(a)

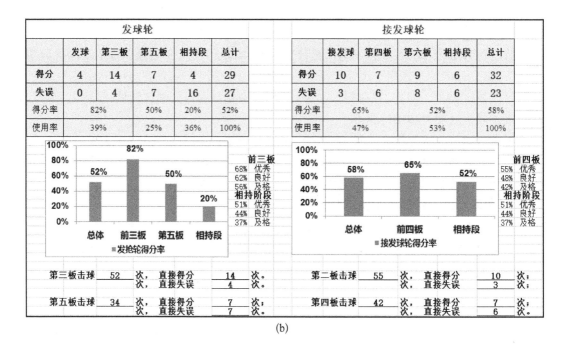

(b)

图 3-2　何卓佳 *v.s.* 平野美宇的乒乓球技战术分析软件结果数据导出

3. 建议

（1）利用何卓佳的前三板得分率高的优势，尽量多运用这一技战术，以增加得分机会。

（2）在接抢段，何卓佳的得分率较高，可以继续加强这个环节的训练，以进一步提高得分率。

（3）在整场比赛中，何卓佳表现比较稳定，但在相持阶段的失误相对较多。因此，建议她强化发球轮相持段的技术和战术策略运用，以减少无谓失误，提高得分率。

三、多场比赛的技战术分析

虽然三段法技战术分析结果可以反映运动员比赛中的技战术发挥情况，但由于比赛的对手、比赛的不同阶段等因素的影响，一场比赛的技战术分析结果并不能全面反映运动员的技战术特征及其优劣势，因此，需要利用三段法对运动员多场比赛的技战术进行统计分析，以综合评估运动员的技战术实力，并深入分析运动员针对不同的对手及比赛不同阶段的技战术运用特征，以帮助其更好地了解自身的技战术特征，为制定更有针对性的计划和比赛策略提供依据和参考。

（一）比赛技战术统计数据

选取陈梦的六场单打比赛为例，运用三段法对陈梦六场比赛的技战术进行综合分析。陈梦六场单打比赛的信息如表 3-5 所示。

运用"乒乓球临场技战术统计软件"对陈梦 6 场比赛的技战术分别进行统计，然后按照三段法的基本框架对 6 场比赛的统计数据进行汇总，具体结果如表 3-6～表 3-8 所示。

表 3-5　陈梦六场单打比赛的信息

赛事名称	对手	打法类型	局分
2021 年东京奥运会女单 1/4 决赛	杜凯琹	右横弧圈结合快攻	4∶2(-6、-6、6、9、1、8)
2021 年东京奥运会女单半决赛	于梦雨	右横弧圈结合快攻	4∶0(6、8、7、6)
2021 年东京奥运会女单决赛	孙颖莎	右横弧圈结合快攻	4∶2(-9、6、4、-5、4、9)
2022 年 WTT 新加坡大满贯赛 1/4 决赛	石川佳纯	左横弧圈结合快攻	3∶1(8、-9、0、7)
2022 年 WTT 新加坡大满贯赛半决赛	王艺迪	右横弧圈结合快攻	4∶3(3、11、-9、4、-10、-8、8)
2022 年 WTT 新加坡大满贯赛决赛	王曼昱	右横弧圈结合快攻	4∶3(9、-8、9、8、-6、-9、8)

1. 发抢段

根据三段评估标准和表 3-6 的统计数据显示,陈梦 6 场比赛发抢段总计得分 109 分,总体得分率 66.46%,属于"良好"标准;使用率 26.84%,评估等级为"中",这表明她具有较为优秀的发球抢攻技战术,得分率较高。发抢段陈梦对阵日本选手石川佳纯和新加坡选手于梦雨得分率都属于"优秀"标准;使用率评估等级均为"高"。陈梦对阵孙颖莎和王曼昱发抢段得分率均属于"良好"标准,对阵王艺迪和杜凯琹发抢段得分率为"及格",其中对阵王曼昱与王艺迪使用率评估等级为"中",对阵杜凯琹和孙颖莎发抢段使用率评估等级均为"低"。

表 3-6　陈梦六场比赛发抢段得失分统计

对手	发抢段得失分合计	得分率/%	使用率/%
杜凯琹	18(+11, -7)	61.11	17.65
于梦雨	22(+16, -6)	72.73	30.99
孙颖莎	24(+16, -8)	66.67	23.30
石川佳纯	27(+19, -8)	70.37	39.71
王艺迪	38(+24, -14)	63.16	28.57
王曼昱	35(+23, -12)	65.71	26.12
总计	164(+109, -55)	66.46	26.84

2. 接抢段

由表 3-7 可知,陈梦 6 场比赛接抢段总体得分率为 53.33%,属于"优秀"标准;使用率为 27%,评估等级为"高",这说明她在接抢段具有强的实力,接发球能控制住对方,并在对手下一板回球后,找准机会积极上手得分。具体来看,接抢段只有对阵王曼昱的得分率属于"良好"标准,对阵其他 5 名选手的得分率都属于"优秀"标准。使用率方面,只有对阵孙颖莎的使用率评估等级为"中",对阵其他 5 名选手的使用率评估等级均为"高"。

表 3-7　陈梦六场比赛接抢段得失分统计

对　手	接抢段得失分合计	得分率/%	使用率/%
杜凯琹	26(+14, -12)	53.85	25.49
于梦雨	29(+17, -12)	58.62	40.85
孙颖莎	23(+14, -9)	60.87	22.33
石川佳纯	18(+10, -8)	55.56	26.47
王艺迪	35(+19, -16)	54.29	26.32
王曼昱	34(+14, -20)	41.18	25.37
总　计	165(+88, -77)	53.33	27.00

3. 相持段

相持段属于回合的第 5 板及以后,双方处于势均力敌的阶段,板数增多,相持段的击球质量在很大程度上会影响比赛结果的胜负。只有处理好落点和准确预判才能在比赛中赢得优势。由表 3-8 可知,陈梦 6 场比赛相持段的总体得分率为 50.71%,属于"良好"标准,总体使用率为 46.15%,评估等级为"中"。相持段对阵石川佳纯和于梦雨的得分率属于"优秀"标准,而对阵王曼昱的得分率属于"及格"标准,对阵其余 3 名运动员的得分率都属于"良好"标准。在相持段的使用率上,对阵杜凯琹的使用率评估等级为"高",对阵孙颖莎、王艺迪和王曼昱的使用率评估等级均为"中",对阵于梦雨和石川佳纯的使用率评估等级为"低"。这是因为这两位外国运动员与陈梦实力悬殊较大,陈梦在发抢段和接抢段就可以结束这一回合的球,很少进入相持阶段。

表 3-8　陈梦六场比赛相持段得失分统计

对　手	相持段得失分合计	得分率/%	使用率/%
杜凯琹	58(+31, -27)	53.45	56.86
于梦雨	20(+11, -9)	55.00	28.17
孙颖莎	56(+28, -28)	50.00	54.37
石川佳纯	23(+13, -10)	56.52	33.82
王艺迪	60(+30, -30)	50.00	45.11
王曼昱	65(+30, -35)	46.15	48.51
总　计	282(+143, -139)	50.71	46.15

(二) 结论与建议

1. 发抢段

建议陈梦利用自己的发球优势,尽量多使用发球抢攻技战术,以增加得分机会。同时,陈梦可以进一步增加发球的变化性,给对手制造更多的困难。在抢攻技术方面,继续加强抢攻的速度和力量,确保发球抢攻的准确性和威力,以增加得分率。

2. 接抢段

建议陈梦继续加强接发球训练,提高对对手发球的应对能力,并能够在对手回球后积极主动地进攻,以提高得分率。在接发球抢攻技战术上,陈梦对阵王曼昱的得分率较低,且使用率较高,后续应加强接发球的针对性训练,提高对阵王曼昱比赛的接抢段得分率。

3. 相持段

建议她更加注重回球的准确性和预判能力,通过精准的落点和回球判断,取得相持段的比赛优势,从而赢得比分。同时,在与实力较弱的对手比赛时,应尽快结束回合,避免进入相持阶段。

第二节　三段法扩展在乒乓球技战术分析中的应用案例

本节介绍三段法的扩展在乒乓球技战术分析中的应用案例,包括横向扩展和纵向扩展两个方面的实际运用,以帮助教练员更好地了解乒乓球运动员的比赛技战术特征,准确把握比赛制胜的关键因素,提高技战术的决策能力。

一、横向扩展应用案例

选取 2021 直通系列赛陈梦对阵朱雨玲的比赛为例,运用三段法横向扩展对陈梦和朱雨玲在这场比赛中的技战术进行分析。

（一）陈梦的技战术分析

1. 比赛技战术统计数据

通过三段法横向扩展对 2021 直通系列赛陈梦对阵朱雨玲的比赛进行技战术分析,结果如表 3－9 所示。

表 3－9　陈梦三段法横向扩展统计数据

	发　抢　段			接　抢　段			相　持　段		总计
	发　球	第 3 板	第 5 板	接发球	第 4 板	第 5 板	相持 I 段	相持 II 段	
得分	4	11	—	11	3	5	5	14	53
失误	0	7	7	4	5	—	10	14	47
得分率/%		51.7			60.9			50.0		
使用率/%		29.0			23.0			48.0		
实力差/%		1.0			5.0			0.0		

2. 三段法横向扩展指标计算

$$发抢段得分率 = (4+11)/(4+0+11+7+7)×100\% = 51.7\%$$

$$接抢段得分率 = (11+3)/(11+4+3+5)×100\% = 60.9\%$$

$$相持段得分率 = (5+5+14)/(5+5+10+14+14)×100\% = 50.0\%$$

$$发抢段使用率 = (4+0+11+7+7)/(53+47)×100\% = 29.0\%$$

$$接抢段使用率 = (11+4+3+5)/(53+47)×100\% = 23.0\%$$

$$相持段使用率 = (5+5+10+14+14)/(53+47)×100\% = 48.0\%$$

$$发抢段实力差 = [(4+11)-(7+7)]/(53+47)×100\% = 1.0\%$$

$$接抢段实力差 = [(11+3)-(4+5)]/(53+47)×100\% = 5.0\%$$

$$相持段实力差 = [(5+5+14)-(5+9+10)]/(53+47)×100\% = 0.0\%$$

3. 分析

通过录像观察得知陈梦本场比赛打得比较积极主动,进入状态很快,战术意识很强。结合表3-9三段法扩展统计指标来看,陈梦发挥最好的是接抢段,得分率为60.9%,使用率为23%,接抢段实力差为5.0%,接发球直接得分较多,主要体现在台内球的控制。陈梦在发抢段优势较小,得分率为51.7%,使用率为29.0%,发抢段实力差为1.0%,发抢段的得分主要体现在反手进攻,落点意识很强。陈梦在相持段没有明显的优势,得分率为50.0%,使用率为48.0%,相持段实力差为0.0%。在相持段失误较多,攻防转换比较被动。

4. 建议

(1)强化接抢段:陈梦利用在接发球抢攻段的技战术优势,提高得分率和使用率。注意控制台内球,尽量通过直接得分来取得优势。

(2)加强发抢段:虽然陈梦在发球抢攻段的优势较小,但可以利用反手进攻来增加得分,提高落点意识,使发球抢攻段的得分更加稳定。

(3)提高相持段表现:在相持段要减少失误,增加进攻的主动性和稳定性,提高击球的质量,以增加得分率。

(4)调整心态和战术:在落后时要及时调整心态,转变战术。根据比赛情况来调整战术,寻找对手的弱点并加以利用。

(二)朱雨玲的技战术分析

1. 比赛技战术统计数据

通过三段法横向扩展对朱雨玲这场比赛的技战术也进行统计分析,结果如表3-10所示。

表 3-10　朱雨玲三段法横向扩展统计数据

	发 抢 段			接 抢 段			相 持 段			总计
	发球	第 3 板	第 5 板	接发球	第 4 板	第 5 板	相持 I 段	相持 II 段		
得分	4	5	—	7	7	5	9	10		47
失误	0	11	3	4	11	—	14	10		53
得分率/%		39.10			48.30			50.00		
使用率/%		23.00			29.00			48.00		
实力差/%		−5.00			−1.00			0.00		

2. 三段法横向扩展指标计算

发抢段得分率 = (4+5)/(4+0+5+11+3)×100% = 39.1%

接抢段得分率 = (7+7)/(7+4+7+11)×100% = 48.3%

相持段得分率 = (5+9+10)/(5+9+14+10+10)×100% = 50.0%

发抢段使用率 = (4+0+5+11+3)/(53+47)×100% = 23.0%

接抢段使用率 = (7+4+7+11)/(53+47)×100% = 29.0%

相持段使用率 = (5+9+14+10+10)/(53+47)×100% = 48.0%

发抢段实力差 = [(4+5)−(11+3)]/(53+47)×100% = −5.0%

接抢段实力差 = [(7+7)−(4+11)]/(53+47)×100% = −1.0%

相持段实力差 = [(5+9+10)−(5+5+14)]/(53+47)×100% = 0.0%

3. 分析

表 3-10 显示,朱雨玲发挥最好的是相持段,得分率为 50.0%,使用率为 48.0%,相持段实力差为 0.0%;朱雨玲在接发球抢攻段略占下风,尽管朱雨玲接发球很有威胁,直接得七分,但由于第 4 板失误较多(失 11 分),因此朱雨玲在接发球抢攻段得分率为 48.3%,使用率为 29%,接发球抢攻段实力差为−1.0%;朱雨玲发挥得最差的是发球抢攻段,由于发球后第 3 板抢攻失误较多(失 11 分),因此朱雨玲在发球抢攻段的得分率为 39.1%,使用率为 23.0%,发球抢攻段实力差为−5.0%。

4. 建议

(1)充分发挥相持段的实力:朱雨玲在相持段表现出较好的得分率和使用率,说明她在这个环节有一定的优势。继续加强相持段的稳定性和主动性,注意减少失误,提高击球的质量。

(2)改进接发球抢攻段:尽管朱雨玲在接发球抢攻段略占下风,但她的接发球仍然具有威胁性。重点解决第 4 板失误问题,以提高得分率和使用率;注意控制好发球后的第

4 板抢攻,减少失误。

(3)提高发球抢攻段的实力:朱雨玲在发球抢攻段的得分率和使用率较低,主要是由于发球后的第 3 板抢攻失误较多。加强发球后的第 3 板抢攻的稳定性和准确性,以提高得分率和使用率。

以上是针对陈梦和朱雨玲在这场比赛中的三段法横向扩展统计数据进行分析的结果和给出的建议。她们可以参考这些统计数据和建议来改进自己的技战术训练,提高比赛表现。

二、纵向扩展应用案例

选取 2022 WTT 新加坡大满贯樊振东对阵马龙的比赛为例,运用三段法纵向扩展对樊振东和马龙在这场比赛中的技战术进行分析。

(一)樊振东的技战术分析

1. 比赛技战术统计数据

通过三段法纵向扩展对 2022 WTT 新加坡大满贯樊振东对阵马龙的比赛进行技战术分析,结果如表 3-11 所示

表 3-11 樊振东三段法纵向扩展统计数据

	发抢段			发球轮相持段		接抢段		接发球轮相持段	总计
	发球	第3板	第5板	第5板	相持Ⅰ段	接发球	第4板	相持Ⅱ段	
得分	4	11	—	6	8	9	15	14	67
失误	0	12	19		5	5	10	9	60
得分率/%		41.7			73.7		61.5	60.9	
使用率/%		70.8			29.2		62.9	37.1	
实力差/%		-12.6			-7.1		7.1	1.6	

2. 三段法纵向扩展指标计算

发抢段得分率=(4+11)/(4+0+11+12+19)×100%=41.7%

发球轮相持Ⅰ段得分率=(6+8)/(6+8+5)×100%=73.7%

接抢段得分率=(9+15)/(9+5+15+10)×100%=61.5%

接发球轮相持Ⅱ段得分率=14/(14+9)×100%=60.9%

发抢段使用率=(4+0+11+12+19)/(4+0+11+12+19+6+8+5)×100%=70.8%

发球轮相持Ⅰ段使用率=(6+8+5)/(4+0+11+12+19+6+8+5)×100%=29.2%

接抢段使用率=(9+5+15+10)/(9+5+15+10+14+9)×100%=62.9%

接发球轮相持Ⅱ段使用率 = (14+9)/(9+5+15+10+14+9)×100% = 37.1%

发抢段实力差 = [(4+11)-(12+19)]/(67+60)×100% = -12.6%

发球轮相持Ⅰ段实力差 = [(6+8)-5]/(67+60)×100% = -7.1%

接抢段实力差 = [(9+15)-(5+10)]/(67+60)×100% = 7.1%

接发球轮相持Ⅱ段实力差 = [14-(6+3)]/(67+60)×100% = 1.6%

3. 分析

从表3-11中可以看到,樊振东在该场比赛中,发球轮相持段的得分率最高,为73.7%,但使用率较低,仅为29.2%。发抢段的得分率为41.7%,使用率高达70.8%。接抢段的得分率为61.5%,使用率为62.9%。接发球轮相持段得分率为60.9%,使用率为37.1%,樊振东在接抢段和接发球轮相持段都比较有优势,但接发球轮相持段的使用率偏低。

从实力差来看,樊振东在发抢段为-12.6%,发球轮相持段为-7.1%,在接抢段为7.1%,在接发球轮相持段为1.6%。从中可以发现,该场比赛樊振东主要失分是在发抢段和发球轮相持段。从整场比赛看,樊振东在发球轮比较下风,在接发球轮占有优势。

分析结果表明,樊振东在发抢段的得分率和使用率有待提高,而在接抢段和接发球轮相持段上具有相对优势。

4. 建议

(1) 加强第1板和第3板的战术配合,以及第3板和第5板的衔接。

(2) 注意对手第4板的落点和节奏变化,提高第1板和第3板的战术反应能力,减少第5板失分。

(3) 虽然在接发球轮相持段上具有相对优势,但使用率仍然偏低;提升第5板衔接的能力,减少在该环节的失误。

(二) 马龙的技战术分析

1. 比赛技战术统计数据

通过三段法纵向扩展对马龙这场比赛的技战术也进行统计分析,结果如表3-12所示。

表3-12　马龙三段法纵向扩展统计数据

	发 抢 段			发球轮相持段		接 抢 段		接发球轮相持段	总计
	发 球	第3板	第5板	第5板	相持Ⅰ段	接发球	第4板	相持Ⅱ段	
得分	5	10	—	6	3	12	19	5	60
失误	0	9	15	—	14	4	11	14	67
得分率/%		38.5			39.1		67.4	26.3	
使用率/%		62.9			37.1		70.8	29.2	
实力差/%		-7.1			-4		9.8	-7.1	

2. 三段法纵向扩展指标计算

发抢段得分率=(5+10)/(5+0+10+9+15)×100%=38.5%

发球轮相持Ⅰ段得分率=(6+3)/(6+3+14)×100%=39.1%

接抢段得分率=(12+19)/(12+4+19+11)×100%=67.4%

接发球轮相持Ⅱ段得分率=5/(5+14)×100%=26.3%

发抢段使用率=(5+0+10+9+15)/(5+0+10+9+15+6+3+14)×100%=62.9%

发球轮相持Ⅰ段使用率=(6+3+14)/(5+0+10+9+15+6+3+14)×100%=37.1%

接抢段使用率=(12+4+19+11)/(12+4+19+11+5+14)×100%=70.8%

接发球轮相持Ⅱ段使用率=(5+14)/(12+4+19+11+5+14)×100%=29.2%

发抢段实力差=[(5+10)-(9+15)]/(67+60)×100%=-7.1%

发球轮相持Ⅰ段实力差=[(6+3)-14]/(67+60)×100%=-4.0%

接抢段实力差=[(12+19)-(4+11)]/(67+60)×100%=9.8%

接发球轮相持Ⅱ段实力差=[5-(6+8)]/(67+60)×100%=-7.1%

3. 分析

从表3-12中可以看到,马龙在这场比赛中,发球轮相持段的得分率最高,为73.7%,使用率为29.2%。发抢段的得分率为38.5%,使用率为62.9%。接抢段的得分率为61.5%,使用率为62.9%。接发球轮相持段的得分率为60.9%,使用率为37.1%。

从实力差的角度观察,马龙主要的失分段是发抢段(-17.1%)和发球轮相持段(-7.1%)。从整场比赛看,马龙仅在接抢段占有较大优势,其实力差为7.1%。从综合得分率和实力差来看,马龙在接抢段具有明显优势,得分率高达61.5%,实力差为7.1%。然而,在发抢段得分率较低为38.5%,实力差最低(-17.1%)。从整场比赛综合来看,马龙在发球轮上稍显劣势,在接发球轮的接抢段上占据优势。

4. 建议

(1) 充分利用接抢段的优势,加强接发球的稳定性和控制力,提高得分率和使用率。

(2) 提高发抢段的表现,加强发球后的抢攻动作,减少失误,提高得分率。

(3) 提升发球轮相持段和接发球轮相持段的实力,在相持中增加进攻的主动性和稳定性,提高击球质量,减少失误,以提高得分率。

第三节　四段法在乒乓球技战术分析中的应用案例

本节主要介绍基于四段法的乒乓球比赛技战术分析应用案例,其中包括反胶打法、颗粒胶打法和多场比赛的技战术分析。

一、反胶打法运动员的技战术分析应用案例

1. 比赛技战术统计数据

选取 2018 年国际乒联世界巡回赛总决赛中王曼昱对阵刘诗雯的比赛为例,运用四段法对王曼昱的比赛进行技战术分析,结果如表 3-13、表 3-14 所示。

表 3-13　王曼昱 *v.s.* 刘诗雯四段法原始统计数据(发球轮)

	发　球　轮							
	发　抢　段						相持Ⅰ段	
	第1板		第3板		第5板		第7板及以后	
	得分	失分	得分	失分	得分	失分	得分	失分
第一局	2		2		2	2	2	
第二局	1		1	2	2		1	1
第三局	2			1	3	1	1	
第四局	1			2		1	1	2
第五局	1		1	1	1	1	1	3
总　计	7	0	4	6	8	5	6	6

表 3-14　王曼昱 *v.s.* 刘诗雯四段法原始统计数据(接发球轮)

	接　发　球　轮					
	接　抢　段				相持Ⅱ段	
	第2板		第4板		第6板及以后	
	得分	失分	得分	失分	得分	失分
第一局	1	1	1	3	1	2
第二局	2	1		2		3
第三局	1	3		2		1
第四局	2			3	1	3
第五局	2	1	1	1	2	4
总　计	8	6	2	11	5	13

根据四段法评估指标的计算公式,将王曼昱的四段法原始统计数据代入公式得到相应的评估指标统计数据,如表 3-15 所示。

表 3 - 15　王曼昱 *v.s.* 刘诗雯四段法评价指标统计数据

	得　分　率				使　用　率			
	发球抢攻	第 3 板	第 5 板	第 7 板及以后	发球抢攻	第 3 板	第 5 板	第 7 板及以后
第一局	100.00%	33.33%	100.00%	33.33%	60.00%	66.67%	40.00%	33.33%
第二局	50.00%	40.00%	50.00%	0.00%	75.00%	62.50%	25.00%	37.50%
第三局	66.67%	16.67%	100.00%	50.00%	75.00%	75.00%	25.00%	25.00%
第四局	33.33%	40.00%	50.00%	25.00%	42.86%	55.56%	57.14%	44.44%
第五局	66.67%	60.00%	40.00%	33.33%	44.44%	45.45%	55.56%	54.55%
总　　计	64.71%	37.04%	64.71%	27.78%	59.52%	60.00%	40.48%	40.00%

2. 四段法评价指标计算

将原始数据代入到公式中通过计算得到统计数据如下。

$$发抢段得分率 = \frac{A^+ + B^+}{A + B + C^-} \times 100\% = 50.0\%$$

$$发抢段使用率 = \frac{A + B + C^-}{A + B + C + D} \times 100\% = 52.4\%$$

$$接抢段得分率 = \frac{X^+ + Y^+}{X + Y} \times 100\% = 37.0\%$$

$$接抢段使用率 = \frac{X + Y}{X + Y + Z} \times 100\% = 60.0\%$$

$$相持 I 段得分率 = \frac{C^+ + D^+}{C^+ + D} \times 100\% = 70.0\%$$

$$相持 I 段使用率 = \frac{C^+ + D}{A + B + C + D} \times 100\% = 47.6\%$$

$$相持 II 段得分率 = \frac{Z^+}{Z} \times 100\% = 27.8\%$$

$$相持 II 段使用率 = \frac{Z}{X + Y + Z} \times 100\% = 40.0\%$$

以上数据汇总结果见表 3 - 16。

表 3 - 16 王曼昱 *v.s.* 刘诗雯四段法统计数据 　　　　　　单位: %

	发 抢 段	接 抢 段	相持 I 段	相持 II 段
得分率	50.0	37.0	70.0	27.8
使用率	52.4	60.0	47.6	40.0

3. 分析

在这场比赛王曼昱唯一获胜的第一局,发抢段的得分率高达 100.0%,说明王曼昱在第一局进入状态较快,并发挥出了自己发球轮的优势。然而在接抢段的得分率较低,只有37.0%,评估等级为"不及格"。可见王曼昱的接发球抢攻技战术和接发球抢攻后的相持能力较弱,接发球后无法快速发起有效的进攻。

4. 建议

(1)利用王曼昱在发球抢攻和第 5 板得分较高的优势,尽量多发挥这些优势技术,并在后面的几局中多变化,以增加得分机会。

(2)在接发球抢攻和相持 II 段,王曼昱需要加强相关技战术的训练,提高技术能力和战术决策能力,以提高在这两个环节的得分率。

(3)注意观察对手的接发球和相持策略,及时调整自己的技术和战术,以应对不同打法风格的对手。

通过上述针对性技术训练和比赛战术策略调整,王曼昱有望进一步提升个人在比赛中的技战术水平,提高竞技实力,从而在比赛中取得更为出色的成绩。

二、颗粒胶打法运动员的技战术应用案例

1. 比赛技战术统计数据

以 2019 国际乒联卡塔尔公开赛中何卓佳对阵平野美宇的比赛为例,运用四段法对何卓佳的技战术表现进行分析,结果如表 3 - 17、表 3 - 18 所示。

表 3 - 17 何卓佳 *v.s.* 平野美宇四段法原始统计数据(发球轮)

	发 球 轮							
	发 抢 段						相持 I 段	
	第 1 板		第 3 板		第 5 板		第 7 板及以后	
	得分	失分	得分	失分	得分	失分	得分	失分
第一局	1		3	1	1	1	1	3
第二局			3	1		2		3
第三局	1		4	2	3			
第四局			1		1	2		5
第五局				1	2	1	1	4
第六局	2		3		2	1	1	

表 3 - 18　何卓佳 v.s. 平野美宇四段法原始统计数据（接发球轮）

	接 发 球 轮					
	接 抢 段				相持Ⅱ段	
	第 2 板		第 4 板		第 6 板及以后	
	得分	失分	得分	失分	得分	失分
第一局	2		2	1	1	2
第二局	1		1	1	4	3
第三局	3	1	1	1	2	1
第四局	2		1		2	5
第五局	1	2	1	1	4	2
第六局	1	1	1	1	3	1

2. 四段法评价指标计算

将原始数据代入到公式中通过计算得到统计数据如下。

$$发抢段得分率 = \frac{A^+ + B^+}{A + B + C^-} \times 100\% = 60.0\%$$

$$发抢段使用率 = \frac{A + B + C^-}{A + B + C + D} \times 100\% = 52.6\%$$

$$接抢段得分率 = \frac{X^+ + Y^+}{X + Y} \times 100\% = 65.4\%$$

$$接抢段使用率 = \frac{X + Y}{X + Y + Z} \times 100\% = 46.4\%$$

$$相持Ⅰ段得分率 = \frac{C^+ + D^+}{C^+ + D} \times 100\% = 44.4\%$$

$$相持Ⅰ段使用率 = \frac{C^+ + D}{A + B + C + D} \times 100\% = 47.4\%$$

$$相持Ⅱ段得分率 = \frac{Z^+}{Z} \times 100\% = 53.3\%$$

$$相持Ⅱ段使用率 = \frac{Z}{X + Y + Z} \times 100\% = 53.6\%$$

以上数据汇总结果见表 3 - 19。

表 3 - 19　何卓佳 v.s. 平野美宇四段法统计数据　　　　　　　　单位：%

	发 抢 段	接 抢 段	相持Ⅰ段	相持Ⅱ段
得分率	60.0	65.4	44.4	53.3
使用率	52.6	46.4	47.4	53.6

3. 分析

在该比赛中,何卓佳在发抢段和接抢段得分率分别达到了 60.0% 和 65.4%,评估为"良好"。相持 I 段的得分率为 44.4%,评估为"不及格",相持 II 段的得分率为 53.3%,评估为"良好",相持 I 段的表现略逊一筹。在发抢段,她擅长发球抢攻技战术,第 3 板得分较高;在接发球轮,她的得分率较高,显示出良好的接发球抢攻和相持能力。

4. 建议

(1) 发抢段:何卓佳应进一步发挥自己在发球阶段的优势。建议她通过多样化的发球方式来增加对手的困扰,并利用发球战术牵制对手,为之后的相持阶段创造更有利的局面。

(2) 接抢段:何卓佳应进一步加强自己在接发球阶段的优势。她可以继续完善接发球的技巧和反击能力,更好地应对对手的发球战术。此外,应及时分析对手的发球习惯和弱点,制定相应的接发球技战术策略。

(3) 相持段:在相持阶段,尤其是相持 I 段,何卓佳需要进一步强化防守和反攻技术,提升相持战术的稳定性,并通过模拟对手的攻击方式来提高应对不同打法风格的能力。

通过以上调整和训练,何卓佳有望进一步提升自己的技战术水平,在比赛中取得更好的成绩。

三、多场比赛的技战术分析

虽然四段法能提供比三段法更多的关于运动员比赛的技战术细节信息,但与三段法类似,一场比赛的四段法技战术分析结果也不能全面反映运动员的技战术特征及其优劣势,因此,需要利用四段法对运动员多场比赛的技战术进行统计分析,以综合评估运动员的技战术实力,并深入分析运动员针对不同的对手及比赛不同阶段的技战术运用特征,为制定更有针对性的计划和比赛策略提供依据和参考。

选取优秀女子乒乓球运动员陈梦的六场单打比赛为例,运用四段法分别对陈梦胜利和失败的多场比赛进行技战术综合分析。陈梦六场单打比赛的信息如表3-20所示。

表 3-20　陈梦六场比赛信息

序号	比赛名称	比赛场次	对手	比分
1	2020 东京奥运会	半决赛	杜凯琹	4∶2(-6、-6、6、9、1、8)
2	2019 女子世界杯	决赛	刘诗雯	2∶4(9、-7、-7、7、-0、-9)
3	2021 休斯敦世乒赛	16 进 8	平野美宇	4∶3(10、-13、-8、8、7、-11、5)
4	2020 奥运会女单	决赛	孙颖莎	4∶2(-9、6、4、-5、4、9)
5	2021 休斯敦世乒赛	半决赛	王曼昱	3∶4(9、7、-8、-6、11、-9、-8)
6	2021 全国乒乓球运动会	半决赛	王曼昱	0∶4(-10、-7、-3、-9)

（一）陈梦3场胜场的比赛技战术分析

1. 陈梦 *v.s.* 孙颖莎的技战术分析

陈梦 *v.s.* 孙颖莎的四段法技战术分析结果见表3-21。

表3-21　陈梦 *v.s.* 孙颖莎四段法统计数据

	发 抢 段		相 持 Ⅰ 段		接 抢 段		相持 Ⅱ 段
板数	发球	第3板	第5板	第7板及以后	第2板	第4板	第6板及以后
得分	4	12	7	7	7	7	14
失分	0	8	4	10	6	3	14
得分率/%	57		58		61		50
评估	良好		良好		优秀		良好
使用率/%	54		46		45		55
评估	中		中		中		高

在陈梦对阵孙颖莎的比赛中,陈梦在接抢段表现出色,得分率为61%,评估为"优秀",其余段的得分率评估均为"良好"。相持Ⅱ段的使用率为55%,评估为"高",其余段的使用率评估均为"中"。结合比赛录像分析,陈梦正手拉冲得分率较高,这体现出她正手拉冲技术的基本功较扎实,反手相持球得分比例高。

2. 陈梦 *v.s.* 杜凯琹的比赛技战术分析

陈梦 *v.s.* 杜凯琹的四段法技战术分析结果见表3-22。

表3-22　陈梦 *v.s.* 杜凯琹四段法统计数据

	发 抢 段		相 持 Ⅰ 段		接 抢 段		相持 Ⅱ 段
板数	发球	第3板	第5板	第7板及以后	第2板	第4板	第6板及以后
得分	4	8	10	6	10	4	14
失分	1	6	5	11	6	6	11
得分率/%	50		59		54		56
评估	良好		良好		良好		优秀
使用率/%	47		53		51		49
评估	低		高		中		中

在陈梦对阵杜凯琹的比赛中,陈梦的发抢段和接抢段依旧表现良好,得分率分别达到了50%和54%;相持Ⅰ段的得分率为59%,评估等级为"良好";相持Ⅱ段的得分率为56%,评估等级为"优秀"。结合比赛录像观察发现陈梦比赛中正手拉冲和反手对攻为主要得分点。反手对攻在相持阶段的失分较多,失误原因以出界为主。因此,需强化反手相持的技战术训练,提高相持球技战术运用的能力和稳定性。

3. 陈梦 v.s. 平野美宇的比赛技战术分析

陈梦 v.s. 平野美宇的四段法技战术分析结果见表 3-23。

表 3-23　陈梦 v.s. 平野美宇四段法统计数据

板数	发抢段		相持 I 段		接抢段		相持 II 段
	发球	第 3 板	第 5 板	第 7 板及以后	第 2 板	第 4 板	第 6 板及以后
得分	8	14	8	9	11	13	14
失分	1	14	7	13	5	15	14
得分率/%	50		57		55		50
评估	良好		良好		良好		良好
使用率/%	58		41		61		39
评估	中		中		高		中

在陈梦对阵平野美宇的比赛中,陈梦在四个段的得分率均评估为"良好"。在接抢段的使用率均评估为"高",其余段的使用率评估为"中"。整场比赛中相持球较多,陈梦的反手对攻得分较多。整场比赛陈梦出界球仍然较多。由于平野美宇攻势较为猛烈,陈梦有些击球较为被动,回球弧线较高,出界较多。整场比赛中除相持球外,陈梦正反手被攻失误较多,多数为出界。在防守时陈梦需加强对落点以及击球弧线高度的控制。

(二) 陈梦 3 场负场的比赛技战术分析

1. 陈梦 v.s. 刘诗雯的比赛技战术分析

陈梦 v.s. 刘诗雯的四段法技战术分析结果见表 3-24。

表 3-24　陈梦 v.s. 刘诗雯四段法统计数据

板数	发抢段		相持 I 段		接抢段		相持 II 段
	发球	第 3 板	第 5 板	第 7 板及以后	第 2 板	第 4 板	第 6 板及以后
得分	6	12	2	6	8	4	8
失分	0	9	6	6	7	14	11
得分率/%	55		35		36		42
评估	良好		不及格		不及格		良好
使用率/%	62		38		63		37
评估	中		中		高		中

在陈梦与刘诗雯的比赛中,陈梦接抢段的使用率较高,达到了 63%,评估为"高",但得分率较低,为 36%,评估为"不及格"。通过接抢段的得分率可知,陈梦在面对刘诗雯的发球时失误较多,接抢难度较大。陈梦需要提高在接发球阶段的技战术能力。陈梦在面

对速度型选手时,需要通过改变击球落点和突然变线等战术,化被动为主动,从而提升接抢段与相持段得分率。

2. 陈梦 *v.s.* 王曼昱的比赛技战术分析

陈梦 *v.s.* 王曼昱的四段法技战术分析结果见表 3−25。

表 3−25　陈梦 *v.s.* 王曼昱四段法统计数据

板数	发抢段		相持Ⅰ段		接抢段		相持Ⅱ段
	发球	第3板	第5板	第7板及以后	第2板	第4板	第6板及以后
得分	5	10	10	8	8	9	16
失分	0	12	9	14	4	12	20
得分率/%	42		56		52		44
评估	及格		及格		良好		良好
使用率/%	53		47		48		52
评估	中		中		中		高

由表 3−25 可知,陈梦本场比赛各段得分率比较平均,没有十分突出的段,而相持Ⅱ段的使用率评估结果为"高",其余各段的使用率评估结果为"中",较为平均。其中发球得分为 5 分,接发球得分为 8 分,说明其前 3 板质量较高。陈梦正反手拉冲得分与失分比较接近,如果能在正反手拉冲主动进攻时把握得分机会,则本场比赛的态势会不一样。

在陈梦对阵王曼昱的比赛中,相持球占绝大部分。女子比赛中相持为主要技战术,但陈梦并没有在相持过程中有太多的变线等处理,这是其在面对有相持优势的强劲对手时表现出来的不足。整场比赛陈梦得分 66 分,失分 71 分,两者之间相差并不大,主要差距为相持部分,陈梦需要改变其稳定式打法,有更多出其不意的进攻。

3. 陈梦 *v.s.* 王曼昱的比赛技战术分析

陈梦 *v.s.* 王曼昱的四段法技战术分析结果见表 3−26。

表 3−26　陈梦 *v.s.* 王曼昱四段法统计数据

板数	发抢段		相持Ⅰ段		接抢段		相持Ⅱ段
	发球	第3板	第5板	第7板及以后	第2板	第4板	第6板及以后
得分	3	8	3	1	0	8	6
失分	2	8	6	6	7	4	12
得分率/%	41		40		42		33
评估	及格		不及格		及格		及格
使用率/%	73		27		51		49
评估	高		低		中		高

在陈梦对阵王曼昱的另一场比赛中,陈梦的整体表现较差,得分率较低,评估等级均较差,没有达到良好或优秀等级。发抢段和接抢段的得分率分别为41%和42%,评估为及格。陈梦在发抢段失误较多,容易受到对手的压制。她需要提升发球抢攻的质量,并提前制定适合自己的战术策略。

第四节　双三段法在乒乓球技战术分析中的应用案例

双三段法在三段法三段划分的基础上,将比赛过程以进程时序为特征划分为开局段、中局段和尾局段,从而更充分地反映运动员在比赛中技战术运用的变化或者稳定性。选取 2019 年亚洲杯乒乓球男单决赛樊振东对阵马龙的比赛为例,对樊振东比赛过程中的技战术进行分析。

1. 樊振东整体的技战术分析

运用双三段法对樊振东比赛过程中的技战术进行分析,结果如表 3 - 27 所示。通过纵向对比表 3 - 27 中三个段的得分率和使用率,我们发现樊振东在发抢段和相持段的得分率较高,分别为55.1%和55.6%。在面对马龙强大的正手技术时,樊振东能够积极主动地在发球后采取控制技术,利用自身擅长的台内挑拧技术改变击球的旋转方向,并通过形成反手相持来制约马龙的进攻。而在接抢段,樊振东的得分率较低,仅为47.4%,这是因为马龙的发球技术较为全面且变化多样,导致樊振东的回球质量较低,给马龙提供了进攻的机会。

表 3 - 27　樊振东 *v.s.* 马龙双三段法统计数据

		开 局 段	中 局 段	尾 局 段	总 计
发抢段	得失分	7(+5, -2)	12(+4, -8)	10(+7, -3)	29(+16, -13)
	使用率/%	18.9	26.7	25.6	24
	得分率/%	71.4	33.3	70	55.1
接抢段	得失分	11(+4, -7)	11(+6, -5)	16(+8, -8)	38(+18, -20)
	使用率/%	29.7	24.4	41	31.4
	得分率/%	36.3	54.5	50	47.4
相持段	得失分	19(+11, -8)	22(+11, -11)	13(+8, -5)	54(+30, -24)
	使用率/%	51.4	48.9	33.3	44.6
	得分率/%	57.9	50	61.5	55.6
总 计	得失分	37(+20, -17)	45(+21, -24)	39(+23, -16)	121(+64, -57)
	使用率/%	30.6	37.2	32.2	100
	得分率/%	74.1	46.7	59	52.9

从横向对比各局段的得分率和使用率来看,樊振东在开局段的得分率最高,达到74.1%,而中局段的得分率最低,只有46.7%。这表明樊振东在每局开始时能够迅速进入

状态,进攻积极,发挥稳定,失误率较低。但随着比赛进入中局段,马龙的状态调整以及发球技术变化给樊振东带来了一些困扰,但樊振东最终能够顶住压力并以 4∶2 取得胜利。

2. 发抢段樊振东的技战术分析

根据表 3-27 中的统计数据,我们发现樊振东在开局段的得分率最高,达到 71.4%,而中局段的得分率最低,只有 33.3%。樊振东在开局时能够快速进入状态,发挥出色,并且发球轮战术运用效果较好。但随着比赛进程的推进,马龙比赛状态的回升及其战术策略的调整使得樊振东难以上手,强行起板导致失误增多。在尾局段,樊振东能够充分发挥自身特长,利用反手拧拉技术得分,得分率较高。

3. 接抢段樊振东的技战术分析

根据接抢段的技战术分析结果,我们发现樊振东在中局段和尾局段的得分率有明显提升。根据比赛录像的观察,樊振东在面对马龙高抛发球技术时,选择强行拧拉导致失分过多。但随着比赛的进行,樊振东调整战术策略,接发球第 2 板选择控制为主,再在第 4 板采取积极进攻,这表明樊振东在面对马龙的发球时能够主动求变。

4. 相持段樊振东的技战术分析

根据相持段的技战术分析结果,我们发现樊振东在相持阶段保持了较高的得分率,总计得分率 55.6%。根据比赛录像的观察,樊振东多数选择回球到马龙的反手位,避免马龙正手的高质量拉球。樊振东的正反手拉球技术相对稳定,但线路变化较少,缺乏击球落点和长短球的变化。

5. 开局段樊振东的技战术分析

根据开局段的技战术分析结果,我们发现樊振东的发抢段的使用率最低,只有 18.9%,但是得分率却很高,达到了 71.4%。而接抢段的使用率和得分率均较低,分别为 29.7% 和 36.3%。由于樊振东与马龙是队友,对彼此的打法风格都很了解,所以在接发球阶段樊振东线路变化较少,导致失分较多。

6. 中局段樊振东的技战术分析

根据中局段的技战术分析结果,我们发现相持段的使用率最高,达到48.9%。在比赛中期,樊振东和马龙都展现了较高的技战术水平,进入相持的回合较多。根据比赛录像的观察,樊振东在主动进攻时的步法衔接不够流畅,无法顺利衔接下一板。虽然反手拧拉质量较高,但也容易被对方回击,从而进入相持阶段。

7. 尾局段樊振东的技战术分析

根据尾局段的技战术分析结果,我们发现发抢段、接抢段和相持段的得分率都保持在50% 及以上。这说明在临近每局结束时,樊振东能够调整自己的心态,即使在比分落后的情况下也能够及时调整战术策略,完成比赛态势的逆转。

第五节　动态三段法在乒乓球技战术
分析中的应用案例

动态三段法基于三段法的基本框架,根据接发球使用的技术类型更加动态地、灵活地进行比赛三段的划分。因此,该方法更适合对以接发球进攻为主要手段的运动员进行技战术分析,如孙颖莎、王曼昱等。

一、比赛技战术统计数据

选取 2020 年东京奥运会模拟赛的女子单打决赛孙颖莎 *v.s.* 王曼昱为例,运用动态三段法对比赛双方进行技战术分析。这场比赛孙颖莎在大比分 3∶0 领先的情况下,被王曼昱追平,最后决胜局以 4∶3 艰难取胜,具体局比分如表 3-28 所示。

表 3-28　2020 年东京奥运会模拟赛女子单打决赛比分详情

运动员	场分	第一局	第二局	第三局	第四局	第五局	第六局	第七局	总得分
孙颖莎	4	12	11	14	6	8	13	11	75
王曼昱	3	10	9	12	11	11	15	6	74

通过录像观察,根据动态三段法的定义及段的划分,对这场比赛进行技战术分析,结果如表 3-29 所示。

表 3-29　孙颖莎 *v.s.* 王曼昱动态三段指标统计数据

运动员	状态	发抢段	接抢段	相持段	总计
孙颖莎	得分	15	21	39	75
	失分	17	16	41	74
	得分率/%	46.9	56.8	48.8	
	使用率/%	21.5	24.8	53.7	100
王曼昱	得分	16	17	41	74
	失分	21	15	39	75
	得分率/%	43.2	53	51.3	
	使用率/%	24.8	21.5	53.7	100

根据表 3-29 的统计数据可知,孙颖莎与王曼昱有一半以上的球都打到了相持段,使用率达到了 53.7%,而王曼昱的得分率 51.3% 高于孙颖莎的得分率 48.8%,说明两人之间的博弈主要在拼相持段。孙颖莎在发抢段和接抢段的得分率 46.9%、56.8% 均高于王曼昱的得分率 43.2%、53%,可以看出孙颖莎在台内球和前三板球处理上更有效。以下从发抢段、接抢段、相持段分析双方的技战术特征。

（一）发抢段

通过动态三段法评价指标统计结果可知,王曼昱在发抢段的使用率(24.8%)高于孙颖莎(21.5%),但失分偏高,尤其是在第二局失了 5 分,第一、七局都失了 4 分,说明比赛中王曼昱比孙颖莎的抢攻意识要好,但效果并不太理想。总体来看,两人在发抢段使用率均较低,且失分大于得分。

（二）接抢段

两位选手在接抢段的得分率都达到了"优秀"等级,分别为56.8%和53%,使用率评估均为"低",分别为24.8%（孙颖莎）和21.5%（王曼昱）,且孙颖莎在接抢段的得分率和使用率均高于王曼昱。孙颖莎接抢段主要采用摆短与劈长结合、拧拉与挑打并存的技术手段,而王曼昱以反手拧拉为主,从而给对手施加较大压力,并直接得分。

根据表3-30孙颖莎 *v.s.* 王曼昱接发球处理技术手段统计可以看出,在全场比赛中,孙颖莎在75个接发球中48个球选择控制,在整个接发球技术中运用得最多,达到了64%。再结合录像可以看出,孙颖莎在处理正手位短球的时候几乎都选择摆短,但在摆短后的反控制和第4板的抢攻都处理得十分严密,在台内短球的处理上明显占上风。此外,其接正手位短球很少会主动用反手拧拉,形成相持,但是在接反手位短球的处理上一般采用拧拉和劈长。比如第一局王曼昱9:7领先,连续发孙颖莎反手位和中间偏反手的近网短球,直接被孙颖莎拧起来。10:10之后处理反手位接发球劈长之后第4板直接反拉。由此可见,孙颖莎接抢段处理得十分果断。

表3-30 孙颖莎 *v.s.* 王曼昱接发球处理技术手段统计

运动员		技术动作				总计
		拧	挑	拉	控制	
孙颖莎	使用次数	15	7	5	48	75
	使用率/%	20	9	7	64	100
王曼昱	使用次数	36	1	5	32	74
	使用率/%	49	1	7	43	100

由于王曼昱身高臂长,护台面积较大,尤其在反手位相持能力较强,所以在74个接发球中36个选择反手拧拉,与孙颖莎形成反手相持。例如在第五局的9个发球里,7个采取反手拧拉与孙颖莎形成反手相持,在相持段反手得5分,失0分。由此可见,王曼昱在接发球中采用反手拧拉的技术较多,这种抢先上手的意识和反手位超强的相持能力是王曼昱获取比赛胜利的关键。在处理接台内短球上,王曼昱采取控制的比重也达到了43.2%,但是效果并不明显,尤其是在连续摆短之后转进攻的细节把握和主动劈长与对手打相持的能力都需要加强。

（三）相持段

相持段是决定比赛胜负的关键阶段,对于女子乒乓球选手尤为重要。由表3-29的统计数据可知,双方运动员相持段的使用率均高达53.7%。随着乒乓球材质的改变和球体积变大,球速变慢,导致比赛回合的增多;再加上是队内比赛,双方超过一半的回合都进入了相持阶段,这也符合乒乓球运动的发展规律。王曼昱在相持段的得分率51.3%,高于孙颖莎的得分率48.8%,相持段的得失分相差2分,这说明王曼昱在相持段占据相对优势。

由表 3-31 可知,形成相持以后,孙颖莎在正手位的得分率和使用率为 54.3% 和 43.8%,远高于王曼昱在正手位的得分率和使用率(44.4% 和 33.8%),而王曼昱在反手位的得分率和使用率远高于孙颖莎,由此可见,相持段孙颖莎的优势在于正手,王曼昱的则在反手位。通过第 1 局的比赛分析,孙颖莎在 1∶6 落后的情况下,就是运用强势的正手和高质量的单板质量,拿下了第 1 局。而王曼昱在第 1 局只要形成反手位相持,就占据优势,但在接发球阶段出现了明显的漏洞,尤其是关键球吃了两个发球,后续孙颖莎依旧凭借自己正手和单板质量的优势拿下了第 2 局和第 3 局。从第 4 局开局,王曼昱技战术运用有了两个明显的变化:一是选择正手位发球,这样便于保护自己的正手位和反手位的主动进攻;二是在相持阶段及时变正手,或采取调右压左的技战术,主动变线。在第 5 局相持段反手得 5 分,失 0 分;第 6 局相持段反手得 7 分,失 2 分,凭借自己反手的优势,王曼昱将比赛的悬念保留至了决胜局。孙颖莎在 4、5、6 局的相持阶段过于依赖自己的正手,想一鼓作气拿下比赛,显得有些操之过急,导致无谓失误增多,好在决胜局孙颖莎主动打开局面,积极侧身,用自己强劲的正手进攻和反拉技术,开局以 5∶1 领先,最终赢下比赛。

表 3-31 孙颖莎 *v.s.* 王曼昱相持段正、反手得失分统计

运 动 员	相 持 段	正 手 位	反 手 位	总 计
孙颖莎	得分	19	20	39
	失分	16	25	41
	得分率/%	54.3	44.4	
	使用率/%	43.8	56.3	100
王曼昱	得分	12	29	41
	失分	15	24	39
	得分率/%	44.4	54.7	
	使用率/%	33.8	66.3	100

二、分析与建议

1. 分析

(1)作为国家乒乓球女队较年轻且打法较先进的两位主力队员,孙颖莎接发球多以控制为主,正手和单板质量突出,而王曼昱接发球多以反手拧拉为主,反手和相持球突出。

(2)孙颖莎和王曼昱在本次比赛中相持段的使用率最高,接抢段的得分率最高,发抢段的得分率最低,所以两人胜负的关键在相持段。此外,由于乒乓球技术的不断发展,加上乒乓球规则和材质的改变,发球轮的优势不如以前那么明显,因此需要提升发抢段的技战术水平。

(3)孙颖莎在局分 3∶1 领先的情况下被追到决胜局,王曼昱在第 1 局 6∶1 领先的

情况下被逆转。一场比赛同时出现大比分领先被追平或者逆转的现象,说明两人在领先球的情况下,应该如何保持比赛的优势直至赢得最终的比赛是需要研究的问题。

2. 建议

(1)针对本场比赛孙颖莎主要选择侧身位正手发球,建议变化发球种类,在接发球阶段适当增加进攻的次数,主动形成相持,用自己高质量的回球压制对手。王曼昱发球的严谨性需要加强,每局都会有发球被对手直接抢攻得分的现象;在相持段不要过多地依赖自己的反手,通过正手寻求主动进攻得分的机会,发挥自己身高臂长的身体优势。

(2)本场比赛出现了大比分领先被追平甚至逆转的现象,建议加强两人在领先球情况下的战术策略变化和心理素质方面的训练。

(3)针对孙颖莎和王曼昱都是"女子技术男性化"打法的典型代表,建议多加强身体素质方面的训练,提升相持段的回球质量,同时需强化发球抢攻和接发球抢攻的意识。

第六节 八轮次三段法在乒乓球技战术分析中的应用案例

八轮次三段法是用于乒乓球双打比赛的技战术分析方法,通过将比赛分为三段和八个轮次,可以对双打运动员的技战术运用特征及其优劣势轮次进行整体分析。

仍然选取 2020 年东京奥运会混双决赛许昕/刘诗雯 v.s. 水谷隼/伊藤美诚的比赛为例,运用八轮次三段法对该场混双比赛中许昕/刘诗雯的技战术进行分析。

(一)三段数据统计分析

八轮次三段法中三段的数据与三段法的数据一致,经过统计得到许昕/刘诗雯奥运会混双决赛三段统计数据如下表 3 - 32 所示。

表 3 - 32 许昕/刘诗雯三段数据统计表

	发 抢 段		接 抢 段		相持段	总 分
	发 球	第 3 板	接发球	第 4 板		
得分	7	17	11	10	20	65
失分	0	8	6	13	35	62
小计	7	25	17	23	55	127
得分率/%	75		53		36	51
使用率/%	25		31		43	100

根据表 3 - 32 的三段统计数据可知,许昕/刘诗雯在发抢段的得分率最高(75%),使用率最低(25%);在接抢段得分率和使用率较一般,分别为 53% 和 31%;在相持段的得分率最低(36%),使用率最高(43%)。

（二）八轮次数据统计分析

1. 许昕/刘诗雯 8 个发接轮次数据分析

许昕/刘诗雯 8 个发接轮次的得分和失分情况如表 3−33 所示。

表 3−33 许昕/刘诗雯 8 个发接轮次得失分统计表

	得 分	失 分	总 计	得分率/%	使用率/%
许昕发水谷隼接	14	5	19	74	15
许昕发伊藤美诚接	5	7	12	42	9
刘诗雯发水谷隼接	10	7	17	59	13
刘诗雯发伊藤美诚接	9	7	16	56	13
水谷隼发许昕接	7	6	13	54	10
水谷隼发刘诗雯接	7	10	17	41	13
伊藤美诚发许昕接	7	8	15	47	12
伊藤美诚发刘诗雯接	6	12	18	33	14
小 计	65	62	127	51	100

根据表 3−33 许昕/刘诗雯 8 个发接轮次的得失分统计分析数据可知,许昕/刘诗雯整体的得分率为 51%。其中,许昕发水谷隼接发球轮次的得分率最高,为 74%;刘诗雯发水谷隼接发球轮次、刘诗雯发伊藤美诚接发球轮次和水谷隼发许昕接发球轮次的得分率均超过 50%。然而,其他四个轮次的得分率未达到 50%,其中三个是接发球轮次,这表明许昕/刘诗雯在这些轮次中处于劣势,尤其是接伊藤美诚的发球时失误较多,较为被动。

2. 许昕/刘诗雯发抢段结合 4 个发球轮次数据分析

根据八轮次三段法中段和轮次的划分,许昕/刘诗雯发抢段结合 4 个发球轮次的技战术统计数据如表 3−34 所示。

表 3−34 许昕/刘诗雯发抢段结合四个发球轮次数据分析

轮 次	得 分	失 分	总 计
许昕发水谷隼接	9	2	11
许昕发伊藤美诚接	3	2	5
刘诗雯发水谷隼接	7	1	8
刘诗雯发伊藤美诚接	5	3	8
总 计	24	8	32

根据表 3−32 的数据可知,发抢段许昕/刘诗雯整体的得分率为 75%,使用率为 25%,是得分率最高、使用率最低的阶段。再结合表 3−34 的统计数据可知,4 个轮次的得分均比失分高,其中得分最高的轮次为许昕发水谷隼接发球轮次,得分 9 分;其次是刘诗雯发

水谷隼接发球轮次得分7分,这说明许昕和刘诗雯本场比赛发抢段在水谷隼接发球的轮次中处于优势状态,他们的发球对水谷隼来说威胁较大。

3. 许昕/刘诗雯接抢段结合4个接发球轮次数据分析

许昕/刘诗雯接抢段结合4个接发球轮次的技战术统计数据如表3-35所示。

表3-35 许昕/刘诗雯接抢段结合四个接发球轮次数据分析

轮　次	得　分	失　分	总　计
水谷隼发许昕接	7	2	9
伊藤美诚发许昕接	6	6	12
水谷隼发刘诗雯接	5	4	9
伊藤美诚发刘诗雯接	3	7	10
总　计	21	19	40

根据表3-32的数据可知,许昕/刘诗雯接抢段中整体得分率为53%,相对于发抢段来说,许昕/刘诗雯在接抢段整体发挥较一般。再结合表3-35的统计数据可知,4个接发球轮次中,只有伊藤美诚发球刘诗雯接发球轮次的失分比得分高,分别是7个和3个,这说明本场比赛接抢段在这一接发球轮次的失误较多,技战术的使用效果较差。

4. 许昕/刘诗雯相持段结合8个发接轮次数据分析

许昕/刘诗雯相持段结合8个发接轮次的技战术统计数据如表3-36所示。

表3-36 许昕/刘诗雯相持段结合八个发接轮次数据分析

轮　次	得　分	失　分	总　计
许昕发水谷隼接	5	3	8
许昕发伊藤美诚接	2	5	7
刘诗雯发水谷隼接	3	6	9
刘诗雯发伊藤美诚接	4	4	8
水谷隼发许昕接	0	4	4
水谷隼发刘诗雯接	2	6	8
伊藤美诚发许昕接	1	2	3
伊藤美诚发刘诗雯接	3	5	8
总　计	20	35	55

在相持段中,根据表3-32的数据可知,许昕/刘诗雯的整体得分率为36%,使用率为43%,是得分率最低、使用率最高的阶段。再结合表3-36分析可知,只有在许昕发水谷隼接的发球轮次的得分大于失分,其他轮次中都是失分大于等于得分,说明许昕/刘诗雯相持段的失误较多,尤其是接发球轮次,整体处于被动。

第七节　技术效能和比赛表现在乒乓球 技战术分析中的应用

本节选取 2020 年德国公开赛男单四分之一决赛奥恰洛夫 $v.s.$ 樊振东为例,对奥恰洛夫比赛的技术效能(TE)和比赛表现(CP)进行分析。

一、比赛技术效能和比赛表现数据的计算

运用三段法对 2020 年德国公开赛男单四分之一决赛奥恰洛夫 $v.s.$ 樊振东比赛中奥恰洛夫的技战术进行统计分析,结果如表 3-37 所示。

表 3-37　奥恰洛夫 $v.s.$ 樊振东比赛统计数据

	发 抢 段		接 抢 段		相 持 段
	发　球	第 3 板	接发球	第 4 板	第 5 板及以后
得分	10	15	12	13	23
失分	0	11	19	14	63
得分率/%	69		43		27
使用率/%	20		32		48

1. 计算技术效能

TE 的计算公式: $TE = -\left(1+\dfrac{\sqrt{2}}{2}\right) + (1.5+\sqrt{2})TE_0 - \dfrac{\sqrt{2}}{2}TE_0^2$

其中, $TE_0 = (1+UR)^{SR-0.5}$,UR 和 SR 分别为三段法的发抢段、接抢段和相持段的使用率和得分率。

根据 TE 计算公式计算出发抢段、接抢段和相持段的 TE_0 和 TE 值($TE_{1,3}$ 、 $TE_{2,4}$ 和 $TE_{>4}$)。

$$发抢段\ TE_0 = (1+0.20)^{0.69-0.5} = 1.035$$

$$接抢段\ TE_0 = (1+0.32)^{0.43-0.5} = 0.981$$

$$相持段\ TE_0 = (1+0.48)^{0.27-0.5} = 0.914$$

$$TE_{1,3} = -\left(1+\frac{\sqrt{2}}{2}\right) + (1.5+\sqrt{2})\times1.035 - \frac{\sqrt{2}}{2}\times1.035^2 = 0.552$$

$$TE_{2,4} = -\left(1+\frac{\sqrt{2}}{2}\right) + (1.5+\sqrt{2})\times0.981 - \frac{\sqrt{2}}{2}\times0.981^2 = 0.471$$

$$TE_{>4} = -\left(1+\frac{\sqrt{2}}{2}\right) + (1.5+\sqrt{2}) \times 0.914 - \frac{\sqrt{2}}{2} \times 0.914^2 = 0.365$$

2. 计算比赛表现

2020年德国公开赛男单四分之一决赛奥恰洛夫 *v.s.* 樊振东比赛的最后比分为4：3，每局具体的比分见表3-38所示。

表 3-38　奥恰洛夫 *v.s.* 樊振东比赛的每局比分

局　号	比　分	分差 x_i
第一局	9：11	-2
第二局	11：4	7
第三局	8：11	-3
第四局	10：12	-2
第五局	12：10	2
第六局	11：5	6
第七局	12：10	2

根据每局的比分差值和 CP 的计算公式：$CP = 22 - \sqrt{\sum_{i=1}^{n}(x_i-11)^2/n}$，计算出这场比赛奥恰洛夫的 CP 值：$CP = 11.739$。

二、分析

根据比赛的三段 TE 值及男子乒乓球运动员技术效能 TE 的评判标准得知，奥恰洛夫发抢段的技术效能 $TE_{1,3}$ 评价为"良好"，接发抢段的技术效能 $TE_{2,4}$ 评价为"不及格"，相持段的技术效能 $TE_{>4}$ 评价也为"不及格"。这表明奥恰洛夫发抢段的技术运用效果相对较好，但在接发抢段和相持段的技术运用有待提高。

奥恰洛夫这场比赛的 CP 为 11.739，整体表现一般。通过比分分析发现，第二局和第六局奥恰洛夫以大比分领先的优势赢得比赛，其他局数的比分相差较小，在 3 分以内，比分较为接近，说明两位选手整体的发挥都十分稳定且实力不相上下。

通过以上统计数据得知，奥恰洛夫发抢段前三板、接抢段第 4 板的技战术运用效果较好，说明其主要得分点在发抢段和接抢段，薄弱环节是相持段。相持段的失误较多，不占优势，得分率低。奥恰洛夫的发球质量很高，尤其是反手发下旋球旋转较强，发球得分 10 分，得分率较高。观察比赛录像后，整体比赛奥恰洛夫主要的得分手段是反手技术，并展现了出色的护台能力和中远台能力。奥恰洛夫本场比赛的问题是无谓失误较多，主要集中在相持段和接发球的前四板上，问题在于过度依赖反手搓和反手拧来控制接发球，导致一些局的中、尾段比分领先时被对手反超。相持段的回球质量不够高，被对手抓住了反攻的机会。

三、建议

（1）进一步巩固反手技术优势。奥恰洛夫的反手技术是他主要的得分手段,在发球抢攻段和接抢段显示出明显的优势,应继续加强反手技术的训练,并注重在不同场景下的灵活应用,以提高得分率和稳定性。

（2）提高相持段的表现。相持段是奥恰洛夫的薄弱环节,这个段的失误较多、得分率较低。需要加强相持中的回球质量和稳定性,注意抓住机会进行反攻,以提高得分率和减少失误。

（3）多样化战术手段。奥恰洛夫有时过度依赖反手搓和反手拧来控制接发抢段,导致战术变化单一、可预测。可以尝试通过使用更多的变化球和正手技术的进攻来打破对手的防守,增加战术的多样性。

（4）注意调整心态。奥恰洛夫在比分领先时被对手反超的情况比较明显,这可能与他在相持段表现不佳有关。应加强比赛心态调整,保持击球的稳定性,同时要更好地把握比赛态势,及时做出战术调整。

本章参考文献

李今亮,苏丕仁,1998.对部分世界优秀男子乒乓球进攻型选手技术实力的评估——兼谈十项指标评估法的建立[J].北京体育大学学报,(4):71-76.

林博,2022.基于动态三段法下孙颖莎与王曼昱的技战术特征分析——以2020年东京奥运会模拟赛为例[J].体育科技文献通报,30(2):66-69.

王一凡,周娴,2022.备战巴黎奥运周期国乒混双项目主要竞争对手伊藤美诚技战术打法研究——以东京奥运会混双决赛为例[J].体育科技文献通报,30(8):23-27.

尧子雄,2022.对中国优秀乒乓球运动员樊振东的技战术分析——以2019年亚洲杯乒乓球男单决赛为例[J].当代体育科技,12(13):57-60,64.

第四章
基于人工神经网络的乒乓球技战术分析

第一节　人工神经网络概述

一、人工神经网络的定义

人工神经网络(artificial neural network, ANN), 亦称神经网络(neural network, NN), 是一种应用类似于大脑神经突触连接结构进行信息处理的数学模型, 它是在人类对自身大脑组织结合和思维机制的认识理解基础之上模拟出来的, 它是根植于神经科学、数学、统计学、物理学、计算机科学以及工程科学的一门技术(焦李成, 2016)。心理学家麦卡洛克(McCulloch)、数学家皮兹(Pitts)在20世纪40年代第一次提出了神经网络模型, 从此开创了神经科学理论的研究时代, 此后半个世纪神经网络技术蓬勃发展(McCulloch, 1943)。

神经网络是一种计算模型, 由大量的神经元个体节点和其间相互连接的加权值共同组成, 每个节点都代表一种运算, 称为激励函数。每两个相互连接的节点间都代表一个通过该连接信号加权值, 称值为权重, 神经网络就是通过这种方式来模拟人类的记忆, 网络的输出则取决于网络的结构、网络的连接方式、权重和激励函数。

简而言之, 人工神经网络是通过模拟人的脑神经处理信息的方式, 进行信息并行处理和非线性转换的复杂网络系统(肖毅, 2008)。

二、人工神经网络的工作原理

人工神经网络是一种模拟人脑神经系统工作原理的计算模型。它由大量简单的处理单元(神经元)和它们之间的连接(权重)构成。神经网络中各个神经元从前一级得到输入, 输出给下一级神经元, 通过非线性函数的多次复合进行信息处理, 同时根据修正信号反向修正权值, 降低误差, 最终实现信号从输入层到输出层的变换(季云峰, 2018)。以三层神经网络为例, 其简易示意图如图4-1所示。

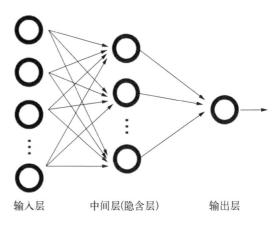

输入层　　　　中间层(隐含层)　　　　输出层

图4-1　人工神经网络结构示意图

人工神经网络的工作原理可以概括为以下几个关键步骤：

（1）输入传递：人工神经网络接收一组输入数据,将其传递到网络的输入层。

（2）加权求和：输入数据通过连接到人工神经元之间的权重,这些权重决定了输入数据的重要性。每个输入与其对应的权重相乘并求和,得到神经元的加权输入。

（3）激活函数：神经元的加权输入经过激活函数的处理,以产生神经元的输出。常见的激活函数有 Sigmoid 函数、ReLU 函数等,这些函数引入非线性特性,使得神经网络可以学习复杂的模式和关系。

（4）前向传播：经过输入层的处理后,神经网络将输出传递到下一层的神经元,并重复加权求和与激活函数的过程,直至到达输出层。这个过程称为前向传播（forward propagation，FP）。

（5）输出生成：当输入数据通过整个神经网络的前向传播后,输出层的神经元将生成最终的输出结果。

（6）训练与优化：神经网络的训练是通过调整连接权重来实现的,常见的优化算法包括反向传播算法（back propagation，BP）等。训练数据中的已知输入和输出会与网络生成的输出进行比较,并计算误差。通过误差反向传播,更新权重和偏置,以减小误差,并提高网络的性能。这个过程经过多次迭代,直至达到所需的准确性和性能指标。

在完成训练之后,人工神经网络可以用于推理阶段,即通过输入数据的前向传播来生成预测或分类结果。通过学习输入和输出之间的复杂映射关系,人工神经网络可以处理各种任务,如图像识别、自然语言处理、预测和决策等。

三、人工神经网络的分类

人工神经网络可以根据其结构、连接方式和学习规则等不同的特征进行分类,其分类结果也有所差异。根据人工神经网络的连接方式或运作原理,可以将人工神经网络分为以下四种主要模型。

前馈神经网络（feedforward neural networks，FNN）：信息在网络中只朝一个方向传播,不形成循环连接。常见的前馈神经网络包括多层感知机（multilayer perceptron，MLP）和卷积神经网络（convolutional neural networks，CNN）。

递归神经网络（recurrent neural networks，RNN）：信息在网络中可以形成循环连接,允许神经元之间的状态信息传递。递归神经网络适用于处理序列数据,如自然语言处理、语音识别等任务。常见的递归神经网络包括循环神经网络（recurrent neural networks，RNN）和长短期记忆网络（long short-term memory，LSTM）。

自组织神经网络（self-organizing neural networks，SONN）：这类网络具有自学习和自组织的能力,可以在无监督学习的情况下发现输入模式的结构和特征。常见的自组织神经网络包括自组织映射（self-organizing map，SOM）和竞争神经网络（competitive neural networks，CNN）。

深度神经网络（deep neural networks，DNN）：具有深层结构的神经网络,通过增加网络的深度来提高特征提取和表达能力。深度神经网络在计算机视觉和自然语言处理等领域取得了很大的成功。常见的深度神经网络包括深度信念网络（deep belief networks，

DBN)和深度卷积神经网络(deep convolutional neural networks,DCNN)。

此外,根据训练方法的不同,人工神经网络还可以分为:监督学习神经网络、监督学习神经网络和强化学习神经网络等。

这些是人工神经网络的一些常见类别,不同类别的神经网络适用于不同的任务和问题。随着神经网络的发展,还涌现出了其他特定用途的神经网络,如生成对抗网络(generative adversarial networks,GAN)和强化学习中的深度强化学习网络(Deep reinforcement learning networks,DRLN)等。

第二节　基于人工神经网络的乒乓球
比赛诊断模型构建

一、人工神经网络在乒乓球技战术分析中的优势

(一)传统乒乓球技战术分析方法

乒乓球是隔网对抗类项目,技术和战术是乒乓球运动员取得比赛胜利的关键。对乒乓球技战术的探索经过数十年的演进,已经取得了一定成果。早期乒乓球技战术分析主要依赖于教练员和运动员的经验和直觉。教练员通过观察和分析比赛中的各种情况,总结出一些基本的战术原则和技术要点,然后传授给运动员。这种技战术分析方法仅停留在感性层面,主观性和经验性较强,主要依赖于教练和运动员自身的专业水平,缺乏基于数据的定量化理性科学分析,所以对提高运动员技战术水平的助力有限。

(二)人工神经网络的相对优势

传统的乒乓球技战术分析方法都是以一定标准对技战术指标进行分类,通过观察比赛录像统计得失分率、使用率后进行描述性统计,再对统计结果进行解释分析。这些技战术分析方法不可避免地存在因人工处理信息而速度较慢、样本量小的缺陷,同时只能对过去已经发生的比赛进行统计分析,缺乏对未来比赛运动员表现和胜率的科学预测。

以上种种不足,使人工神经网络在乒乓球技战术分析领域的应用受到关注。人工神经网络具有强大自学能力,当建立起人工神经网络的乒乓球比赛诊断模型后,乒乓球比赛中一些主要技战术指标与乒乓球比赛的获胜概率之间的映射关系可以通过模型反映出来,通过模型训练出的结果具备较高的精度。因此,人工神经网络模型已经被运用在乒乓球运动员技战术分析、比赛诊断分析、精确测算球速、转速与落点等多个乒乓球细分领域的研究和实践中。

此外,基于人工神经网络的技战术诊断分析模型还具有一大优势——记忆,经过训练学习后的模型会保存既定技战术指标与比赛获胜概率之间的非线性关系。乒乓球运动员的技术水平和能力的不断提升,为技战术诊断分析带来较大程度的不可控影响。基于人工神经网络的技战术诊断分析模型不会受到该影响,只要在之前使用的基础上重新输入运动员最新的比赛数据并重新进行模型的训练便能更新模型,使得模型始终保持有效性,匹配运动员技战术水平的现状,反应最新的技战术指标与比赛成绩之间的函数关系。

二、人工神经网络模型结构的确定

（一）人工神经网络模型结构的确定流程

人工神经网络从诞生初期，经过数十年不断地发展和完善，已经存在多种不同连接方式、结构、训练方法以及学习能力的人工神经网络类别，各具特色。当选择人工神经网络模型时，通常要考虑数据集的大小、模型的复杂度、计算资源的要求和特定任务的要求等因素。与任务目的匹配的模型可以减少网络训练的次数，提高网络学习的精度；反之，可能导致网络学习的失败。以下是一般模型确定和运行过程的常见步骤。

1. 理解问题和数据

明确问题类型和所需输入、输出，收集和准备相关输入数据。

2. 选择网络结构

根据问题类型和数据特征选择适合的神经网络结构，如前馈神经网络、卷积神经网络或循环神经网络。

3. 确定模型参数

设置神经网络层的神经元个数、激活函数和正则化方法等超参数。

4. 模型训练

使用训练数据集对模型进行训练，通过反向传播算法更新模型权重参数。

5. 模型评估和调优

使用评估数据集评估模型性能，并根据评估结果进行模型调优，如调整结构、调整超参数或增加正则化。

6. 模型应用和部署

将训练好的模型应用到实际问题中，进行预测或决策。

本节将重点介绍前三个环节的内容，模型的指标选取、权重、学习和训练以及实际运用将在后文依次展开。

（二）乒乓球项目常用的人工神经网络模型

从体育大类细化至乒乓球项目，综合总结利用人工神经网络进行乒乓球技战术分析的案例，可以发现应用最多的是模型是 3 层 BP 神经网络模型。BP 神经网络通过使用梯度下降法和反向传播算法，学习和存储大量输入——输出模式的映射关系，无须提前提供数学方程来描述这种映射关系。通过不断调整网络的权重等参数，网络的误差平方和被最小化（Mark，2012）。选择 BP 神经网络模型用于乒乓球技战术分析是因为它具备以下相对优势。

1. 非线性建模能力

乒乓球技战术与比赛获胜概率之间往往包含复杂的非线性关系。BP 神经网络作为一种具有非线性建模能力的模型，能够更好地捕捉和建模这些复杂关系，帮助理解和分析技战术的特点。

2. 自适应性

BP 神经网络能够通过训练来自动调整网络权重和参数。基于人工神经网络的乒乓球技战术分析需要从大量的比赛数据中学习并进行建模。BP 神经网络可以根据具体情况自适应地调整模型，适应不同场景下的技战术需求。

3. 高维数据处理能力

乒乓球技战术分析可能涉及大量的高维数据。BP 神经网络能够处理和分析这些复杂的高维数据,并从中提取关键特征,实现更准确的分析和预测。

4. 灵活性

BP 神经网络模型在网络结构、参数和训练算法等方面具有较大的灵活性,可以根据具体问题和数据特点进行调整和定制。这使得它能够更好地适应乒乓球技战术分析的需求,提供个性化的分析结果。

BP 神经网络结构的建立主要涉及以下几个方面:输入层、输出层、隐含层、传递函数、训练函数。因此,在建模初期需要完成输入层神经元个数的确定、隐含层数目的确定、隐含层神经元个数的确定、传递函数的确定以及训练函数的选择。

输入层神经元个数比较灵活,需根据实际情况选取适宜的指标,而输出结果层一般为 1 个。根据神经网络理论,输入层与输出层之间存在隐含层。BP 人工神经网络隐含层神经元数目需要根据具体问题的数据特征进行设定。大量试验表明,隐含层神经元数目可以设为 31,输入层神经元与隐含层神经元之间的传递函数取非线性的 S 函数 tansig(n),输入层神经元与隐含层神经元之间的传递函数取线性函数 purelin(n),即 $f(x)=x$,其结构示意图如图 4-2 所示。

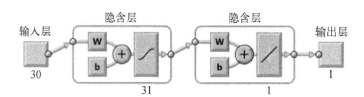

图 4-2　BP 神经网络模型的结构示意图

三、比赛诊断分析指标的选取

（一）指标选取的原则

已知人工神经网络结构的第一层为输入层,即人工神经网络接收一组输入数据,将其传递到网络的隐含层。选择合适的输入指标,能够帮助人工神经网络有效学习,最终输出匹配实际需求的结果。

在选择人工神经网络的输入指标时,应该遵从以下原则。

1. 相关性

选择与所要解决的问题相关的指标。输入指标应该能够提供与输出之间的有意义的关联,以便网络可以从中学习有效的模式。

2. 可获取性

输入指标应该是可以轻松获取的。如果指标无法获得或者获得困难,那么神经网络将无法准确地对问题进行建模和预测。

3. 数量适度

输入指标的数量应该适中。过多的输入指标可能导致维度灾难,增加网络训练的复杂性和计算成本。而过少的输入指标可能无法提供足够的信息,导致网络性能下降。

4. 独立性

输入指标之间应该是相对独立的,即它们不应该过多地冗余或高度相关。具有高度相关性的输入指标可能会引入冗余信息,从而降低网络的预测能力。

5. 标准化

输入指标可以通过标准化进行预处理,确保它们在相似的数值范围内。标准化可以防止某些指标对网络权重的调整产生过大的影响,从而改善训练过程的稳定性。

6. 可解释性

选择具有可解释性的指标更有助于理解和解释网络的决策和预测结果。这对于某些应用领域尤为重要,例如医疗诊断或金融预测。

目前在乒乓球领域,人工神经网络模型的输入指标具有明确的项目特征。当进行比赛诊断分析时,输入指标基本借鉴三段法、双三段法的指标划分方式。人工神经网络模型在收到输入指标数据后,通过神经元与神经元之间的联系、非线性函数的多次复合进行信息处理、多次迭代的反馈与修正,并最终输出目标结果(通常是运动员的比赛获胜概率)。

（二）乒乓球比赛诊断指标选取案例

以下选取将人工神经网络应用于乒乓球技战术分析的具体案例,分别提取出其中的输入指标和输出指标制作成表4-1,直观展示常用的乒乓球比赛诊断分析指标。

表 4-1　乒乓球比赛技战术分析的输入与输出指标选取

	编　号	指 标 名 称	编　号	指 标 名 称
输入指标	X1	发球使用率	X2	发球得分率
	X3	发球失分率	X4	接发球使用率
	X5	接发球得分率	X6	接发球失分率
	X7	第3板使用率	X8	第3板得分率
	X9	第3板失分率	X10	第4板使用率
	X11	第4板得分率	X12	第4板失分率
	X13	相持球使用率	X14	相持球得分率
	X15	相持球失分率		
输出指标	获胜概率$=\dfrac{得分总数}{得分总数+失分总数}$			

可以看到,虞丽娟等选取的人工神经网络输入指标是基于三段法的得分率、失分率和使用率等指标,其输出数据是乒乓球比赛的获胜概率。

表4-2是基于人工神经网络的乒乓球技战术诊断分析输入与输出指标选取的另外一个案例。

表 4-2 基于 BP 神经网络的乒乓球技战术分析输入与输出指标选取

	编　号	指　标　名　称	编　号	指　标　名　称
输入指标	X1	发球得分率	X2	发球使用率
	X3	接发球得分率	X4	接发球使用率
	X5	发球-摆短得分率	X6	发球-摆短使用率
	X7	发球-劈长得分率	X8	发球-劈长使用率
	X9	发球-挑打得分率	X10	发球-挑打使用率
	X11	发球-弧圈得分率	X12	发球-弧圈使用率
	X13	摆短-劈长得分率	X14	摆短-劈长使用率
	X15	摆短-挑打得分率	X16	摆短-挑打使用率
	X17	摆短-弧圈得分率	X18	摆短-弧圈使用率
	X19	劈长-弧圈得分率	X20	劈长-弧圈使用率
	X21	挑打-弧圈得分率	X22	挑打-弧圈使用率
	X23	弧圈-弧圈得分率	X24	弧圈-弧圈使用率
输出指标		$获胜概率 = \dfrac{得分总数}{得分总数 + 失分总数}$		

　　王琛等选取的人工神经网络输入指标不同于上一个案例,是乒乓球比赛中具体的技术组合,分别统计其得分率和使用率,输出数据是乒乓球比赛的获胜概率。

　　总结上述列举的两个案例,不难发现目前利用人工神经网络进行乒乓球技战术分析时,选取的指标并不完全一致,但大同小异,都是通过单个技术、战术或者技战术的组合作为输入指标,目的(输出指标)是预测乒乓球运动员比赛的获胜概率。

四、乒乓球比赛诊断分析指标的权重

(一) 权重的概念与机制

　　一般意义上的权重指的是某一因素或指标相对于某一事物的重要程度。不同于一般的比重,权重体现的不仅仅是某一因素或指标所占的百分比,强调的是因素或指标的相对重要程度,倾向于贡献度或重要性。

　　人工神经网络的权重是网络中的一个重要概念。权重是在神经网络中连接每个神经元之间的参数,用于调节信号的传递强度。每个连接都有一个相应的权重,决定了输入信号在神经网络中传递时的重要性。

　　权重值的设定是通过训练神经网络来实现的。在训练期间,神经网络会根据输入数据进行学习,并自动更新权重的值,以便更好地适应任务需求。神经网络的优化算法(损失函数)通过计算预测值与真实标签之间的误差来更新权重,使得神经网络的输出更接近期望的输出。通过调整权重,神经网络可以学会从输入数据中提取特征,并将其映射到正确的输出。不同的权重组合可以导致神经网络对输入数据做出不同的解释和预测。权重的调整通过反向传播算法实现,主要步骤如下。

1. 前向传播

输入数据从输入层向前传播,在各隐含层被激活并加权,得到输出值。

2. 计算损失

使用损失函数计算输出值和真实标签之间的误差,得到总体损失。

3. 求导

使用链式法则计算损失相对于各层权重的偏导数。

4. 权重更新

使用梯度下降法则更新各层权重,使损失最小化。

5. 重复迭代

不断重复上述步骤,在训练数据上迭代多次,并不断调整权重,使得损失函数计算出的误差逐渐减小。这样,神经网络的性能和准确度就会逐步提升。

(二)基于人工神经网络的乒乓球技战术分析中权重值的计算

基于 BP 人工神经网络的乒乓球技战术分析指标的权重值指的就分析指标对输出结果(通常是运动员比赛的获胜概率)的相对重要或影响的程度。例如,发球抢攻技术对于乒乓球运动员比赛获胜概率的重要性或影响程度,接发球摆短技术对于运动员比赛获胜概率的重要性或影响程度,这里的发球抢攻技术和接发球摆短技术都是输入层选取的观察指标。

计算 BP 人工神经网络权重值的一般方法和过程如下:① 依据公式 $y = 0.238 \times \cos(-1.32 \times x + 0.66) - 0.178$(Zhang,2003)提高或降低某一技战术指标值,同时保持其他指标值不变。② 将调整后的数据输入神经网络训练模型中,重新计算比赛获胜概率的仿真值。③ 权重值=改变后重新计算出的比赛获胜概率仿真值—原始比赛获胜概率仿真值。其绝对值越大,表明该项技战术指标对比赛获胜概率的影响程度就越大。

通过以上算法,可以进一步分析和解释人工神经网络输入数据,阐释乒乓球技战术指标对运动员比赛获胜概率的影响程度。

五、乒乓球比赛诊断分析指标增量的计算方法

(一)增量的概念与应用

人工神经网络的指标增量是指对已有的模型进行小规模改动或更新的过程。在人工神经网络的学习中,增量学习是指通过引入新的数据样本来更新已经构建好的模型,而不需要重新训练整个模型的方法。增量学习的目标是在逐步引入新数据和知识的同时,充分利用原有模型的信息,提高学习效率和模型的适应能力。

增量学习的应用可以涉及各个领域,下面是几个常见的示例。

1. 在线推荐系统

在线推荐系统通过不断收集用户的反馈数据和新的物品信息,可以使用增量学习方法来更新推荐模型,以提供更加个性化和实时的推荐。

2. 模式识别和分类

在模式识别和分类任务中,当新的数据样本出现时,可以使用增量学习来更新已有的

模型,以适应新的模式或类别的识别需求。

3. 自然语言处理

在自然语言处理任务中,例如文本分类或情感分析,可以使用增量学习来更新模型,以适应新的语义和语境变化,提高模型的准确性和泛化能力。

4. 数据流分析

对于连续产生的数据流,增量学习可以用来实时处理和更新模型,以持续地学习和适应数据的变化,例如传感器数据分析、网络流量监测等。

5. 多任务学习

在多任务学习中,增量学习可以应用于引入新的任务或更新已有任务的情况。通过增量学习,可以减少重新训练的成本和时间,同时充分利用已有任务的共享知识。

6. 智能控制系统

增量学习在智能控制系统中也有广泛应用。通过对实时状态数据进行增量学习,可以更新控制模型以适应环境的变化,以提供更加准确和自适应的控制决策。

可见,增量学习在各个领域中都有广泛的应用。它可以帮助实现模型的持续学习和适应能力,减少资源和时间成本,并在动态环境中保持模型的有效性和准确性。

（二）增量与权重的关系与计算

增量作为人工神经网络的构成要素之一,与指标权重值联系紧密,理解两者的关系和区别能够帮助掌握人工神经网络的结构和后续的实际应用。

在训练神经网络的过程中,我们需要计算每个指标的权重对损失函数的贡献,并根据这些贡献来调整指标权重的值。指标增量就是在反向传播算法中,根据神经网络损失函数计算出的梯度,用于衡量指标权重对损失函数的影响程度。通过计算梯度,我们可以确定每个权重的方向和大小的调整量,以使损失函数最小化。指标增量会根据网络的输出和期望输出之间的误差进行计算,并在反向传播中逐层传播和自动更新。

也就是说,权重是神经网络中连接上的参数,用于调整输入和神经元之间的影响力;而指标增量是根据损失函数计算的梯度,用于衡量和调整每个权重对损失函数的影响程度。权重的值通过指标增量进行调整,以使损失函数最小化,并改善网络的性能和准确性。

一般来说,在实际操作中,计算 BP 人工神经网络指标增量的方法可以采用公式 $y = 0.238 \times \cos(-1.32 \times x + 0.66) - 0.178$（Zhang,2003）来计算提高或减少某一项技战术指标值的幅度,其中 x 是指标值,y 是增幅。当指标值小于 0.5,则增量值 $z = x + y$;当指标值大于 0.5,则增量值 $z = x - y$。通过这样计算得出的指标增量值可以优化人工神经网络的准确性。

第三节 基于人工神经网络的乒乓球
比赛诊断分析方法

一、人工神经网络比赛诊断分析的程序设计

人工神经网络的程序设计指的是将人工神经网络的模型和算法转化为计算机可执行

的程序代码,以实现对乒乓球比赛的诊断和分析。人工神经网络的程序设计需要熟悉相关的编程语言和库,如 Matlab、Python 中的 TensorFlow、PyTorch 等。此外,了解人工神经网络的原理和算法也非常重要,便于将其转化为可执行的程序代码。完整的人工神经网络程序设计一般包括 9 个步骤。

1. 确定问题和目标

在乒乓球比赛诊断中,首先需要明确定义问题和目标,例如希望根据球员的技术数据和比赛战术,预测他们在比赛中的表现、获胜概率,或者诊断比赛中可能出现的问题。

2. 数据收集和准备

收集关于乒乓球比赛的相关数据,包括球员技术数据、战术数据和比赛结果等。确保数据的质量和准确性,进行数据清洗和预处理,例如处理缺失值、标准化数据等。

3. 网络模型设计

根据问题的特点和数据的特征,选择适当的神经网络结构和层数。确定输入层和输出层的特征,然后设计隐藏层和神经元的数量。选择合适的激活函数和损失函数。

4. 数据集划分

将数据集划分为训练集、验证集和测试集。训练集用于模型的训练和优化,验证集用于超参数的调整和模型的选择,测试集用于评估模型的性能和泛化能力。

5. 网络模型的训练和优化

使用训练集对神经网络模型进行训练和优化。通过前向传播计算输出结果,然后通过反向传播计算损失并更新权重和偏置项。可采用梯度下降法或其他优化算法来最小化损失函数的计算结果。

6. 模型的评估和调优

使用验证集对模型进行评估和调优。分析模型在验证集上的损失和准确度,根据需要进行超参数的调整和模型的选择。避免过拟合问题,可以采用正则化、Dropout 等技巧。

7. 模型的应用和预测

使用训练好的神经网络模型,通过输入乒乓球比赛的相关特征数据,实现对比赛结果、技术水平和战术的预测和诊断。通过前向传播计算输出结果,并对其进行解释和解读。

8. 结果的解释和可视化

解释神经网络模型的输出结果,将预测结果和诊断信息通过图表、曲线或文字等方式进行可视化,提供直观的结果展示,帮助用户或决策者更好地理解和利用模型的输出。

9. 模型的改进和迭代

根据实际应用中的反馈和需求,对模型进行改进和迭代。比如,调整网络结构、调整超参数、重新训练模型等,以提高模型的性能和训练效果。

前面已经介绍了利用人工神经网络进行乒乓球技战术诊断分析的模型选择、指标选取的方法,阐述了指标权重和指标增量的概念和计算方式,以下将继续介绍其余流程。

二、数据集的划分

在使用人工神经网络进行训练和评估时,常常需要将数据集划分为训练集、验证集和测试集。数据集划分是将可用数据划分为不同部分的过程,以便在训练、调整模型参数和评估模型性能时使用。

1. 训练集

训练集是用于训练神经网络模型的数据子集。它包含了标注好的样本,用于网络的参数调整和拟合模型。通常情况下,训练集占用整个数据集的大部分,使得网络能够学习到数据的模式和特征。

2. 验证集

验证集用于模型的调优和超参数设置,它是用于评估模型在训练过程中性能的数据子集。通过在验证集上进行评估,可以选择合适的模型参数、网络结构和训练策略,以获得更好的模型性能。验证集在训练过程中被用于监控模型的准确性或损失。

3. 测试集

测试集是用于评估模型最终性能和泛化能力的数据子集。它包含了未曾在训练和调优过程中使用过的样本,用于验证模型在未知数据上的预测能力。测试集的效果评估是对模型最终性能的评估,可以帮助判断模型在实际应用中的表现。

在数据集划分时,一般按照一定比例或特定的划分方法进行。常见的划分方式包括随机划分、按时间顺序划分(例如,使用早期数据作为训练集,后期数据作为验证集和测试集)或者交叉验证等。

数据集的划分过程是为了保证模型的训练、调优和评估过程的合理性和有效性。通过充分利用训练集、验证集和测试集,可以得到较好的模型性能,并对模型进行全面的评估和比较。

在应用 BP 神经网络进行乒乓球技战术诊断时,数据集划分方式也基本依照以上原则,以下通过表 4-3 所示的三个案例说明。

表 4-3　数据集划分案例

	训练集样本量	验证集样本量	测试集样本量
肖毅、张辉	70	/	10
虞丽娟、张辉、凌培亮	70	/	10
赵昀	13	/	5

值得注意的是,列举出的这三个案例的共性是将数据集划分为训练集、测试集两部分,并没有列出验证集。这并不是案例做得不够规范,而是由训练集、验证集和测试集各自的特性决定的。

简单举例来说,训练集就像高中生日常所做的练习题、练习卷,通过大量的积累和刷题来巩固自己的知识基础,提升答题的系统思维和能力,为真正的高考进行知识储备;验证集可以被看作是高中生在经历了大量的刷题后高考前参加的模拟考试,用于检验学生的知识掌握情况。模拟考,即利用验证集进行的模型验证次数不限,可以有很多次,直到满足模型要求;测试集与验证集的区别在于次数,已知利用验证集进行的模型验证可以是多次,就像模拟考试可以参加多次一样。而利用测试集进行的验证有且只有一次,测试集可以看作是最终的高考,多次的模拟考都是为了最终的一次高考进行的准备。

所以在一些应用案例中,数据集被划分为训练集、验证集和测试集三种;也有一部分案例只将数据集划分为训练集、测试集两种,无论是划分为三种还是两种,都是可以的。因为模拟考试可以参加无数次、也可以不参加,但高考是无论如何都要参与的。也就是说,验证集不是必要的,而训练集和测试集是必要的。

三、人工神经网络的学习

(一)人工神经网络的学习模式

人工神经网络的学习是指神经网络通过从数据中自动调整和更新自身的参数,以便更好地拟合输入和输出之间的关系。通过学习,神经网络可以从数据中提取模式和特征,并通过调整权重和偏置项来逐渐改进其预测和识别能力。人工神经网络可以采用两种主要方式:

1. 监督学习

监督学习可以简单类比为一个老师给学生提供了示范和参考答案。在监督学习中,网络接收带有标签的输入数据和对应的正确答案,然后通过不断尝试和调整参数,使得网络的输出结果与正确答案越来越接近。这个过程可以类比为学生在不断地练习和纠正错误,直到掌握正确的方法。

2. 无监督学习

无监督学习有点像学生通过观察和发现数据中的模式来推测规律。在无监督学习中,网络只接收未标记的数据,没有特定的答案或目标。它会试图通过分析数据的特点和相似性来发现隐藏的模式和结构。这个过程可以看作是一个学生在无人指导下自己尝试理解数据的规律和共性。

总而言之,人工神经网络的学习过程实质上是优化神经网络权值的过程,包含相当大的计算量。

(二)乒乓球技战术分析中的学习

当前乒乓球技战术诊断分析大多选择三层 BP 神经网络,其学习模式为有监督学习。在 BP 神经网络的学习过程中,为了使诊断模型具有较快的收敛速度和较高的稳定性,一般采用 Levenberg-Marquardt 训练函数使神经网络完成学习。

Levenberg-Marquardt 算法训练前向神经网络具有运算速度快,精度高的特点。Levenberg-Marquardt 算法推导如下:

第一步:选取初始权值 w。

第二步:对所有输入样本指标(x1, x2……)。

a. 计算隐含节点的输出:$hi = f(\sum wi, j, xj - \theta i)(j = 1, 2, \cdots, n)$,$\theta i$ 为第 i 个节点的阈值;

b. 计算输出节点输出:$y = f(\sum wi, hi - \theta)$;

c. 计算所有样本实际输出与期望输出之误差和:$e = \sum (t - y)^2 / 2$。

第三步：反向传播计算权值修正向量

$$\Delta w = \left[J^T J + uI \right]^{-1} J^T e；修正网络各权值 w(k+1) = wk + \Delta w$$

其中，k 为训练步数；J 是误差对权值微分的雅克比矩阵；e 是网络误差向量；u 是递增系数为一个标量，当误差未达到期望值，向减小的方向，则 u 减小；若误差未达到期望值，且向增大的方向，则 u 增大。

第四步：重复第二步、第三步直至满足以下条件之一；误差达到要求或训练步数超过给定值。

三层 BP 神经网络利用前向传递算法得到的结果与训练值的误差，反向得到每一层的误差向量，最后根据每一层的误差向量确定梯度下降的方向。以下方程式①代表最后一层的误差，方程式②则代表误差向量反向的传播。得到了每层误差向量 $\delta^{(1)}$ 以及前向传递算法中得到的 $\alpha^{(L)}$ 后，根据方程式③和方程式④可以计算出整个模型的梯度方向。

① $\delta_k^{(3)} = (\alpha_k^{(3)} - \gamma_k)$

② $\delta^{(2)} = (\theta^{(2)})^T \delta^{(3)} \times g'(Z^{(2)})$

③ $\Delta^{(l)} = \Delta^{(l)} + \delta^{(l+1)} (\alpha^{(l)})^T$

④ $\dfrac{\alpha}{\alpha\theta_{ij}^{(l)}} J(\theta) = D_{ij}^{(l)} = \dfrac{1}{m}\Delta_{ij}^{(l)}$

得到梯度方向后还需要进行正则化，利用数值方法进行梯度检查，然后再利用 MATLAB 软件求值。运用 MATLAB R2016b 软件中的神经网络开发工具，可以十分方便和简单地实现乒乓球比赛诊断的神经网络诊断分析模型的开发，其 MATLAB 程序如下：

输入训练样本的输入数据矩阵 a(n 行 m 列)和训练样本的输出数据矩阵 t。

```
a = zeros( m,n )                              %生成输入数据矩阵
a = xlsread('C:\\ann\\data\\train_s.xls')
a = a'                                        %模型输入层数据导入
t = zeros( 1,n )                              %生成训练样本数据矩阵
t = xlsread('C:\\ann\\data\\train_r.xls')
t = t'                                        %模型输出层数据导入
net = newff( minmax( a ),[ 31,1 ],{ 'tansig','purelin' },'trainlm' );   %建立神经网络结构
net.trainParam.show = 5;                      %设置训练参数——训练出结果的次数
net.trainParam.epochs = 300;                  %设置训练参数——训练次数
net.trainParam.goal = 1e-5;                   %设置训练参数——误差范围
net = init( net )
[ net,tr ] = train( net,a,t );                %训练神经网络
```

上述程序中，参数 show 表示每训练几次显示出结果；epoch 表示设置的训练次数；goal = 1e^{-5} 表示模型输出值与真值之间的误差范围（模型精度）。精度误差或迭代次数两者任一要求得到满足时，标志人工神经网络的学习完成。

四、人工神经网络的训练次数与误差

在人工神经网络模型中，训练次数和误差是与神经网络模型训练和优化相关的两个

重要概念。训练次数决定了对数据集的遍历次数,而误差则表示神经网络在训练过程中模型输出值与真实值之间的差异。通过合理选择训练次数和监控误差的变化,可以调整网络的训练过程和优化策略以获得更好的模型性能。

（一）训练次数的概念

训练次数是指在神经网络模型训练过程中,将整个训练集数据传递给网络模型的次数。每一次将训练集传递给网络模型并进行参数更新的过程被称为一次训练迭代。在每次训练迭代中,神经网络通过前向传播算法计算输出结果,然后通过反向传播算法计算梯度并更新网络模型的权重和偏置项。

训练次数的选择通常是一个经验性的过程,取决于具体的任务和数据集。在训练初期,随着训练次数的增加,网络模型会逐渐学习到数据集的模式和特征。然而,如果训练次数过多,可能会导致过拟合问题,即网络过度记忆训练集而无法泛化到新样本。

为了找到一个合适的训练次数,可以使用验证集来评估网络模型的性能,并在验证集上的性能不再提升时停止训练,或者通过早停策略来选择最佳的模型。

（二）误差的概念

误差指的是神经网络在训练过程中模型输出值(预测结果)与真实值之间的差异。误差可以通过一个称为损失函数的指标进行度量。常见的损失函数包括均方误差、交叉熵损失等。

在每一次训练迭代中,网络模型会计算损失函数来衡量输出结果与真实结果之间的差异,并根据梯度下降的优化算法调整网络的参数以减小误差。训练过程的目标是通过不断的迭代优化,使网络模型的误差逐渐减小,从而提高网络模型的性能和预测准确性。

通过监控误差的变化,可以判断网络的训练进展和性能。通常情况下,随着训练次数的增加,误差会逐渐下降。然而,有时误差可能会在一定程度上震荡或停滞,这可能意味着网络达到了某个局部最优解或遇到了其他问题,此时可能需要调整学习率、网络结构或增加训练次数等方法来改进网络模型的性能。

具体的训练次数与误差设定、操作方法将在本章第四节的实际案例中结合具体数据进行详细的说明。

五、人工神经网络模型的诊断精度与模型修正

人工神经网络的诊断精度是指神经网络模型在测试集数据或验证集数据上的预测精度。它用于评估模型在未知数据上的性能和泛化能力。通过在测试集数据上评估模型的准确性,可以判断模型在新样本上的预测能力。

人工神经网络中另一个概念——拟合精度容易与诊断精度混淆。拟合精度是指神经网络模型在训练集数据上的预测精度。当神经网络模型在训练集数据上能够较好地预测结果,并且损失函数较小时,可以说模型在训练集数据上有较好的拟合精度。拟合精度评估了神经网络在已知数据集上的拟合能力,也可以看作是模型对训练集数据的记忆能力。

然而,高拟合精度并不代表模型在未知数据上的泛化能力好。如果模型过度拟合了训练集数据,可能无法适应新的数据,导致在未知数据集上的预测精度较差,因而不能直接作为评估模型的总体性能的唯一指标。

当利用人工神经网络进行乒乓球技战术诊断时,训练结果的报告和分析通常涉及人工神经网络模型的拟合精度和诊断精度。拟合精度评估了神经网络模型在已知数据集上的拟合能力,也可以看作是模型对训练数据集的记忆能力;诊断精度是指神经网络模型在测试集数据或验证集数据上的预测精度。它用于评估模型在未知数据上的性能和泛化能力。通过在测试集数据上评估模型的准确性,可以判断模型在新样本上的预测能力。如果模型的诊断精度与拟合精度相近或接近,说明模型具有良好的泛化能力,能够对未知数据集进行准确预测。相反,如果诊断精度较低,意味着模型可能面临欠拟合的问题,需要进一步改进网络结构或增加训练次数。

第四节　基于人工神经网络的比赛诊断模型的实际运用

本章前三节分别介绍了人工神经网络的概述;如何在乒乓球技战术诊断分析中选择、构建人工神经网络模型;利用人工神经网络模型进行乒乓球技战术分析的流程和方法。其中列举了一些案例中的具体实施环节,局部展示了利用人工神经网络模型进行乒乓球技战术分析过程中一些对应片段的应用方法,但仍不全面,很难形成完整的理解。本节将基于完整数据集的案例,展示利用 BP 人工神经网络进行乒乓球技战术分析的学习、训练、应用等环节的实操操作过程。

一、输入与输出指标选取

首先,选取 100 场世界排名前 20 的优秀男子乒乓球运动员的比赛,在建立神经网络模型阶段将其中的 70 场比赛作为训练数据建立模型,其余 30 场比赛则作为检验数据检验模型的精准度。

选取的世界排名前 20 男子优秀乒乓球运动员名单如表 4-4 所示(依据国际乒联2020 年 1 月世界排名)。

表 4-4　2020 年 1 月世界乒乓球男子单打排名

世界排名	姓　名	代 表 队
1	FAN ZHENDONG(樊振东)	中国
2	XU XIN(许昕)	中国
3	MA LONG(马龙)	中国
4	LIN GAOYUAN(林高远)	中国
5	HARIMOTO TOMOKAZU(张本智和)	日本
6	LIN YUN-JU(林昀儒)	中国台北
7	CALDERANO HUGO(雨果)	巴西

世界排名	姓　　名	代表队
8	FALCK MATTIAS(法尔克)	瑞典
9	LIANG JINGKUN(梁靖崑)	中国
10	BOLL TIMO(波尔)	德国
11	OUTCHAROVE DIMITRIJ(奥恰洛夫)	德国
12	WANG CHUQIN(王楚钦)	中国
13	JEOUNG YOUNGSIK(郑荣植)	韩国
14	FRANZISKA PATRICK(弗兰西斯卡)	德国
15	NIWA KOKI(丹羽孝希)	日本
16	MIZUTANI JUN(水谷隼)	日本
17	JANG WOOJIN(张禹镇)	韩国
18	ARUNA QUADRI(阿鲁纳)	尼日利亚
19	WONG CHUNTING(黄镇廷)	中国香港
20	LEE SANGSU(李尚洙)	韩国

其次,根据录像观察法,对选取的世界排名前 20 的男子优秀乒乓球运动员的 100 场比赛进行比分数据统计,其结果如表 4－5 所示(只列出部分比赛场次)。

表 4－5　选取的世界排名前 20 的男子优秀乒乓球运动员比赛统计结果

编号	比　赛　名　称	比　　分
01A	樊振东-波尔 2019 德国公开赛	4∶1(14∶12, 4∶11, 11∶7, 11∶4, 11∶8)
01B	樊振东-梁靖崑 2019 德国公开赛	4∶3(3∶11, 11∶8, 11∶5, 4∶11, 4∶11, 11∶6, 11∶4)
01C	樊振东-林高远 2019T2 钻石马来站	4∶0(11∶8, 11∶6, 11∶5, 11∶8)
01D	樊振东-林高远 2019 瑞典公开赛	2∶4(11∶6, 9∶11, 10∶12, 7∶11, 11∶8, 5∶11)
01E	樊振东-郑荣植 2019 韩国公开赛	2∶4(5∶11, 11∶9, 11∶8, 11∶13, 9∶11, 10∶12)
02A	许昕-阿鲁纳 2019 韩国公开赛	4∶1(11∶3, 8∶11, 11∶5, 11∶2, 11∶5)
02B	许昕-梁靖崑 2019 韩国公开赛	4∶2(11∶6, 3∶11, 11∶3, 14∶12, 5∶11, 11∶9)
02C	许昕-林昀儒 2019 澳大利亚公开赛	4∶0(12∶10, 13∶11, 11∶8, 11∶6)
02D	许昕-马龙 2020 德国公开赛	4∶0(15∶13, 11∶8, 11∶7, 11∶5)

编号	比 赛 名 称	比 分
02E	许昕–王楚钦 2019 韩国公开赛	4：2(8：11, 20：18, 11：7, 11：7, 5：11, 11：9)
02F	许昕–雨果 2019 澳大利亚公开赛	4：2(11：7, 12：10, 11：5, 8：11, 7：11, 11：9)
03A	马龙–奥恰洛夫 2019 男子世界杯	4：1(6：11, 11：9, 11：4, 13：11, 11：3)
03B	马龙–卡尔松 2019 韩国公开赛	4：2(9：11, 9：11, 11：8, 11：3, 11：5, 11：8)
03C	马龙–王楚钦 2019 澳大利亚公开赛	2：4(8：11, 11：6, 4：11, 11：8, 7：11, 8：11)
03D	马龙–许昕 2020 德国公开赛男单决赛	0：4(13：15, 8：11, 7：11, 5：11)
03E	马龙–郑荣植 2019 韩国公开赛	4：1(11：7, 5：11, 11：7, 11：6, 11：9)
04A	林高远–樊振东 2019T2 钻石马来西亚站	0：4(8：11, 6：11, 5：11, 8：11)
04B	林高远–樊振东 2019 瑞典公开赛	4：2(6：11, 11：9, 12：10, 11：7, 8：11, 11：5)
04C	林高远–樊振东 2019 巡回赛总决赛	2：4(7：11, 13：11, 3：11, 3：11, 11：9, 3：11)
04D	林高远–林昀儒 2019 巡回赛总决赛	4：0(13：11, 11：4, 11：5, 11：7)
…	…	…

再次,结合乒乓球双三段法技战术统计评估指标,选取其中的 30 项乒乓球技战术技术指标为 BP 神经网络诊断分析模型的输入指标,选取比赛获胜概率为模型最终的输出结果指标(表 4-6)。

表 4-6　选取的 30 项输入指标与 1 项输出指标

	编 号	指 标 名 称	编 号	指 标 名 称
输入指标	X1	发球–开局段使用率	X2	发球–开局段得分率
	X3	发球–中局段使用率	X4	发球–中局段得分率
	X5	发球–尾局段使用率	X6	发球–尾局段得分率
	X7	接发球–开局段使用率	X8	接发球–开局段得分率
	X9	接发球–中局段使用率	X10	接发球–中局段得分率
	X11	接发球–尾局段使用率	X12	接发球–尾局段得分率
	X13	第 3 板–开局段使用率	X14	第 3 板–开局段得分率
	X15	第 3 板–中局段使用率	X16	第 3 板–中局段得分率

续　表

	编　号	指　标　名　称	编　号	指　标　名　称
输入指标	X17	第 3 板-尾局段使用率	X18	第 3 板-尾局段得分率
	X19	第 4 板-开局段使用率	X20	第 4 板-开局段得分率
	X21	第 4 板-中局段使用率	X22	第 4 板-中局段得分率
	X23	第 4 板-尾局段使用率	X24	第 4 板-尾局段得分率
	X25	相持段-开局段使用率	X26	相持段-开局段得分率
	X27	相持段-中局段使用率	X28	相持段-中局段得分率
	X29	相持段-尾局段使用率	X30	相持段-尾局段得分率
输出指标		$获胜概率 = \dfrac{得分总数}{得分总数 + 失分总数}$		

最后,利用录像观察法,根据双三段法技战术统计指标,对选取的 20 名男子优秀乒乓球运动员的 100 场比赛数据进行技战术分析和比赛获胜概率计算。

二、神经网络的模型选择

三层 BP 神经网络模型包含输入层、隐含层和输出层,中间使用传递函数和训练函数作为连接。输入层选用上表中 30 个技术统计指标数据作为输入神经元;将获胜概率作为一个神经元作为输出层数据。根据大量模型训练的结果,中间隐含层的神经元个数设定为 31,输入层神经元与隐含层神经元之间的传递函数选取非线性的 S 函数 tansig(n),输入层神经元与隐含层神经元之间的传递函数选取线性函数 purelin(n)[也即 $f(x) = x$]。其模型结构如图 4-3 所示。

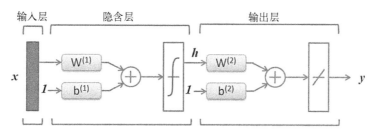

图 4-3　BP 神经网络模型结构

三、BP 神经网络模型训练

在 BP 神经网络的学习过程中,为了使诊断模型具有较快的收敛速度和较高的稳定性,一般采用 Levenberg-Marquardt 训练函数使神经网络完成学习。

通过向神经网络模型输入 70 场比赛数据并进行模型学习。经过训练学习的模型最终可以反映出已选定的 30 个技战术指标和最终比赛获胜概率之间的非线性关系。模型的学习过程实质上是优化神经网络权值的过程。运用 MATLAB R2016b 软件中的神经网络开发工具,乒乓球比赛诊断分析的神经网络诊断模型的训练计算过程如下。

训练指标矩阵 p 的输入如表 4−7 所示(只列出部分场次)。

表 4−7　输入训练指标矩阵 p

X1	X2	X3	X4	X5	X6	X7	X8	X9	X10
0.08	1.00	0.06	1.00	0.06	1.00	0.15	0.75	0.06	1.00
0.03	1.00	0.07	0.67	0.06	1.00	0.22	0.75	0.22	0.44
0.21	1.00	0.15	0.75	0.10	1.00	0.36	1.00	0.19	0.80
0.12	1.00	0.10	1.00	0.05	1.00	0.15	0.40	0.13	0.40
0.12	1.00	0.03	1.00	0.06	1.00	0.26	0.22	0.16	0.67
0.08	1.00	0.14	1.00	0.24	1.00	0.08	0.50	0.18	1.00
0.03	1.00	0.09	1.00	0.03	1.00	0.16	0.60	0.13	0.67
0.05	1.00	0.03	1.00	0.00	0.00	0.19	0.75	0.16	1.00
0.09	1.00	0.08	1.00	0.07	1.00	0.26	0.67	0.11	0.75
0.07	1.00	0.04	1.00	0.03	0.00	0.29	0.25	0.22	0.50
…	…	…	…	…	…	…	…	…	…

X11	X12	X13	X14	X15	X16	X17	X18	X19	X20
0.09	0.67	0.15	0.50	0.06	0.50	0.12	0.50	0.23	0.33
0.12	0.75	0.25	0.56	0.10	0.50	0.15	0.40	0.06	0.50
0.20	1.00	0.21	0.67	0.15	0.50	0.33	0.40	0.14	0.50
0.15	1.00	0.21	0.29	0.15	0.33	0.26	0.40	0.18	0.50
0.14	0.57	0.21	0.71	0.18	0.71	0.22	0.45	0.15	0.00
0.16	0.75	0.24	1.00	0.11	0.33	0.24	0.83	0.16	0.50
0.05	0.50	0.20	0.50	0.15	0.50	0.34	0.92	0.27	0.50
0.26	0.89	0.20	0.75	0.18	0.40	0.26	0.78	0.15	0.67
0.14	1.00	0.24	0.40	0.29	0.56	0.24	0.86	0.14	0.33
0.10	1.00	0.24	0.63	0.24	0.70	0.20	0.60	0.18	0.17
…	…	…	…	…	…	…	…	…	…

X21	X22	X23	X24	X25	X26	X27	X28	X29	X30
0.33	0.27	0.24	0.25	0.38	0.60	0.48	0.56	0.50	0.65
0.12	0.60	0.24	0.63	0.44	0.31	0.49	0.45	0.44	0.33
0.22	0.67	0.20	0.17	0.07	1.00	0.30	0.38	0.17	0.40
0.23	0.22	0.13	0.20	0.33	0.36	0.40	0.44	0.41	0.50

续　表

X21	X22	X23	X24	X25	X26	X27	X28	X29	X30
0.21	0.63	0.24	0.33	0.26	0.56	0.42	0.38	0.33	0.25
0.21	0.67	0.20	0.20	0.44	0.36	0.36	0.60	0.16	0.50
0.15	0.00	0.16	0.33	0.43	0.46	0.46	0.44	0.39	0.33
0.21	0.50	0.09	0.00	0.55	0.36	0.50	0.43	0.32	0.55
0.19	0.33	0.17	0.40	0.43	0.56	0.32	0.40	0.41	0.67
0.31	0.38	0.27	0.38	0.41	0.36	0.36	0.47	0.35	0.41
…	…	…	…	…	…	…	…	…	…

输入训练样本的输入数据矩阵 a(70 行 30 列)和训练样本的输出数据矩阵 t。

```
a = zeros(30,70)                                    %生成输入数据矩阵
a = xlsread('C:\\ann\\data\\train_s.xls')
a = a'                                              %模型输入层数据导入
t = zeros(1,70)                                     %生成训练样本数据矩阵
t = xlsread('C:\\ann\\data\\train_r.xls')
t = t'                                              %模型输出层数据导入
net = newff(minmax(a),[31,1],{'tansig','purelin'},'trainlm');   %建立神经网络结构
net.trainParam.show = 5;                            %设置训练参数——训练出结果的次数
net.trainParam.epochs = 300;                        %设置训练参数——训练次数
net.trainParam.goal = 1e-5;                         %设置训练参数——误差范围
net = init(net)
[net,tr] = train(net,a,t);                          %训练神经网络
```

四、训练次数与误差

输入 70 场比赛数据对模型进行训练后的结果如表 4-8 所示。可以看到,在训练集 70 场的比赛中预测值与实际值的最小误差绝对值为 0.00071,而预测值与实际值的最大误差绝对值为 0.289691。计算得知 70 场比赛预测值与实际值的误差绝对值均值为 0.081976。

表 4-8　神经网络模型训练结果

	预 测 值	实 际 值	误 差 值	样本平均误差
场次 1	0.495680	0.548387	0.052707	0.002778
场次 2	0.621286	0.495495	−0.125791	0.015823
场次 3	0.473760	0.619718	0.145959	0.021304
场次 4	0.471265	0.473214	0.001949	0.000004

续　表

	预 测 值	实 际 值	误 差 值	样本平均误差
场次 5	0.667660	0.471074	−0.196586	0.038646
场次 6	0.514088	0.666667	0.152579	0.023280
场次 7	0.573626	0.514019	−0.059607	0.003553
场次 8	0.592537	0.573171	−0.019367	0.000375
场次 9	0.528553	0.592593	0.064039	0.004101
场次 10	0.530673	0.528000	−0.002673	0.000007
…	…	…	…	…

图 4 - 4 所示为输入 70 场数据后神经网络模型反馈的训练次数与误差曲线图。图的横坐标代表的是 Epoch 训练次数，纵坐标显示的是训练中产生的误差值。与横坐标平行的虚线是提前设定的数值为 $1e^{-5}$ 的预期误差精度。通过观察横纵坐标和曲线发现，模型在训练到第 6 次时，就达到并超过了系统的精度要求，最终结果为 $1.031e^{-7}$，可知模型精度较高。

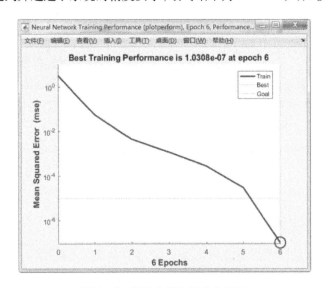

图 4 - 4　训练次数与误差曲线图

五、训练结果对比分析

完成人工神经网络模型的学习和训练后，继续使用 SIM 函数〔代码为：t_sim = sim(net,p_test)〕来模拟仿真预测数据，将最终得出的输出数据与目标真实输出进行比对，从而检验模型的性能。

图 4 - 5 所示，图中空心小圆圈代表的是每一个神经网络输出；虚线表示最佳回归线；实线代表的是理想回归线。通过观察图 4 - 5 可以发现，代表最佳回归线的虚线和代表理想回归线的实线高度吻合，而且大多数的网络输出小圆圈都穿过了理想回归线，这表明经过训练学习后的神经网络模型拥有较高的精度和具有较好的性能。

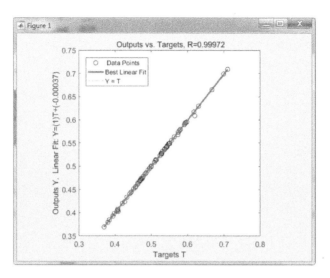

图 4 - 5　网络训练结果分析图

六、模型的诊断精度

在完成神经网络模型训练后,再将剩余的 30 场比赛数据的 30 项既定观察指标作为检验样本数据导入到训练完成的神经网络模型中进行检验,检验程序如下:

输入检验样本的输入数据矩阵 a(30 行 30 列)和检验样本的输出数据矩阵 t。

```
a = zeros(30,30)                              %生成输入数据矩阵
a = xlsread('C:\\ann\\data\\test_s.xls')
a = a'                                        %模型输入层数据导入
t = zeros(1,30)                               %生成检验样本数据矩阵
t = xlsread('C:\\ann\\data\\test_r.xls')
t = t'                                        %模型输出层数据导入
net = newff(minmax(a),[31,1],{'tansig','purelin'},'trainlm');  %建立神经网络结构
net.trainParam.show = 5;                      %设置训练参数——训练出结果的次数
net.trainParam.epochs = 300;                  %设置训练参数——训练次数
net.trainParam.goal = 1e-5;                   %设置训练参数——误差范围
net = init(net)
[net,tr] = train(net,a,t);                    %训练神经网络
b = sim(net,a)
b = b'
xlswrite('C:\\ann\\data\\test_out.xlsx',b)
b = b'
[m,c,d] = postreg(b,t)
```

利用 30 场比赛数据的 30 项指标作为检验样本数据,导入训练完成的神经网络模型,其检验结果矩阵 Q 的数据如表 4 - 9 所示。

表 4 - 9 神经网络模型检验结果矩阵 Q

X1	X2	X3	X4	X5	X6	X7	X8	X9	X10
0.04	0.00	0.08	1.00	0.13	0.75	0.17	0.75	0.08	1.00
0.00	0.00	0.06	1.00	0.07	1.00	0.14	0.75	0.12	0.50
0.19	1.00	0.12	1.00	0.16	1.00	0.16	0.40	0.14	0.67
0.04	1.00	0.21	1.00	0.12	1.00	0.19	0.60	0.32	0.78
0.10	1.00	0.00	0.00	0.09	1.00	0.20	0.67	0.09	0.75
0.07	1.00	0.09	1.00	0.08	1.00	0.14	0.75	0.18	0.83
0.07	1.00	0.08	1.00	0.05	1.00	0.14	0.75	0.12	0.83
0.12	1.00	0.09	1.00	0.09	0.75	0.18	0.67	0.09	0.75
0.09	1.00	0.04	1.00	0.04	1.00	0.09	1.00	0.13	0.57
0.03	1.00	0.06	1.00	0.10	0.80	0.14	0.80	0.16	0.50
…		…		…		…		…	

X11	X12	X13	X14	X15	X16	X17	X18	X19	X20
0.16	0.60	0.29	0.57	0.19	0.00	0.19	0.33	0.25	0.50
0.07	1.00	0.28	0.38	0.24	0.88	0.17	0.43	0.28	0.38
0.08	0.50	0.16	0.60	0.17	0.29	0.16	0.75	0.16	0.80
0.19	0.88	0.26	0.43	0.11	0.33	0.24	0.70	0.07	0.50
0.21	0.64	0.23	0.57	0.25	0.82	0.19	0.90	0.23	0.29
0.15	0.63	0.28	0.63	0.33	0.64	0.19	0.50	0.21	0.50
0.09	0.80	0.21	0.50	0.17	0.78	0.21	0.58	0.07	1.00
0.13	0.33	0.18	0.33	0.24	0.55	0.17	0.63	0.21	0.29
0.17	0.38	0.06	1.00	0.24	0.54	0.13	0.67	0.18	0.17
0.08	1.00	0.25	0.33	0.18	0.33	0.15	0.43	0.19	0.71
…		…		…		…		…	

X21	X22	X23	X24	X25	X26	X27	X28	X29	X30
0.15	0.75	0.32	0.30	0.25	0.33	0.50	0.23	0.19	0.17
0.18	0.50	0.17	0.57	0.31	0.44	0.39	0.23	0.51	0.48
0.21	0.78	0.16	0.50	0.34	0.09	0.36	0.27	0.43	0.38
0.18	0.40	0.17	0.57	0.44	0.25	0.18	0.80	0.29	0.33
0.23	0.20	0.25	0.31	0.23	0.29	0.43	0.47	0.26	0.36
0.27	0.22	0.28	0.20	0.31	0.11	0.12	0.00	0.30	0.25
0.15	0.63	0.23	0.54	0.52	0.33	0.48	0.48	0.41	0.13
0.27	0.25	0.20	0.67	0.32	0.36	0.31	0.21	0.41	0.21
0.20	0.27	0.19	0.22	0.59	0.25	0.39	0.52	0.47	0.45
0.12	0.50	0.23	0.45	0.39	0.43	0.49	0.48	0.44	0.52
…	…	…	…	…	…	…	…	…	…

模型输出结果 $r=$

[0.42   0.51   0.54   0.60   0.54   0.45   0.53   0.44   0.46   0.53

0.45   0.47   0.62   0.55   0.46   0.46   0.47   0.33   0.46   0.54

0.47   0.30   0.40   0.46   0.50   0.46   0.53   0.55   0.44   0.43]

检验后获得的预测值再进行精度误差比对,最终结果如表4-10所示。30场比赛的最大误差绝对值约为0.0016,而最小的误差值约为0.000006。通过计算得知30场比赛的平均误差为0.0004,模型精度高达99.997%。综上所述,本案例建立的BP神经网络诊断模型所得到的获胜概率预测值与比赛实际的获胜概率实际值十分接近,说明建立的BP神经网络诊断模型已经拥有了较高的精准度。观察图4-6发现,模型输出和实际检验值高度重合,表明BP神经网络训练结果良好,具有较高的精度,可以进行后续的诊断分析。

表 4-10 预测值、实际值与误差值汇总统计表

	预 测 值	实 际 值	误 差
场次 1	0.4195	0.4198	0.00025
场次 2	0.5146	0.5146	0.000012
场次 3	0.5356	0.5366	0.000973
场次 4	0.5981	0.5979	0.000203
场次 5	0.5357	0.5354	0.000336
场次 6	0.4522	0.4522	0.000006
场次 7	0.5257	0.5255	0.000172
场次 8	0.4388	0.44	0.001156
场次 9	0.4601	0.4593	0.000813
场次 10	0.5243	0.5259	0.001574
…	…	…	…

七、技战术指标的权重值与增量

1. 各项技战术指标对比赛获胜影响的权重值计算方法

(1)依据公式 $y=0.238 \times \cos(-1.32 \times x + 0.66) - 0.178$(Zhang,2003),在其他指标保持不变的前提下对选中的技战术指标进行提高或降低指标值的操作。

(2)将改变后的数据矩阵再次输入到神经网络的训练模型中,重新计算比赛获胜概率的仿真值。

(3)运用权重值计算公式:权重值=预测值(改变后重新计算的比赛获胜概率仿真值)-实际值(原始比赛获胜概率仿真值)。其绝对值越大,表明该项技战术指标对比赛获胜概率的影响就越大。

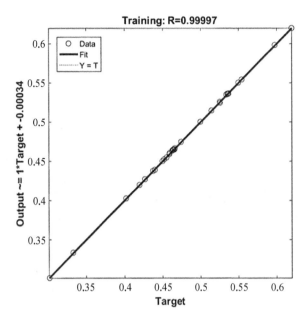

图 4-6　网络测试结果分析图

2. 技战术指标增量的计算方法

依据公式 $y = 0.238 \times \cos(-1.32 \times x + 0.66) - 0.178$（Zhang，2003）计算提高或减少某一项技战术指标值的幅度，其中 x 是指标值，y 是增幅。当指标值小于 0.5，则增量值 $z = x + y$；当指标值大于 0.5，则增量值 $z = x - y$。

八、权重计算应用实例与意义

经过前述检验步骤可知，本案例所构建的神经网络模型已经具备较高的预测精准度，因此可以将诊断模型运用到实际的乒乓球比赛诊断分析过程中。同时，由于球类比赛不可重复的特点，BP 神经网络模型的高度抽象性能够随时地改变各项技战术指标值并重新计算比赛的获胜概率，从而反馈得到这些技战术指标对比赛获胜概率影响的权重值。

随机选取世界优秀运动员的比赛数据（其数据格式与本案例相同），根据上文介绍的增量计算方法，可以计算出技战术指标的权重。具体过程如下：

p 是训练样本的输入数据矩阵，t 是训练样本所对应的实际获胜概率。从 20 名优秀男子乒乓球运动员中随机选取 5 名，首先分别计算这 5 名运动员的训练样本数据矩阵 p 中 30 项技战术指标的增量 q，将它们分别输入已经建立好的神经网络诊断模型中，获得与每个新训练样本 q 对应的比赛获胜概率的仿真值 r，分别计算仿真值 r 与原始训练样本 p 所对应的获胜概率的仿真值 w 之间的绝对误差 s，然后对 30 项技战术指标分别求出其绝对误差的平均值，从而得到 30 项指标的权重。以下是根据随机选取樊振东、张本智和、林昀儒、雨果、法尔克各自的比赛数据计算出的技战术指标权重。

1. 樊振东的技战术指标权重及分析

图 4-7 是樊振东的各项技战术指标对比赛获胜概率影响的权重值。从图中可以看

出樊振东的第 21 项指标(第 4 板-中局段使用率)的权重值最高,因此建议樊振东加强中局段第 4 板技术的稳定性与进攻性以此提高自己的比赛获胜概率。除此之外,第 12 项指标(接发球-尾局段得分率)、第 2 项指标(发球-开局段得分率)和第 23 项指标(第 4 板-尾局段使用率)也都占有不小的权重值,说明樊振东可以在尾局段放慢节奏减少尾局段接发球的无谓失误;同时樊振东还可以在保证上台率的前提下,适当增加开局段发球的多样性和突然性,为自己创造机会或打乱对手节奏以此增加获胜的筹码;最后也可以强化第 4 板的技术,以确保自己在尾局段的控场以及得分。

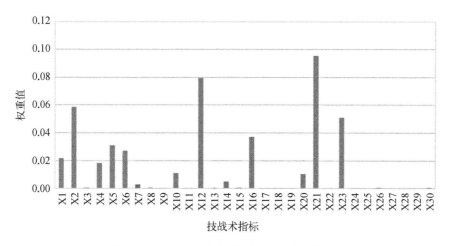

图 4-7　樊振东技战术指标权重值对比分析图

2. 张本智和的技战术指标权重及分析

张本智和的技战术指标权重值对比如图 4-8 所示。可以看到张本智和的第 10 项指标(接发球-中局段得分率)、第 8 项指标(接发球-开局段得分率)和第 2 项指标(发球-开局段得分率)的权重值相对较高。根据前两项指标所占权重值高可以看出,张本智和应该在中局段和开局段接发球环节能更加谨慎,减少不必要的失误。同时在开局段张本智和应该考虑如何进行发球选择,让自己的优势发挥出来,以此让自己在比赛中处于一个相对主导的地位。

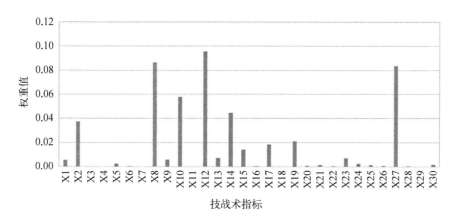

图 4-8　张本智和技战术指标权重值对比分析图

3. 林昀儒的技战术指标权重及分析

如图4-9所示,林昀儒有两项高权重值的重要指标,分别是第16项指标(第3板-中局段得分率)和第28项指标(相持段-中局段得分率)。因此林昀儒可以抓住中局段的发球轮,提高自己第3板技术的质量,强化发球抢攻战术,增加发球抢攻的战术变化,把握中局段发球轮中局段第3板,打造自己强有力的得分点。此外,林昀儒还应该提升自身在中局段相持阶段的得分率,考虑到林昀儒的年龄尚小同时相持阶段双方大多会进入中远台的技术相持,因此林昀儒可以适当加强身体素质训练,从而提升相持阶段的击球质量,由此提高中局段相持段的得分率来提升自己的比赛获胜概率。

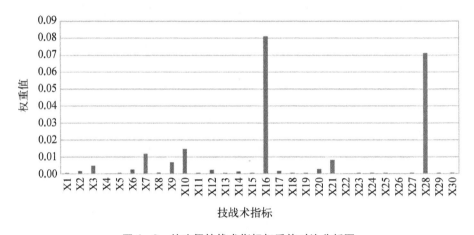

图4-9　林昀儒技战术指标权重值对比分析图

4. 雨果的技战术指标权重及分析

如图4-10所示,第30项指标(相持段-尾局段得分率)是权重值最高的,因此雨果有必要强化在尾局段的相持球,提高相持球的质量以及处理好尾局段容易产生的心理波动。除此之外,雨果还应该强化发球练习,可以使用短球结合偷袭长球的方式使自己在中局段的发球轮处于优势。

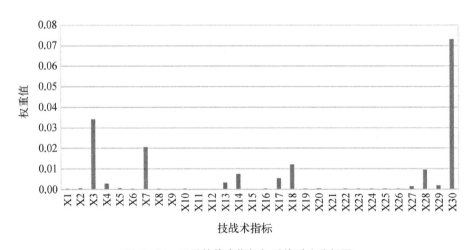

图4-10　雨果技战术指标权重值对比分析图

5. 法尔克的技战术指标权重及分析

如图 4 – 11 所示,法尔克的第 10 项指标(接发球-中局段得分率)的权重值最高,其次是第 18 项指标(第 3 板-尾局段得分率)。这两项指标对法尔克最终的获胜概率有着极大的影响。因此通过在保证中局段的接发球和尾局段第 3 板低失误率的前提下,提高中局段的接发球和尾局段第 3 板的进攻质量,有助于法尔克提高自己的比赛获胜概率。

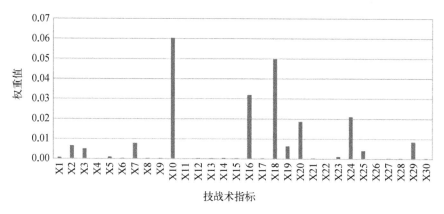

图 4 – 11　法尔克技战术指标权重值对比分析图

通过以上分析,可以直观地体会到通过精度验证的人工神经网络模型在乒乓球技战术诊断中的应用效果。通过计算各项技战术统计指标的权重值,可以很便捷地比较运动员提升某一项技战术能力对提高最终的比赛胜率的效率。权重值越高,即说明该项技战术指标对于提高运动员比赛胜率的效率越高,指导运动员在紧张的训练中更应有针对性地提升自身的这些权重值高的技战术能力,从而取得更好的成绩。

九、BP 神经网络技战术诊断模型的更新

基于 BP 神经网络建立的世界优秀男子乒乓球运动员技战术诊断分析模型具有较高的拟合性能和预测能力,但乒乓球运动员的技术水平和能力是不断发展变化的,因此建立的神经网络诊断模型也应该适应乒乓球运动员的技战术能力的成长。我们可以充分利用经过训练学习后的 BP 神经网络技战术诊断模型具有的记忆功能(模型会保存既定指标与比赛获胜概率之间的非线性关系),适时地输入新的技战术统计数据,并重新进行模型的训练便能获得新的运动员各项技战术指标的权重值并进行模型参数的自我修正,从而使神经网络模型仍然保持一个较高的拟合精度。

十、案例总结

该案例采用三层 BP 神经网络模型结构,建立起世界优秀男子乒乓球运动员比赛诊断分析模型。模型经过测试证明具有较高的拟合精度和稳定性。模型的预测精度高达99.997%,说明该模型具有较好的分析世界优秀男子乒乓球运动员技战术的能力。同时BP 神经网络模型的稳定性较高,模型允许实时更新,能够适应乒乓球运动员技术和战术水平的不断发展变化,并将影响乒乓球运动员的不同技术或战术指标以可视化的数据形

式展现给运动员或教练员团队,从而帮助运动员或教练员制定有针对性的训练计划和临场比赛策略。

案例分析了樊振东、张本智和、林昀儒、雨果、法尔克5位世界优秀男子乒乓球运动员的技战术指标权重值,结果发现,虽然细节上这5位选手的个人指标权重都各有不同,但整体来看几项重要的技战术指标大同小异。例如,开局段和尾局段的接发球;中局段的第3、4板衔接球都是较为重要的技战术指标。结果显示,樊振东可以加强中局段第4板技术的稳定性与进攻性以此提高自己的比赛获胜概率;张本智和应该在开局段和尾局段接发球环节更加谨慎,减少不必要的失误;建议林昀儒强化发球抢攻战术,增加发球抢攻的同时适当加强身体素质训练以提升相持段的回合数与击球质量;雨果可以强化尾局段的相持球技术,提高相持球的质量以及调整好尾局段的心态;法尔克处理好前三板球将有效提高比赛获胜概率。考虑到目前世界优秀乒乓球运动员的年龄跨度较大,运动员们更应该强化影响自己比赛获胜概率的技战术指标,发挥自身特长、扬长避短,在影响自己获胜概率的阶段果断出击,为自己在比赛中赢得优势。

另外,基于BP神经网络建立的世界优秀男子乒乓球运动员技战术诊断分析模型具有较高的拟合度和预测能力,但选手的个人技战术能力也在不断发展变化。因此,模型也要适应选手技战术水平的成长,建议适时地输入新的比赛技战术统计指标数据,以使模型保持较高的拟合精度。

通过列举以上案例的详细操作流程,可以进一步理解和掌握人工神经网络用于乒乓球技战术诊断的一般方法。梳理其结构可以发现,该案例应用三层BP神经网络模型,通过选取大量的比赛数据来训练人工神经网络模型。再通过相对小数量的比赛数据对模型精度进行检验,通过检验的模型可以用于具体的乒乓球运动员技战术诊断分析。此外,在利用神经网络模型进行乒乓球比赛的诊断分析时,应根据实际问题的需要和诊断分析的目标来选取具体的输入层指标。

具体评估运动员技战术现状和能力的指标是权重值。通过等幅度提高或减少某一项技战术指标值,同时保持其他指标值不变,将其代入神经网络训练模型之中,重新计算后所获得比赛获胜概率仿真值与指标变化前的获胜概率仿真值的差值。差值越大,说明该指标对比赛获胜的影响也就越大。也即,可以将权重值最高的技战术指标看作是提升运动员比赛胜率的最高效的指标。

通过对已经通过精度检验的成熟模型输入最新的技战术指标统计数据再次进行训练,能够使模型始终保持较高的有效性,匹配运动员当前的技战术水平,反映最新技战术指标与比赛成绩间的函数关系。人工神经网络的可更新性也展现了利用人工神经网络进行乒乓球技战术分析的又一独特优势。

本章参考文献

黄文文,施之皓,2016.关于丁宁乒乓球个性化3段指标法的研究[J].中国体育科技,52(5):126-130.

季云峰,黄睿,施之皓,等,2018.乒乓球精确旋转、速度及落点数据的人工神经网络模型研究[J].上海体育学院学报,42(6):98-103.

蒋津君,姚家新,2015.乒乓球单打比赛技战术实力评估体系及其诊断方法的重构与应用[J].天津体育学院学报,30(5):432-437.

焦李成,杨淑媛,刘芳,等,2016.神经网络七十年:回顾与展望[J].计算机学报,39(8):1697-1716.

王琛,2015.基于BP神经网络的乒乓球技战术分析系统[J].现代计算机(专业版),(7):6-8.

吴飞,刘国兵,华承健,等,2014.关于改进乒乓球3段技战术统计方法的研究[J].中国体育科技,50(1):71-74.

吴焕群,张晓蓬,2009.中国乒乓球竞技制胜规律的科学研究与创新实践[M].北京:人民体育出版社.

肖丹丹,周星栋,刘恒,等,2018.乒乓球技战术双三段统计法的构建与应用[J].中国体育科技,54(5):112-116.

肖毅,张辉,2008.中国乒乓球队奥运攻关研究报告——基于人工神经网络的乒乓球比赛诊断模型研究[J].体育科研,29(6):19-22.

杨青,张辉,2014.乒乓球比赛技战术"四段指标评估法"的构建与应用[J].天津体育学院报,29(5):439-442.

虞丽娟,张辉,凌培亮,2008.乒乓球比赛技战术分析的系统研究与应用[J].上海体育学院学报,32(6):39-43.

张驰,郭媛,黎明,2021.人工神经网络模型发展及应用综述[J].计算机工程与应用,57(11):57-69.

张晓栋,肖丹丹,周星栋,等,2018.乒乓球技战术动态三段指标统计法的构建与应用[J].中国体育科技,54(1):80-83.

赵昀,丁宁,2013.乒乓球比赛中组合技术模拟分析[C]//中国体育科学学会体育计算机应用分会.2013体育计算机应用论文集,255-259.

HEBB D O, 1949. The organization of behavior: a neuropsychological theory[M]. New Jersey: Lawrence Erlbaum Associates.

HINTON G E, OSINDERO S, TEH Y, 2006. A fast-learning algorithm for deep belief nets[J]. Neutral Computation, 18: 1527-1554.

LECUN Y, BOTTOU L, BENGIO Y, et al, 1998. Gradient-based learning applied to document recognition[J]. Proceedings of the IEEE, 86(11): 2278-2324.

MARK P FEIFFER, ANDREAS HOHMANN, 2012. Applications of Neural Networks in Training Science[J]. Human Movement Science, 31(2): 344-359.

MCCULLOCH W S, PITTS W,1943. A Logical Calculus of the Ideas Immanent in Nervous Activity[J].Bulletin of Mathematical Biophysics, 5: 115-133.

MINSKY L, PAPERT S A, 1969. Perceptions: an introduction to computational geometry [M].Cambridge: MIT Press.

ROSENBLATT F, 1958. The perception: probabilistic model for information storage and organization in the brain[J].Psychological Review, 65(6) 386－408.

ZHANG H,2003. Leistungsdiagnostik im Tischtennis-Analyse der realen und der mathematisch-simulativen Spielstarke in der Herren-Weltklasse [D]. University Potsdam, Dissertation, 28－33.

第五章
基于马尔可夫链的乒乓球技战术分析

第一节 马尔可夫链概述

概率论是研究随机现象的一门数学分支,主要目标是揭示随机现象中所蕴含的各种规律。概率论作为一门数学学科的分支,起源于 17 世纪中期。到 19 世纪,概率论的早期理论得到进一步推广和发展,数学家们对概率论的主要兴趣在于对随机事件的概率进行计算。马尔可夫(Markov)对概率论的重大贡献之一是创立了概率论的一个分支,研究相依随机变量的理论,称为"马尔可夫过程"。20 世纪可以称为概率论发展的现代时期,本时期始于概率论的公理化(叶尔骅,2005)。1933 年出版的《概率论基础》是概率论的经典之作,这本书为概率论建立了目前广泛采纳的公理化体系,标志着概率论发展到了一个新阶段,具有划时代的意义。在 20 世纪,随机过程理论得到快速发展,包括马尔可夫过程、平稳过程、极限定理等。随机过程理论的产生是由于生物学、物理学、管理科学、通讯与控制等方面的需要而逐步发展起来的,反过来,它又对这些领域的发展起了推动作用(臧鸿雁,2022)。

马尔可夫过程的研究始于 1907 年,是目前国内外的学者十分重视的一个随机过程分支。我们知道马尔可夫过程的初始模型是马尔可夫链,由马尔可夫在 1907 年提出。假如我们知道目前的状态(现在),那么它未来的演变(将来)不会依赖于它以往的演变(过去),这就是马尔可夫过程的特性,它的直观意义是:已知"现在","过去"和"将来"无关(叶尔骅,2005)。这也就是我们通常所说的马尔可性或无后效性。在现实世界中,有许多马尔可夫过程,例如:人口增长过程、水中花粉的布朗运动、某种传染病受感染的人数、汽车站的候车人数等,都可以看作为马尔可夫过程。近年来,国内外不少学者越来越关注马尔可夫过程、马尔可夫性质和马尔可夫链等问题的研究,并且取得了一些成果。

马尔可夫链是描述某些特定的随机现象的一种数学模型,我们一般称这种产生特定的随机现象的具体模型为系统。马尔可夫链在近代物理、信息处理、生物学、金融保险等方面都有重要的应用。

一、马尔可夫链的基本概念

马尔可夫链,又称离散时间马尔可夫链(Discrete-Time Markov Chain,DTMC),它是状态空间中经过从一个状态到另一个状态的转换的随机过程(陈雯,2021)。19 世纪末,马尔可夫开始研究随机过程和概率论,马尔可夫过程是最基本的随机过程模型之一,并在随机过程和概率论方面做出了重要贡献(朱依霞,2015)。马尔可夫链是一种数学模型,是以概率论为基础,对平稳随机现象用自回归过程方法进行定量预测的模型。它对一个系统由一种状态转移到另一种状态的现状提出了定量分析,同时马尔可夫链预测方法也是现代预测理论中的一种,以其自身的科学性、准确性、适应性均较高,在现代预测方法中占有重要地位。

定义1 令 $\{X(t), t \in T\}$ 是定义在概率空间 (Ω) 上的随机过程,对任意的整数 $n > 0, 0 \leq t_1 < t_2 < \cdots < t_{n+1}, t_k \in T, k = 1, 2, \cdots, n + 1$,状态空间记为I,对于任意状态 $i_1, i_2, \cdots, i_{n+1} \in I$,

$$P\{X(t_{n+1}) = i_{n+1} \mid X = (t_0) = i_0, X(t_1) = i_1, \cdots, X(t_n) = i_n\}$$
$$= P(X(t_{n+1}) = i_{n+1} \mid X(t_n) = i_n),$$

称 $\{X(t), t \in T\}$ 为马尔可夫链,此过程为马尔可夫链过程。

若对于任意的整数 $n > 0$,状态 i_n, i_{n+1},有 $P(X(t_{n+1}) = i_{n+1} \mid X(t_n) = i_n)$ 不受时刻 t 的影响,称马尔可夫链为齐次马尔可夫链(陈雯,2021)。

马尔可夫链简化形式为:对于任意的 $n > 0, i_1, i_2, \cdots, i_n, i_{n+1} \in I$,

$$P\{X_{n+1} = i_{n+1} \mid X_0 = i_0, \cdots, X_n = i_n\} = P(X_{n+1} = i_{n+1} \mid X_n = i_n)。$$

定义2 考虑一个随机变量的序列 $X = \{X_0, X_1, \cdots, X_t, \cdots\}$,这里 X_t 表示时刻 t 的随机变量,$t = 0, 1, 2, \cdots$。每个随机变量 $X_t(t = 0, 1, 2, \cdots)$ 的取值集合相同,称为状态空间,表示为 S。随机变量可以是离散的,也可以是连续的。以上随机变量的序列构成随机过程。

假设在时刻 t_0 的随机变量 X 遵循概率分布 $P(X_0) = \Pi_0$,称为初始状态分布。在某个时刻 $t \geq 1$ 的随机变量 X_t 与前一个时刻的随机变量 X_{t-1} 之间有条件分布 $P(X_t \mid X_{t-1})$,如果 X_t 只依赖于 X_{t-1},而不依赖于过去的随机变量 $[X_0, X_1, \cdots, X_{t-2}]$,这一性质称为马尔可夫性,即

$$P(X_1 \mid X_0, X_1, \cdots, X_{t-1}) = P(Xt \mid X_{t-1}), t = 1, 2, \cdots$$

即下一状态的概率分布只能由当前状态决定,在时间序列中它前面的事件均与之无关。这种特定类型的"无后效性"称作马尔可夫性质(叶尔骅,2005)。其中,马尔可夫链的定义性质分别包括状态空间、转移概率、平稳分布及遍历性等,在马尔可夫链理论中有着重大意义(陈雯,2021)。

二、马尔可夫链的性质

我们知道,马尔可夫链是状态空间中经过从一个状态到另一个状态转换的随机过程。该过程要求具备"无记忆"的性质:下一状态的概率分布只能由当前状态决定,在时间序列中它前面的事件均与之无关。这种特定类型的"无记忆性"称作马可夫性质。

马尔可夫链认为过去所有的信息都被保存在现在的状态下了,例如在乒乓球比赛的一个回合中,双方运动员的战术行为状态可以描述为:下旋发球→搓球→反手拧拉→正

手攻球→反手攻球,这样一组状态。在马尔可夫链看来,"反手攻球"的状态只与前一个"正手攻球"状态有关,与前面的其他过程均无关,如果想得到某一状态出现的概率,则只需分析引出这一状态的前一状态发生的概率。

（一）状态空间

通常所要预测事件的状态是随机分布的,也就是前文提到的随机过程。我们需要对事件的状态进行定义,如:预测天气,天气的状态是随机变换的,天气的状态我们定义为"晴天""雨天""阴天"等多种状态类型。在一个时间段内,天气会发生多种变换,即"晴天""阴天""阴天""晴天""雨天""雨天"等。那么,由以上状态组成的合集称为"状态空间"。

若状态空间是有限的,则转移概率分布可以矩阵表示,该矩阵称为转移矩阵,记为 P。其中位于 (i, j) 的元素记为 p_{ij}：

$$p_{ij} = \Pr(X_{n+1} = j \mid X_n = i)$$

转移矩阵 P 的每一行中各元素之和为 1,且 P 中所有的元素都是非负的（叶尔骅,2005）。

（二）状态转移概率

状态转移为事物的一种状态转移到另一种状态,如乒乓球比赛中,球员 A 在拿到发球权后可能会有发球、正手挑球、反手拧拉或拉冲几种行为,球员 A 的状态从"发球"转为"正手挑球"或"反手拧拉"转为"拉冲"即可称为击球状态转移。

对随机事件的预测是通过对一个状态转移到另一个状态的概率进行计算。设 p 是表示从一个状态转移到另一个状态的概率,则对于任意两个状态 i 和 j,转移概率可以表示为 p_{ij},表示从状态 i 转移到状态 j 的概率。状态转移通常是多种状态之间的转换,转移概率可以用转移概率矩阵表示,转移概率矩阵是一个描述状态之间转移概率的矩阵,矩阵中的每个元素表示从一个状态到另一个状态的概率。初始概率分布指的是系统在初始时刻各个状态的概率分布。它表示系统在开始时处于各个状态的可能性（刘光昀,2022）。

定义 3　设随机过程 $X = \{x_n, n = 0, 1, 2, \cdots\}$ 为马尔可夫过程,状态空间为 $S = [1, 2, \cdots, m]$,设该过程处于 S_m,下一个状态 S_{m+1} 的发生的概率为 P,则对任意时刻 n,称 P 为下一步转移概率,公式如下：

$$P(X_{n+1} = j \mid X_n = i) = P_{ij}$$

记矩阵 $P = (P_{ij})$,$i, j \in S$,则马尔可夫一步转移概率矩阵所示如下：

$$P = \begin{bmatrix} P_{00} & P_{01} & \cdots & P_{0j} \\ P_{10} & P_{11} & \cdots & P_{1j} \\ \vdots & \vdots & \vdots & \vdots \\ P_{i0} & p_{i1} & \cdots & P_{ij} \\ \cdots & \cdots & \cdots & \cdots \end{bmatrix}$$

由上可知,我们可以将事件的状态转换成概率矩阵（又称状态分布矩阵）。例如:现

有 A 和 B 两个状态,已知每个状态之间转移的概率如下:

$$A \to A \text{ 的概率是 } 0.3$$

$$A \to B \text{ 的概率是 } 0.7$$

$$B \to B \text{ 的概率是 } 0.1$$

$$B \to A \text{ 的概率是 } 0.9$$

(1) 初始状态在 A,如果我们求 2 次转移后状态还在 A 的概率是多少? 即求从状态 A 开始,变换两次状态后仍为状态 A 的概率。

列举出变换两次后状态仍为 A 的转移概率事件有以下两种:

$$① \ A \to A \to A$$

$$② \ A \to B \to A$$

根据已知的概率分布,可知 $A \to A$ 的概率为 0.30,$A \to B$ 的概率为 0.70,即

$$① \ A \to A \to A \text{ 的结果为 } 0.30 \times 0.30$$

$$② \ A \to B \to A \text{ 的结果为 } 0.30 \times 0.70$$

那么 2 次变换后仍为状态 A 的概率为:

$$P = A \to A \to A + A \to B \to A = 0.30 \times 0.30 + 0.30 \times 0.7 = 0.72$$

(2) 如果求 2 次变换后的状态概率分别是多少呢? 通过引入转移概率矩阵,可直观地描述所有的概率。

$$P = \begin{bmatrix} & A & B \\ A & 0.30 & 0.70 \\ B & 0.90 & 0.10 \end{bmatrix}$$

两次变换后的转移概率矩阵:

$$P = \begin{bmatrix} & A & B \\ A & 0.30 & 0.70 \\ B & 0.90 & 0.10 \end{bmatrix} \begin{bmatrix} & A & B \\ A & 0.30 & 0.70 \\ B & 0.90 & 0.10 \end{bmatrix}$$

$$= \begin{bmatrix} & A & B \\ A & 0.30 \times 0.30 + 0.70 \times 0.90 & 0.30 \times 0.70 + 0.70 \times 0.10 \\ B & 0.90 \times 0.30 + 0.10 \times 0.90 & 0.90 \times 0.70 + 0.10 \times 0.10 \end{bmatrix}$$

$$= \begin{bmatrix} & A & B \\ A & 0.72 & 0.28 \\ B & 0.36 & 0.64 \end{bmatrix}$$

两次变换后的状态有以下几种情况:

① 当 A 为起始状态,以 A 为结束状态时的状态转移概率:

$$P(a) = A \rightarrow A \rightarrow A + A \rightarrow B \rightarrow A = 0.30 \times 0.30 + 0.70 \times 0.90 = 0.72$$

② 当 A 为起始状态,以 B 为结束状态时的状态转移概率:

$$P(b) = A \rightarrow A \rightarrow B + A \rightarrow B \rightarrow B = 0.30 \times 0.70 + 0.70 \times 0.10 = 0.28$$

③ 当 B 为起始状态,以 A 为结束状态时的状态转移概率:

$$P(c) = B \rightarrow A \rightarrow A + B \rightarrow B \rightarrow A = 0.90 \times 0.30 + 0.10 \times 0.90 = 0.36$$

④ 当 B 为起始状态,以 B 为结束状态时的状态转移概率:

$$P(d) = B \rightarrow A \rightarrow B + B \rightarrow B \rightarrow B = 0.9 \times 0.7 + 0.1 \times 0.1 = 0.64$$

根据以上状态矩阵,我们可以得出以下结论:

初始状态 A,2 次运动后状态为 A 的概率是 0.72

初始状态 A,2 次运动后状态为 B 的概率是 0.28

初始状态 B,2 次运动后状态为 A 的概率是 0.36

初始状态 B,2 次运动后状态为 B 的概率是 0.64

（三）平稳分布和遍历性

如果一个马尔可夫链在长期运行后,其状态分布不再发生变化,那么这个概率分布被称为平稳分布。

如果一个马尔可夫链中的任意状态都可以通过有限步骤到达任意其他状态,那么这个马尔可夫链被称为可遍历的(叶尔骅,2005)。

三、马尔可夫过程的定义

马尔可夫过程是一种可以用于对排队系统进行建模的方法,它是一类随机过程。无后效性是马尔可夫过程的一个显著特点。马尔可夫链的状态空间是所有可能状态的集合。解释状态空间可以是有限的或无限的,但必须是可数的。可以称为是离散的或连续的,离散时间马尔可夫链(DTMC)是时间取值离散状态空间也是离散集合的马尔可夫过程;连续时间马尔可夫链(Continuous-time Markov Chain,CTMC)是随时间连续变化于离散状态空间的马尔可夫过程。与 DTMC 相比,CTMC 的定义要稍微复杂一些,然而 CTMC 要比 DTMC 应用更加广泛,是大多数性能评价模型的数学基础(覃广平,2006)。

基于以上论述,我们得知"在马尔可夫过程中,将来状态的概率分布和其到达的过程无关,只与现在的状态存在关联关系"。马尔可夫链是离散状态空间的马尔可夫过程,按照时间顺序可以分为离散时间马尔可夫链和连续时间马尔可夫链两类,本节将对这两类马尔可夫链进行介绍(姜丽丽,2022)。

（一）离散时间的马尔可夫链

离散时间马尔可夫链是指参数集 T 是离散的马尔可夫链。设 $\{Y(m), m = 0, 1, 2, \cdots\}$ 是一个随机过程,状态空间为 $S = \{0, 1, 2, \cdots\}$,若对于任意状态 $i_1, i_2, \cdots, i_{k-1}, i_k \in S$ 和任意的一组时间 $0 < t_1 < t_2 < \cdots < t_{k-1} < t_k$,都有条件概率:

$$P(Y(t) = i_k \mid Y(t_1) = i_1, \ Y(t_2) = i_2, \ \cdots, \ Y(t_{k-1}) = i_{k-1})$$
$$= P(Y(t) = i_k \mid Y(t_{k-1}) = i_{k-1})$$

上述公式表示的含义是在随机过程 $\{Y(t), \ t = 0, 1, 2, \cdots\}$ 中,将来的系统状态与过去的状态没有关联,只与现在的系统状态有关联关系,这类随机过程 $\{Y(t), \ t = 0, 1, 2, \cdots\}$ 被称为离散时间马尔可夫链(叶昊楠,2021)。

（二）连续时间的马尔可夫链

连续时间马尔可夫链(CTMC)和离散时间马尔可夫链的不同之处在于任意时刻都可以发生连续时间马尔可夫链的状态转移。状态转移概率和初始状态概率分布向量决定了连续时间马尔可夫链的 $\{Y(t), \ t \geq 0\}$ 行为特征。

设 $\{Y(t), \ t \geq 0\}$ 为连续时间的随机过程,其状态空间为 $S = \{0, 1, 2, \cdots\}$,若对于任意 $0 < t_1 < t_2 < \cdots < t_n < t_{n+1}$, $j_1, j_2, \cdots, j_n, j_{n+1} \in S$ 和整数 n, $n \geq 0$,存在:

$$P\{Y(t_{n+1}) = i_n + \mid Y(t_k) = j_k, \ k = 1, 2, \cdots, n\}$$
$$= P\{Y(t_{n+1}) = j_{n+1} \mid Y(t_n) = i_n\}$$

则 $\{Y(t), \ t \geq 0\}$ 可以被称为连续时间马尔可夫链(李浩,2018)。

马尔可夫过程是最基本的随机过程模型之一,除了自身有系统和丰富的理论之外,在物理学,金融保险理论,排队系统理论,生物演化理论诸多学科中有着重要的应用。其中,关于马尔可夫过程的长时间行为,特别是极限理论和遍历性是马尔可夫过程理论研究的核心之一。遍历性是描述随机系统长时间渐近行为的基本概念,与随机系统的稳定性有着密切的联系。例如,基于马尔可夫链遍历理论的蒙特卡罗算法是随机算法的重要分支之一,在解决统计、金融、生物、化学等实际问题的模拟和计算中发挥着重要的作用(孙志朋,2020)。

基于以上定义,可以通过状态转移概率和初始概率分布来描述马尔可夫过程的动态演化。在每个时刻,系统根据当前状态和转移概率,以一定的概率转移到下一个状态。这个过程可以一直进行下去,形成一个状态序列。

四、马尔可夫链模型及其应用

根据上文的论述可知,马尔可夫链模型是一种基于马尔可夫性质的概率模型,它描述了一个系统在给定当前状态的情况下,下一个状态的概率分布。该模型假设未来的状态只与当前状态有关,与过去的状态无关。

（一）马尔可夫链构建要素

1. 定义状态空间

状态空间是指系统可能处于的所有状态的集合。每个状态可以是离散的或连续的。例如,假设我们要建立一个天气预测模型,状态空间可以包括晴天、多云、阴天和雨天等几种天气状态。

2. 计算状态转移概率

状态转移概率指的是从一个状态转移到另一个状态的概率。这些概率可以通过观察历史数据或领域知识来估计。例如,我们可以通过分析过去一段时间的天气数据,计算出未来几天从晴天转变为多云天气的概率。

在日常生活中,马尔可夫链模型被广泛应用于各个领域。我们通过一个实际案例来介绍如何运用马尔可夫链模型进行事件的预测。

假设我们要建立一个股票市场预测模型,预测明天的股票价格涨跌情况。我们可以将股票价格的涨跌作为状态,在本案例中,状态空间定义为{涨,跌}。然后,我们可以通过分析历史股票价格数据,计算出股票价格由"涨"转为"跌"的概率以及由"跌"转为"涨"的概率。

通过观察到过去5天的股票价格涨跌情况为:涨、涨、跌、涨、跌。

根据此结果计算状态转移概率。在这个例子中,由"涨"转为"跌"的概率为2/5,由"跌"转为"涨"的概率为1/5。

基于这些状态转移概率,我们可以构建一个马尔可夫链模型。假设当前的状态是涨,我们可以使用状态转移概率来预测下一个状态是涨还是跌。根据上述的概率计算,我们可以得出下一个状态为跌的概率为2/5,为涨的概率为3/5。通过不断地更新状态和计算状态转移概率,我们可以在每个时间预测出未来的股票价格涨跌情况。

综上所述,马尔可夫链模型通过定义状态空间和计算状态转移概率来描述系统的状态演变。通过分析历史数据或领域知识,我们可以构建出一个马尔可夫链模型,并利用该模型进行状态预测和概率计算。

下面用公式来介绍马尔可夫链的基本原理:

假设有一个时间序列 $\{x(t), t \in T\}$,其可能的观测数据 x_t 可以取 r 个离散的值,即序列可以处于 r 个状态 $E = \{e_0, e_1, e_2, \cdots, e_r\}$。设序列 x_t 处于状态 e_i 的状态概率为 $A_i = P(x_t = i)$。序列从 e_i 转到一下状态 e_j 的转移概率为 P_{ij},则由马尔可夫链的无后效性可知 $P_{ij} = P(x_{t+1} = j | x_t = i)$(樊冬雪,2015)。

引入转移概率矩阵式:

$$A_t = [a_1(t)\ a_2(t) \cdots a_r(t)]\ ,\ \sum^r a_i = 1,\ t \in T$$

$$P = \begin{bmatrix} P_{11} & P_{12} & \cdots & P_{1r} \\ P_{21} & P_{22} & \cdots & P_{2r} \\ \vdots & \vdots & \cdots & \vdots \\ P_{r1} & P_{r2} & \cdots & P_{rr} \end{bmatrix}$$

（二）马尔可夫链预测的基本步骤

利用马尔可夫链进行预测的基本步骤如下。

1. 定义状态空间

需要定义研究对象的状态空间,即可能的所有状态,每个状态必须是明确的,且每个状态相互之间无重叠。

在某些预测问题中,系统的状态是确定的,比如人的性别划分为"女性"和"男性"。但是在大多数情况下,目标系统的状态是由观察者自定的。如:机器运行情况可以分为"有故障"和"无故障"两种状态;在确定状态时,要将目标系统可能出现的所有状态进行设置,确保建立完整的观测指标。

2. 收集数据

获取时间序列数据,记录研究对象在每个时间点的状态。

3. 构建转移概率矩阵——根据各状态转移的频次列出矩阵

根据历史数据,计算从一个状态转移到另一个状态的概率。状态转移矩阵是一个方阵,其元素 $P(i,j)$ 表示从状态 i 到状态 j 的转移概率。如:某种产品的市场销售情况分为"畅销""一般销售"及"滞销"等状态。那么元素 $P(畅销,滞销)$ 就表示从畅销状态变为滞销状态的概率。

4. 计算初始状态概率向量

初始状态概率向量是指观测的目标事物在初始状态时间点 $t=0$ 时各状态的概率分布。可以通过计算样本数据中状态转移的频率得到。

5. 计算状态转移概率矩阵

状态转移概率矩阵是一个 $n×n$ 的矩阵,n 代表观测系统的所有状态,其中 $T(i,j)$ 表示从状态 i 转为 j 的频率。例如:课程干预结果分为"非常显著性""显著性"和"无显著性"等状态,我们可以得到以下概率矩阵,如表 5-1 所示。

表 5-1　课程干预结果状态转移矩阵表

	非常显著性	显 著 性	无 显 著 性
非常显著性	0.4	0.4	0.2
显著性	0.3	0.6	0.1
无显著性	0.5	0.4	0.1

6. 归一化处理

需要对状态概率向量 P_t 和状态转移概率矩阵 T 进行归一化处理,以确保每个行向量中各状态的概率之和为 1,即确保 P_t 中所有元素的和为 1。

例如表 5-1 中第一行的 3 个数字分别表示:教学效果为"非常显著性"的初始状态概率及其转移到其他状态的概率分布,归一化这一行的所有元素,得到的数字分别为 0.4、0.4 和 0.2,它们的和为:0.4+0.4+0.2=1。

7. 利用状态转移概率矩阵进行预测

使用状态转移概率矩阵 T 和初始状态概率向量 P_0,通过以下公式可以计算出第 t 个时间点的状态概率向量 P_t:

$$P_t = P_0 × T^t$$

其中,T^t 表示状态转移概率矩阵 T 的 t 次方。如:$P_3 = P_0 × T^3 = P_0 × (T×T×T)$。注意,在这里假设马尔可夫链是时间齐次的,即状态转移概率在时间上保持不变。

我们通过一个简单的例子来说明如何计算马尔可夫链的状态概率向量。

假设我们有一个骰子,这个骰子有三个面,标记为 A、B 和 C。我们将骰子投掷多次,并记录每次投掷的结果。我们建立一个马尔可夫链模型,来描述骰子的状态转移情况。

（1）定义状态空间：三面骰子的状态空间为{A，B，C}，表示骰子可能产生的三个状态。

（2）收集数据：投掷骰子 10 次，10 投掷骰子的结果为：A，B，C，A，B，B，C，A，B，C，C，A，A，C，B，A，C，B，B。

（3）构建转移概率矩阵：我们根据收集到的数据来计算从一个状态转移到另一个状态的概率。根据上面的数据，我们可以得到以下的状态转移频率及骰子状态分布概率矩阵表 5-2。

　　① 从 A 转移到 A 的次数：2 次；

　　② 从 A 转移到 B 的次数：3 次；

　　③ 从 A 转移到 C 的次数：2 次；

　　④ 从 B 转移到 B 的次数：2 次；

　　⑤ 从 B 转移到 A 的次数：1 次；

　　⑥ 从 B 转移到 C 的次数：2 次；

　　⑦ 从 C 转移到 C 的次数：1 次；

　　⑧ 从 C 转移到 A 的次数：3 次；

　　⑨ 从 C 转移到 B 的次数：2 次。

表 5-2　骰子状态分布概率矩阵表

状　态	A	B	C
A	1	3	2
B	2	1	2
C	1	3	2

　　① 从 A 转移到 A 的概率：1/（1+3+2）= 0.27；

　　② 从 A 转移到 B 的概率：3/（1+3+2）= 0.50；

　　③ 从 A 转移到 C 的概率：2/（1+3+2）= 0.33；

　　④ 从 B 转移到 A 的概率：1/（2+1+2）= 0.20；

　　⑤ 从 B 转移到 B 的概率：2/（2+1+2）= 0.40；

　　⑥ 从 B 转移到 C 的概率：2/（2+1+2）= 0.40；

　　⑦ 从 C 转移到 A 的概率：1/（1+3+2）= 0.17；

　　⑧ 从 C 转移到 B 的概率：3/（1+3+2）= 0.50；

　　⑨ 从 C 转移到 C 的概率：2/（1+3+2）= 0.33。

接下来，经过归一化处理我们可以得到状态转移概率矩阵，如表 5-3 所示。

表 5 - 3　骰子状态转移概率矩阵表

状　态	A	B	C
A	0.27	0.50	0.33
B	0.20	0.40	0.40
C	0.17	0.50	0.33

（4）计算状态概率向量 P_t：假设我们在时间点 $t=0$ 时，骰子的状态为 A。我们的初始状态概率向量 $P_0 = [1, 0, 0]$，表示在初始时刻骰子处于状态 A 的概率为 1，而处于其他状态的概率为 0。

现在我们要计算在时间点 $t=1$ 时刻的状态概率向量 P_1。我们可以使用以下公式：

$$P_1 = P_0 \times T$$

$$P_1 = [1, 0, 0] \times \begin{matrix} 0.27 & 0.50 & 0.23 \\ 0.20 & 0.40 & 0.40 \\ 0.17 & 0.50 & 0.33 \end{matrix}$$

$$P_1 = [0.27, 0.5, 0.23]$$

因此，在时间点 $t=1$ 时刻，状态 A 的概率为 0.27，状态 B 的概率为 0.5，状态 C 的概率为 0.23。若想预测时间点 $t=3$ 时刻，各状态的概率情况，应该如何计算呢？根据上文可知，可以通过以下公式计算第 t 个时间点的状态概率向量 P_t：

$$P_t = P_0 \times T^t$$

$$P_3 = P_0 \times T^3$$

$$P_1 = [1, 0, 0] \times \begin{matrix} 0.27 & 0.50 & 0.23 \\ 0.20 & 0.40 & 0.40 \\ 0.17 & 0.50 & 0.33 \end{matrix} \times \begin{matrix} 0.27 & 0.50 & 0.23 \\ 0.20 & 0.40 & 0.40 \\ 0.17 & 0.50 & 0.33 \end{matrix} \times \begin{matrix} 0.27 & 0.50 & 0.23 \\ 0.20 & 0.40 & 0.40 \\ 0.17 & 0.50 & 0.33 \end{matrix}$$

$$P_3 = [0.205, 0.455, 0.340]$$

（5）归一化：最后，我们需要对状态概率向量 P_3 进行归一化，以确保概率之和为 1。在本例中，P_3 已经是概率向量，因此不需要再进行归一化。

通过这样的计算，我们可以得到在不同时间点的状态概率向量，从而了解骰子在未来各种状态的可能性。请注意，这个例子是一个简化的马尔可夫链模型，真实的问题可能会更复杂，需要更多的数据和更复杂的状态转移概率矩阵来建模。

第二节　基于马尔可夫链的乒乓球比赛技战术诊断分析方法

在乒乓球比赛中，球员的下一步动作通常会受到之前动作和状态的影响。马尔可夫链模型作为一种数学工具,通常用于描述随机过程中状态之间的转移情况,它可以捕捉到乒乓球比赛过程中运动员技战术状态变化的这种历史依赖性。在乒乓球技战术的统计分析中,我们可以运用马尔可夫链模型来模拟球员在不同技战术状态之间的转移,以及预测未来状态的可能性,从而帮助教练员了解运动员在不同技战术状态下的运动表现,帮助他们制定更有效的战术策略。

一、基于马尔可夫链的乒乓球比赛技战术诊断模型构建

球类比赛数学模拟竞技诊断的基本思想与方法是由德国学者拉姆斯提出来的,即用比赛的技战术状态转移的概率矩阵概括地描述一场比赛,在此基础上运用马尔可夫链模型计算出比赛的获胜概率,并进一步确定各种比赛状态的竞技效率值(Lames,1998)。

（一）比赛技战术状态空间的定义

运用马尔可夫链数学模型进行乒乓球比赛的技战术诊断分析,我们需要构建一个完整的技战术状态空间。状态空间需要概括比赛过程中出现的所有技战术状态,并根据不同观察体系确定选取不同的状态空间,再进行相关技战术数据的统计。在乒乓球比赛中,需要结合技战术诊断分析的具体目标体系来划分具体的状态空间。根据乒乓球技战术分析的基本理论,本章节将从技战术状态、击球站位状态和回球位置状态三个目标观察体系来划分乒乓球比赛的技战术状态空间。描述技战术行为的状态空间可称为技战术状态空间,主要描述乒乓球比赛过程中的各种技战术行为状态及其转移。常见的乒乓球比赛技战术行为状态可划分为:发球、接发球、正手挑打、反手拧拉、拉冲、侧身拉冲、对攻、搓球、被攻、追身等;描述击球站位的状态空间可称为击球站位状态空间,主要描述运动员击球站位的状态及其变化,击球站位状态可划分为:发球位置、接发球、正手位、反手位、侧身位等;回球位置状态可划分为:发球方向、正手短球、正手长球、反手短球、反手长球及追身球等。

确定状态空间后,对比赛中出现的状态转移进行描述。例如,我们可以将乒乓球比赛中一个典型的回合划分为不同的技战术状态,如发球、接发球、相持、进攻、防守、控制及得分或失分(一个回合结束的状态)。这里的技战术行为状态是针对双方运动员的,因此,乒乓球比赛中的一个回合可以描述成这样:运动员 A 发球→运动员 B 接发球→运动员 A 对攻(失误)→运动员 B 得分,或者运动员 B 发球→运动员 A 接发球→运动员 B 搓球→运动员 B 得分,如此等等。

以此类推,比赛中的一个回合出现的击球站位状态转移可以这样来描述:运动员 A 发球位置→运动员 B 正手位→运动员 A 正手位(失误)→运动员正手位得分,或运动员 B 发球位置→运动员 A 正手位→运动员 B 反手位(直接得分,运动员 A 在下一板击球时球拍没有触及球)→运动员 B 反手位得分。同样,比赛中一个回合出现的回球位置状态转移可以这样来描述:运动员 A 发球方向→运动员 B 正手短球→运动员 A 反手长球→运动员 A 反手长球得分,或者运动员 B 发球方向→运动员 A 反手短球→运动员 B 反手长球(直接得分,运动员 A 在下一板击球时球拍没有触及球)→运动员 B 反手长球位置得分。

（二）比赛技战术数据的收集

乒乓球比赛技战术数据的采集是构建马尔可夫链技战术诊断分析模型的基础。运用

前面章节介绍的乒乓球技战术分析理论与方法,本章节选取传统的三段法技战术评估指标,对世界优秀乒乓球运动员的单打比赛通过录像观察法进行技战术分析。例如,选取2023年世乒赛男子乒乓球比赛中樊振东对阵马龙的比赛,以上文描述的乒乓球比赛技战术行为状态空间观察指标为例,利用录像观察法进行比赛技战术数据的采集,将每位运动员在比赛过程中出现的技战术行为状态进行统计,结果如表5-4所示。

表5-4 樊振东对阵马龙比赛的技战术行为状态指标统计

	接发球A	接发球B	正手挑打A	正手挑打B	反手拧拉A	反手拧拉B	拉冲A	拉冲B	侧身拉冲A	侧身拉冲B
发球A	33			4	3			3		
发球B			3		11		2		1	
正手挑打A								3		
正手挑打B			2				1			
反手拧拉A						3		3		
反手拧拉B					3		1		1	
拉冲A										
拉冲B							1			
侧身拉冲A										
侧身拉冲B										
对攻A								2		
对攻B									1	
搓球A						1		6		1
搓球B			1	1	2		3			
被攻A										
被攻B										
追身A										
追身B										

	对攻A	对攻B	搓球A	搓球B	被攻A	被攻B	追身A	追身B	得分	失误
发球A			11						1	
发球B			9						2	
正手挑打A					1					2
正手挑打B			1							
反手拧拉A		7			1					5
反手拧拉B	6									6
拉冲A		3			1				1	1

续　表

	对攻A	对攻B	搓球A	搓球B	被攻A	被攻B	追身A	追身B	得分	失误
拉冲B	5				4				3	2
侧身拉冲A		3								
侧身拉冲B										
对攻A		24				2		2	4	13
对攻B	27				5				1	7
搓球A			7		1	1				
搓球B			8				1			
被攻A		4			1		1		1	2
被攻B	6			1						1
追身A		1			2					
追身B	1									

表5-4中每一行的各个单元格数值记录了比赛过程中各种技战术行为状态及其转移的次数,例如,在一个回合中,技战术行为状态及其可能的转移如下。

樊振东发球→马龙接发球(搓球技术)樊振东搓球→马龙拉球→樊振东对攻(失误,但球拍触及球),则技战术记录对应从左侧列表中"发球A"对应横列的"接球B",在两个内容交叉的单元格记为"1",接着从左侧列表中寻找B接发球使用的技术"搓球B",对应横列的"搓球A",在两个内容交叉的单元格记为"1",同样的方法对后续技术进行统计,当出现"樊振东对攻(失误,但球拍触及球)"的情况时,视为"樊振东对攻"技术失误,在左侧列表中找到"对攻A"对应横向列表中"失误"一栏,记为"1";若出现"樊振东对攻(失误,但球拍未触及球)"的情况时,由于最后一板球落在"马龙拉球"的技术上,则视为"马龙拉球"得分,在左侧列表中找到"拉冲B"对应横向列表中"得分"一栏,记为"1"。如此类推,记录目标场次比赛。最终将所有比赛数据进行汇总计算。

(三)比赛技战术状态转移概率矩阵的构建

根据技战术统计数据,计算出各个技战术状态及其从一个状态转移到另一个状态的概率,从而构建起比赛技战术状态转移概率矩阵,为后续的技战术诊断分析打下基础。

二、基于马尔可夫链模型的乒乓球比赛获胜概率和竞技效率值的计算

乒乓球比赛技战术状态转移概率矩阵不仅能概括地描述一场乒乓球比赛,而且当比赛的回合(或比赛片段)符合马尔可夫性和马尔可夫链2个特性时,该矩阵可以被理解为是对比赛过程技战术状态转移这一随机过程的描述,即马尔可夫链。此时,比赛的获胜概率可通过马尔可夫链模型进行计算(Lames,1991)。

（一）乒乓球比赛获胜概率和竞技效率值的计算

基于马尔可夫链模型的乒乓球比赛状态模拟诊断分析是通过技战术状态转移概率矩阵 T 和初始状态概率向量 P_0，计算出第 t 时间点的状态概率向量 P_t，从而获得比赛的获胜概率，并据此计算出各种比赛状态（技术或战术、击球站位、回球位置等）的竞技效率值，以此来确定各种比赛技战术状态对整场比赛胜负概率影响的大小。乒乓球比赛的技战术竞技效率值等于初始比赛状态转移概率矩阵计算出的获胜概率减去某一比赛状态改变后的转移概率矩阵计算出的获胜概率的差值（Lames，1991）。其计算方法和步骤如下：

（1）由初始比赛状态转移概率矩阵计算出比赛的获胜概率 SR_0（Lames，1991）；

（2）比赛中的某个比赛状态根据偏转公式提高或降低其初始转移概率，同时与此行相关的其他比赛状态依据补偿原理按比例降低或提高其初始转移概率，使矩阵的行转移概率总和始终为 1；

（3）对改变后的比赛状态转移概率矩阵重新计算比赛的获胜概率 SR_1；

（4）竞技效率值 CE：初始比赛状态转移概率矩阵计算的获胜概率 SR_0 减去某一比赛状态改变后的转移概率矩阵计算的获胜概率 SR_1，即 $CE = SR_0 - SR_1$。其绝对差值越大，表明该比赛状态对比赛获胜概率的影响就越大。

本章节中我们选取乒乓球比赛中常见的技战术动作、击球站位和回球落点等状态空间来构建乒乓球比赛马尔可夫技战术诊断模型。乒乓球比赛中技战术的使用是影响比赛结果和走势的关键因素，每一轮的比赛以发球状态开始，采取弧圈、对攻、被攻、挑打、削球等技战术动作。经历以上状态之间的互相转换，以得分或者失分作为一轮状态转移的结束。根据技战术统计数据生成状态转移概率矩阵，再根据马尔可夫链模型状态转移的可收敛性质和比赛初始状态向量，通过迭代可以计算求出本方运动员的获胜概率。

（二）状态之间转移的概率抖动计算

上文中乒乓球比赛技战术竞技效率值计算步骤中的第 2 步，需要根据偏转公式来提高或降低初始转移概率矩阵中某个比赛状态转移的概率值。本节利用以下两个公式来计算每两个状态之间转移的概率抖动，偏转公式如下：

$$\Delta(p) = C + B \times 4 \times p \times (1 - p)$$

根据经验值，$C = 0.01$，$B = 0.05$。根据该公式对于任意的两个状态之间的转移概率进行抖动，然后根据转移矩阵每行概率值之和为 1 的特性进行其他状态相应的概率变化调整。概率调整公式如下：

$$\Delta(pi) = -\frac{pi}{1 - p} \times \Delta(p)$$

状态转移概率抖动计算完毕后，重新根据新的状态转移概率矩阵 T 和初始状态概率向量 P_0 计算本方队员的比赛获胜概率，得到概率提升差值并记录。在每两个状态之间都进行了概率抖动和分析之后，选取对比赛获胜概率提升最大的前几个状态转移过程，反馈给乒乓球运动员和教练员，建议在比赛中对这几种状态之间的转移多加利用，在一定程度上可以提高比赛获胜的概率。

在乒乓球中,一次的击球动作可以视作为马尔可夫模型的一个状态,一个回合的比赛组成了一个马尔可夫链。马尔可夫具有可收敛的性质,收敛状态会向自身进行转移。在乒乓球比赛的模拟诊断过程中将得分状态定义为马尔可夫模型的收敛状态,根据本方得分还是对手得分,收敛状态一共有两个,即得分或失分。收敛状态表示了一个马尔可夫过程的结束,也就是一个回合的乒乓球比赛的结束。

对于一个马尔可夫模型,初始化向量表示了开始时刻各个比赛状态出现的概率。一个马尔可夫过程从一个初始化状态开始按照概率转移矩阵的规律进行转移,最终收敛于一个收敛状态。使用初始化向量与状态转移概率矩阵不断相乘的方法,可以模拟马尔可夫的状态转移过程,状态最终收敛于收敛状态。当具有多个不同的收敛状态时,根据初始化向量和状态转移概率矩阵可以求出每个收敛状态的概率。

乒乓球比赛中,初始化向量通常表示为双方均等发球的形式,状态转移概率矩阵描述了一场比赛中所有回合的状态转移情况,两者相乘可以得到通过马尔可夫模型预测的双方比赛获胜概率。因此,一定程度上说,乒乓球比赛中的状态转移概率矩阵反映了运动员的比赛战术运用理论。

乒乓球比赛获胜概率和竞技效率值是基于马尔可夫链模型的乒乓球比赛技战术模拟诊断分析中两个极其重要的概念,其重要性主要体现在以下几个方面:

(1)比赛获胜概率和竞技效率值能真实地反映双方运动员的技战术实力;

(2)比赛获胜概率既可以通过计算获得,也很容易通过比赛观察得到,进而可以通过两者之间的比较,以检验模型的马尔可夫性,即模型的有效性(Lames,1997);

(3)比赛获胜概率不仅可以在初始的(基于观察基础上的)比赛状态转移概率矩阵通过计算获得,而且还能够很容易地改变其中的某一项转移概率,再进行重新计算,并计算出竞技效率值(Lames,1997);

(4)竞技效率值能较好地反映运动员比赛中的技战术状态对比赛获胜概率影响的程度,从而开展有针对性的训练,提高运动员的技战术水平和比赛获胜概率。

第三节 基于马尔可夫链的乒乓球
比赛技战术诊断分析案例

基于马尔可夫链模型的数学模拟竞技诊断不仅可以对比赛中运动员(队)的技战术一般性规律和特点进行分析,而且还可以运用数学计算来确定各种比赛状态(技术或战术等)对整场比赛获胜概率的影响程度,从而有针对性地强化技战术训练,提高训练的效果和比赛成绩(姜丽丽,2022)。

由上文可知,基于马尔可夫链模型的数学模拟竞技诊断分析主要包括比赛技战术数据的采集、马尔可夫链诊断分析模型的构建,以及比赛获胜概率和竞技效率值的计算等环节,具体的步骤如下:

(1)定义技战术状态空间;

(2)收集比赛技战术数据;

（3）构建状态转移概率矩阵；

（4）计算状态概率向量 P_t；

（5）数据归一化处理；

（6）计算比赛的获胜概率和竞技效率值；

（7）分析比赛竞技行为。

本章选取 15 名世界优秀乒乓球运动员（2020~2023 年度世界排名前 50 名，均为右手横拍男子运动员）的 10 场高水平乒乓球比赛为例，具体介绍如何运用马尔可夫链模型，根据上文提出的 3 类比赛状态空间（技战术行为、击球站位、回球位置）对乒乓球比赛进行技战术诊断分析。

一、基于马尔可夫链的乒乓球比赛技战术诊断分析模型的构建

（一）构建比赛状态转移数据统计表格

比赛状态空间是描述乒乓球比赛过程中所有可能的技战术状态的集合。在构建乒乓球比赛状态转移的数据统计表格时，首先需要明确比赛过程中所有可能的技战术状态；然后再确定各种状态之间的转移关系；最后根据比赛状态空间和状态间的转移关系，构建乒乓球比赛状态转移的数据统计表格，为后续的数据采集及技战术专业概率矩阵的构建奠定基础。

据上文提出的乒乓球比赛 3 类比赛状态空间模型的定义（技战术行为、击球站位、回球位置）及其每类状态空间中各种状态间的转移关系，构建起 3 类比赛状态转移数据统计表格，如表 5-5、表 5-6、表 5-7 所示。

技战术行为转移分为：发球、接发球、正手挑打、反手拧拉、拉冲、侧身拉冲、对攻、搓球、被攻、追身等。

表 5-5　技战术行为状态转移数据统计表（空表）　　　　　单位：次

	接发球	正手挑打	反手拧拉	拉冲	侧身拉冲	对攻	搓球	被攻	追身	得分	失误
发球											
正手挑打											
反手拧拉											
拉冲											
侧身拉冲											
对攻											
搓球											
被攻											
追身											

击球站位转移分为：发球位置、接发球、正手位、反手位、侧身位等。

表 5 - 6 击球站位状态转移数据统计表 (空表) 单位: 次

	接发球	正手位	反手位	侧身位	得 分	失 误
发球位置						
正手位						
反手位						
侧身位						

回球位置转移分为: 发球方向、正手短球、正手长球、反手短球、反手长球及追身球等。

表 5 - 7 回球位置状态转移数据统计表 (空表) 单位: 次

	正手短球	正手长球	反手短球	反手长球	追身球	得 分	失 误
发球方向							
正手短球							
正手长球							
反手短球							
反手长球							
追身球							

(二) 采集比赛状态数据

对本章节选取的 15 名世界优秀乒乓球运动员的 10 场乒乓球比赛, 根据乒乓球比赛 3 类比赛状态空间模型的定义 (技战术行为、击球站位、回球位置) 进行比赛技战术数据的采集, 并汇总到相应的比赛状态转移数据统计表格中, 结果如表 5 - 8、表 5 - 9 和表 5 - 10 所示。

技战术行为状态转移分为发球、接发球、正手挑打、反手拧拉、拉冲、侧身拉冲、对攻、搓球、被攻、追身等。技战术行为状态转移数据统计汇总表 5 - 8 的左侧纵向列对应的是比赛中技战术状态的前一个状态 A, 横向列对应的是紧接在状态 A 之后的下一个状态 B。在技战术行为状态转移的数据采集过程中, 假设以"发球"为第一个状态, 当出现的第二个状态为"正手挑打"技术时, 找到左侧纵向列的"发球"状态与横向列的"正手挑打"状态交叉的单元格, 记录为"1"。继续观察比赛, 若"正手挑打"技术状态后出现"拉冲"技术状态, 找到相应的交叉的单元格, 记录为"1"。用同样的方法继续对后续的技术状态转移进行统计, 对所有单元格内出现的数据分别进行汇总, 即可得到技战术行为状态转移数据统计汇总表 5 - 8。

表 5－8　技战术行为状态转移数据统计汇总表　　　　　　　单位：次

	接发球	正手挑打	反手拧拉	拉冲	侧身拉冲	对攻	搓球	被攻	追身	得分	失误
发球	167	5	31				57			10	6
正手挑打		2	4			3	1	1		2	3
反手拧拉			10	19	3	48		17		10	25
拉冲			1	25	6	45		43	3	23	28
侧身拉冲						12		13	1	6	9
对攻			4	12	9	162		11	5	18	65
搓球		7	29	58	13	1	72	1	2	9	13
被攻			1	24	1	26		11	2	11	19
追身				2	3	3		6	1	2	1

　　击球站位状态转移分为发球位置、接发球、正手位、反手位、侧身位等。击球站位状态转移数据统计汇总表 5－9 的左侧纵向列对应的是击球站位状态为比赛中前一个状态 A，横向列对应的是紧接在状态 A 之后的下一个状态 B。在击球站位状态转移的数据采集过程中，假设以"正手位"为第一个状态，当出现的第二个状态为"反手位"站位状态时，找到左侧纵向列的"正手位"状态与横向列的"反手位"状态交叉的单元格，记录为"1"。继续观察比赛，若"反手位"站位状态后出现"侧身位"状态，找到相应的单元格，记录为"1"。用同样的方法继续对后续的击球站位状态转移进行统计，对所有单元格内出现的数据分别进行汇总，即可得到击球站位状态转移数据统计汇总表 5－9。

表 5－9　击球站位状态转移数据统计汇总表　　　　　　　单位：次

	接发球	正手位	反手位	侧身位	得分	失误
发球位置	167	35	58		10	6
正手位		131	129	30	49	39
反手位		82	207	33	47	91
侧身位		18	34	7	13	11

　　回球位置状态转移分为发球方向、正手短球、正手长球、反手短球、反手长球及追身球等。回球位置状态转移的数据统计汇总表 5－10 的左侧纵向列对应的是回球位置状态为比赛中前一个状态 A，横向列对应的是紧接在状态 A 之后的下一个状态 B。在回球位置状态转移的数据采集过程中，假设以"正手长球"为第一个状态，当出现的第二个状态为"反手短球"状态时，找到左侧纵向列的"正手长球"状态与横向列的"反手短球"状态交叉的单元格，记录为"1"。继续观察比赛，若"反手短球"站位状态后出现"反手长球"状态，找到相应的单元格，记录为"1"。用同样的方法继续对后续的回球位置状态转移进行统计，对所有单元格内出现的数据分别进行汇总，即可得到回球位置状态转移数据统计汇总表 5－10。

表 5 - 10 回球位置状态转移数据统计汇总表

单位：次

	正手短球	正手长球	反手短球	反手长球	追身球	得 分	失 误
发球方向	167	43	13	12	25	10	6
正手短球		48	26	12	77	22	11
正手长球	2	58			73	25	30
反手短球	8	4	7		25	11	12
反手长球		78	2		199	36	81
追身球	3	10			20	4	10

（三）构建比赛状态转移概率矩阵表

将上文收集到的 3 个比赛状态转移数据统计汇总表格中的数据进行整理，将单元格中的数值转换为概率百分比，构建 3 类比赛状态转移观察模型的状态转移概率矩阵表。根据马尔可夫链的归一性原则，状态转移概率矩阵表中每一行的所有概率数据之和应该为 1。本节选取"技战术行为状态空间转移"为例，介绍状态转移概率矩阵表的构建方法。

表 5 - 11 为比赛中发球技术状态转移到其他技术状态的数据统计表，其初始技术状态为"发球"，单元格内各项数值分别代表"发球-接发球状态转移的总次数""发球-正手挑打状态转移的总次数""发球-反手拧拉状态转移的总次数"……"发球-失误状态转移的总次数"。

表 5 - 11 发球技术状态转移数据统计表

单位：次

	接发球	正手挑打	反手拧拉	拉冲	侧身拉冲	对攻	搓球	被攻	追身	得分	失误
发球	167	5	31				57			10	6

首先，以发球为起始状态，计算发球状态转移到其他状态的次数总和：

"发球→接发球"+"发球→正手挑打"+"发球→反手拧拉"+…+"发球→失误"=次数总和（总次数），即：

$167+5+31+57+10+6=276$（次）。

然后，计算"发球"状态转为其他状态的概率百分比=状态转移次数/总次数×100：

"发球"转为"接发球"状态概率百分比为：167/276＝60.51%；

"发球"转为"正手挑打"状态概率百分比为：5/276＝1.81%；

"发球"转为"反手拧拉"状态概率百分比为：31/276＝11.23%；

"发球"转为"搓球"状态概率百分比为：57/276＝20.65%；

"发球"转为"得分"状态概率百分比为：10/276＝3.62%；

"发球"转为"失误"状态概率百分比为：6/276＝2.17%。

最后,根据上面的计算方法,计算出其他比赛状态转移的概率百分比,即可构建出技战术行为状态转移概率矩阵表,如表 5 - 12 所示。

表 5 - 12　技战术行为状态转移概率矩阵表

	接 发 球	正手挑打	反手拧拉	拉　冲	侧身拉冲	对　攻
发球	0.6051	0.0181	0.1123	0.0000	0.0000	0.0000
正手挑打	0.0000	0.1250	0.0000	0.2500	0.0000	0.1875
反手拧拉	0.0000	0.0000	0.0758	0.1439	0.0227	0.3636
拉冲	0.0000	0.0000	0.0057	0.1437	0.0345	0.2586
侧身拉冲	0.0000	0.0000	0.0000	0.0000	0.0000	0.2927
对攻	0.0000	0.0000	0.0140	0.0420	0.0315	0.5664
搓球	0.0000	0.0341	0.1415	0.2829	0.0634	0.0049
被攻	0.0000	0.0000	0.0105	0.2526	0.0105	0.2737
追身	0.0000	0.0000	0.0000	0.1111	0.1667	0.1667

	搓　球	被　攻	追　身	得　分	失　误
发球	0.2065	0.0000	0.0000	0.0362	0.0217
正手挑打	0.0625	0.0625	0.0000	0.1250	0.1875
反手拧拉	0.0000	0.1288	0.0000	0.0758	0.1894
拉冲	0.0000	0.2471	0.0172	0.1322	0.1609
侧身拉冲	0.0000	0.3171	0.0244	0.1463	0.2195
对攻	0.0000	0.0385	0.0175	0.0629	0.2273
搓球	0.3512	0.0049	0.0098	0.0439	0.0634
被攻	0.0000	0.1158	0.0211	0.1158	0.2000
追身	0.0000	0.3333	0.0556	0.1111	0.0556

用同样的数据处理方法,也可以构建起其他 2 类比赛状态空间转移(击球站位、回球位置)的状态转移概率矩阵表,如表 5 - 13 和表 5 - 14 所示。

表 5 - 13　击球站位状态转移概率矩阵表

	接 发 球	正 手 位	反 手 位	侧 身 位	得　分	失　误
发球位置	0.6051	0.1268	0.2101	0.0000	0.0362	0.0217
正手位	0.0000	0.3466	0.3413	0.0794	0.1296	0.1032
反手位	0.0000	0.1783	0.4500	0.0717	0.1022	0.1978
侧身位	0.0000	0.2169	0.4096	0.0843	0.1566	0.1325
得分	0.0000	0.0000	0.0000	0.0000	1.0000	0.0000
失误	0.0000	0.0000	0.0000	0.0000	0.0000	1.0000

表 5－14　回球位置状态转移概率矩阵表

	正手短球	正手长球	反手短球	反手长球	追身球	得　分	失　误
发球方向	0.1558	0.0471	0.0435	0.0906	0.0000	0.0362	0.0217
正手短球	0.2275	0.1232	0.0569	0.3649	0.0711	0.1043	0.0521
正手长球	0.0104	0.3005	0.0000	0.3782	0.0259	0.1295	0.1554
反手短球	0.1143	0.0571	0.1000	0.3571	0.0429	0.1571	0.1714
反手长球	0.0000	0.1893	0.0049	0.4830	0.0388	0.0874	0.1966
追身球	0.0556	0.1852	0.0000	0.3704	0.1296	0.0741	0.1852

（四）编写计算比赛获胜概率的 Python 程序代码

以比赛技战术行为状态空间转移为例,根据表 5－12 中的初始比赛技战术行为状态转移概率矩阵表和初始的技战术状态概率分布向量,使用 Visual Studio Code 软件平台编写 Python 程序代码,将初始比赛技战术行为状态转移概率矩阵表转换为 Python 代码形式,并计算比赛获胜概率,Python 程序代码如下:

```
import numpy as np
#状态转移概率矩阵 T
T＝np.array（[
[0.6051, 0.0181, 0.1123, 0.0000, 0.0000, 0.0000, 0.2065, 0.0000, 0.0000, 0.0362, 0.0217],
[0.0000, 0.1250, 0.0000, 0.2500, 0.0000, 0.1875, 0.0625, 0.0625, 0.0000, 0.1250, 0.1875],
[0.0000, 0.0000, 0.0758, 0.1439, 0.0227, 0.3636, 0.0000, 0.1288, 0.0000, 0.0758, 0.1894],
[0.0000, 0.0000, 0.0057, 0.1437, 0.0345, 0.2586, 0.0000, 0.2471, 0.0172, 0.1322, 0.1609],
[0.0000, 0.0000, 0.0000, 0.0000, 0.0000, 0.2927, 0.0000, 0.3171, 0.0244, 0.1463, 0.2195],
[0.0000, 0.0000, 0.0140, 0.0420, 0.0315, 0.5664, 0.0000, 0.0385, 0.0175, 0.0629, 0.2273],
[0.0000, 0.0341, 0.1415, 0.2829, 0.0634, 0.0049, 0.3512, 0.0049, 0.0098, 0.0439, 0.0634],
[0.0000, 0.0000, 0.0105, 0.2526, 0.0105, 0.2737, 0.0000, 0.1158, 0.0211, 0.1158, 0.2000],
[0.0000, 0.0000, 0.0000, 0.1111, 0.1667, 0.1667, 0.0000, 0.3333, 0.0556, 0.1111, 0.0556],
[0.0000, 0.0000, 0.0000, 0.0000, 0.0000, 0.0000, 0.0000, 0.0000, 0.0000, 1.0000, 0.0000],
[0.0000, 0.0000, 0.0000, 0.0000, 0.0000, 0.0000, 0.0000, 0.0000, 0.0000, 0.0000, 1.0000]
]）
terminal_state＝9
#初始状态向量 P
initial_state_vector＝np.zeros（11）
initial_state_vector[0]＝1
count＝0
previous_state_vector＝initial_state_vector.copy（）
```

```
current_state_vector = np.dot( previous_state_vector, T)
print( initial_state_vector)
print( current_state_vector)
sr = abs( current_state_vector[9])    #获胜概率
lr = abs( current_state_vector[10])
while ( sr+lr) <0.999:
    previous_state_vector = current_state_vector.copy( )
    current_state_vector = np.dot( previous_state_vector, T)
    sr = abs( current_state_vector[9])
    lr = abs( current_state_vector[10])
    count+ = 1
    print( "迭代次数: ", count)
    print( SR, LR)
winning_probability = current_state_vector[ terminal_state]
print( current_state_vector)
print( "获胜概率: ", winning_probability)
```

注：计算其他 2 类状态空间转移的比赛获胜概率 Python 程序代码类似，只需修改代码中的状态转移概率矩阵 T 和初始状态向量 P 即可。

（五）计算比赛获胜概率

输入初始状态概率向量（P_0）和初始状态转移概率矩阵（T_0），运行 Python 程序，计算初始状态转移概率矩阵 T_0 对应的获胜概率 SR_0。经过 24 次迭代，程序运行结果如下：

初始概率向量为：$P_0 = [1., 0., 0., 0., 0., 0., 0., 0., 0., 0., 0.]$。

初始状态转移概率矩阵：$T_0 = T$。

迭代次数：24。

运算后的概率向量为：$P_{24} = [0.6051, 0.0181, 0.1123, 0., 0., 0., 0.2065, 0., 0., 0.0362, 0.0217]$。

获胜概率 SR：0.3702063656920821。因此，初始状态转移概率矩阵 T_0 的对应的获胜概率 SR_0 为 0.3702（保留四位小数）。

（六）调整状态转移概率，计算新的状态转移概率矩阵对应的获胜概率

根据状态转移概率调整偏转公式（5－7）（Lames，1991）提高或降低初始比赛状态转移概率矩阵 T_0 中某个比赛状态转移的概率，根据马尔可夫链的归一性原则（状态转移概率矩阵表中每一行的所有概率之和应该为 1）和补偿原理，在状态转移概率矩阵 T_0 的此行中降低或提高与此状态相关的其他比赛状态转移的概率，以确保矩阵中该行转移概率的总和始终为 1，从而得到新的比赛状态转移概率矩阵 T_1。偏转公式（Lames，1991）如下：

$$Y = 0.01 + 0.05 \times 4 \times (1 - X)$$

以"正手挑打-拉冲状态"为例,初始状态转移概率矩阵 T_0 中,"正手挑打-拉冲"状态的概率为 0.2500,通过偏转公式调减该状态转移"正手挑打-拉冲"的概率值为 0.0475,根据概率总和始终为 1 的原则,将其他相关状态转移"正手挑打-对攻状态"的概率由原来的 0.1875 调增为 0.3900,因此,初始比赛状态转移概率矩阵 T_0 调整为新的概率矩阵 T_1,具体如下:

初始乒乓球比赛状态转移概率矩阵 T_0 的第二行为(为简略起见只列出状态转移概率矩阵中变化的行):

$$[0.0000, 0.1250, 0.0000, \mathbf{0.2500}, 0.0000, \mathbf{0.1875},$$
$$0.0625, 0.0625, 0.0000, 0.1250, 0.1875]。$$

调整后新的乒乓球比赛状态转移概率矩阵 T_1 的第二行为:

$$[0.0000, 0.1250, 0.0000, \mathbf{0.4750}, 0.0000, \mathbf{0.3900},$$
$$0.0625, 0.0625, 0.0000, 0.1250, 0.1875]。$$

将新的比赛状态转移概率矩阵 T_1 输入到 Python 程序代码中运算,得到调整后的比赛状态转移概率矩阵 T_1 对应的新的比赛获胜概率 SR_1 为:0.3686(保留四位小数)。

（七）计算比赛的竞技效率值

用初始比赛状态转移概率矩阵 T_0 计算出的获胜概率 SR_0 减去比赛状态转移概率调整后的新的状态转移概率矩阵 T_1 计算出的获胜概率 SR_1,得到乒乓球比赛的竞技效率值,其绝对差值越大,表明该项比赛状态对运动员比赛获胜概率的影响就越大。

$$竞技效率值 = 0.3702 - 0.3686 = 0.001573(0.1573\%)。$$

（八）分析比赛竞技行为

运用上面的方法可以计算出各种比赛状态转移的竞技效率值,通过对比分析可以得出各种技战术状态转移对比赛获胜概率的影响程度,从而为运动员的训练和比赛提供指导。

二、基于马尔可夫链的乒乓球比赛技战术诊断应用案例分析

对选取的 15 名世界优秀乒乓球运动员的 10 场高水平比赛,根据上文基于 3 类乒乓球比赛状态空间转移构建的马尔可夫链模型,介绍如何运用马尔可夫链模型进行乒乓球比赛的技战术诊断分析应用案例。

（一）基于技战术行为状态转移的马尔可夫链模型技战术诊断分析

表 5-15 为 10 场世界级男子乒乓球比赛所有的技战术行为状态转移概率矩阵表。例如,"发球状态"有 60.51% 的概率转为"接发球"状态,"反手拧拉"技术有 36.36% 的概率转为"对攻"状态,"拉冲"状态有 14.37% 的概率转为"拉冲"、25.86% 的概率转为"对攻"、24.71% 的概率转为"被攻"状态、13.22% 的概率直接得分、16.09% 的概率出现失误而失分。

表 5-15　10 场世界级男子乒乓球比赛的技战术行为状态转移概率矩阵表

	接发球	正手挑打	反手拧拉	拉冲	侧身拉冲	对攻	搓球	被攻	追身	得分	失误
发球	60.51%	1.81%	11.23%				20.65%			3.62%	2.17%
正手挑打		12.50%		25.00%		18.75%	6.25%	6.25%		12.50%	18.75%
反手拧拉			7.58%	14.39%	2.27%	36.36%		12.88%		7.58%	18.94%
拉冲			0.57%	14.37%	3.45%	25.86%		24.71%	1.72%	13.22%	16.09%
侧身拉冲						29.27%		31.71%	2.44%	14.63%	21.95%
对攻			1.40%	4.20%	3.15%	56.64%		3.85%	1.75%	6.29%	22.73%
搓球		3.41%	14.15%	28.29%	6.34%	0.49%	35.12%	0.49%	0.98%	4.39%	6.34%
被攻			1.05%	25.26%	1.05%	27.37%		11.58%	2.11%	11.58%	20.00%
追身				11.11%	16.67%	16.67%		33.33%	5.56%	11.11%	5.56%

根据表 5-15 可知,各技战术行为的直接得分率均小于失误率,说明在乒乓球比赛中,运动员是通过本方高质量的回球造成对方失误得分。其中,侧身拉冲技术直接得分率最高(14.63%),其次依次是拉冲技术、正手挑打技术,直接得分率分别为 13.22% 和 12.50%。

在各项技战术行为的失误率方面,对攻技术的失误率最高(22.73%),其次分别是侧身拉冲技术与被攻,失误率分别为 21.95% 和 20.00%。上述结果表明,在乒乓球比赛中主动发起进攻技术存在着一定的风险,有较高的得分率,同时也有较高的失分率。其中,进攻意图更为明显的侧身拉冲技术直接得分率更高,而双方在相持状态时更容易造成失误,说明在比赛中,提高相持阶段的稳定性比较重要。

从表 5-15 还可以看出,技战术行为状态从"对攻-对攻"转移的概率值最大,为 56.64%,其次是"反手拧拉-对攻""搓球-搓球"的状态转移,转移概率分别为 36.36%、35.12%。这表明,在乒乓球比赛中,相持阶段多以反手拧拉、搓球技术为主,以侧身拉冲及主动进攻为主要进攻手段。

运用状态转移概率调整偏转公式,对技战术状态转移概率矩阵中各种比赛技战术状态转移的概率进行调整,从而计算各个技战术状态转移的比赛获胜概率和竞技效率值,以此反映该状态转移对比赛获胜概率的影响程度。

本章节我们将根据当前国际主流的乒乓球技战术打法及各种技战术对乒乓球比赛获胜概率影响的经验分析,选取不同的比赛技战术状态转移概率调整策略,计算相应的比赛获胜概率和竞技效率值,进而对乒乓球比赛的技战术竞技行为进行诊断分析。

1. "正手挑打→拉冲"状态转移的技战术诊断分析

研究表明,正手挑打和拉冲技术都是当前乒乓球比赛中使用较多的技术。在乒乓球比赛中,运动员在使用正手挑打技术后需要快速还原站位进入对攻状态,而正手挑打技术质量的高低决定着运动员后续对攻状态的优劣势。如果正手挑打的质量较高,那么在对攻阶段运动员可能会占据主导地位,如果正手挑打的质量较低,那么在对攻阶段可能会处于劣势。同时,根据表 5-15 技战术行为状态转移概率矩阵表可知,"正手挑打→拉冲"技战术行为转移概率是这一行中最高的(25%)。这说明面对对手的正手挑打技术,多数运动员选择拉冲技术进行回击,因此,我们选取"正手挑打→拉冲"技术状态转移,通过调整"正手挑打→拉冲"的状态转移概率,分析其状态转移对运动员比赛获胜概率的影响具有重要意义。

(1) 计算初始状态转移概率矩阵 T_0 对应的获胜概率 SR_0:输入技战术初始状态概率分布向量 P_0 和"正手挑打→拉冲"状态转移概率调整之前的初始状态转移概率矩阵 T_0,运行 Python 程序,计算初始状态转移概率矩阵对应的获胜概率 SR。

初始状态转移概率矩阵 T_0

$= [0.6051, 0.0181, 0.1123, 0.0000, 0.0000, 0.0000, 0.2065,$
$\quad 0.0000, 0.0000, 0.0362, 0.0217],$

$[0.0000, 0.1250, 0.0000, 0.2500, 0.0000, 0.1875, 0.0625,$
$\quad 0.0625, 0.0000, 0.1250, 0.1875],$

$[0.0000, 0.0000, 0.0758, 0.1439, 0.0227, 0.3636, 0.0000,$
$\quad 0.1288, 0.0000, 0.0758, 0.1894],$

$[0.0000, 0.0000, 0.0057, 0.1437, 0.0345, 0.2586, 0.0000,$
$\quad 0.2471, 0.0172, 0.1322, 0.1609],$

$[0.0000, 0.0000, 0.0000, 0.0000, 0.0000, 0.2927, 0.0000,$
$\quad 0.3171, 0.0244, 0.1463, 0.2195],$

$[0.0000, 0.0000, 0.0140, 0.0420, 0.0315, 0.5664, 0.0000,$
$\quad 0.0385, 0.0175, 0.0629, 0.2273],$

$[0.0000, 0.0341, 0.1415, 0.2829, 0.0634, 0.0049, 0.3512,$
$\quad 0.0049, 0.0098, 0.0439, 0.0634],$

$[0.0000, 0.0000, 0.0105, 0.2526, 0.0105, 0.2737, 0.0000,$
$\quad 0.1158, 0.0211, 0.1158, 0.2000],$

$[0.0000, 0.0000, 0.0000, 0.1111, 0.1667, 0.1667, 0.0000,$
$\quad 0.3333, 0.0556, 0.1111, 0.0556],$

$$[0.0000, 0.0000, 0.0000, 0.0000, 0.0000, 0.0000, 0.0000,$$
$$0.0000, 0.0000, 1.0000, 0.0000],$$
$$[0.0000, 0.0000, 0.0000, 0.0000, 0.0000, 0.0000, 0.0000,$$
$$0.0000, 0.0000, 0.0000, 1.0000]。$$

初始概率向量为 $\boldsymbol{P}_0 = [1., 0., 0., 0., 0., 0., 0., 0., 0., 0., 0.]$。

程序运行结果如下:

迭代次数: 24。

运算后的概率向量为:

$$\boldsymbol{P}_{24} = [3.51300545e-06, 3.41344964e-07, 1.43781224e-05, 8.86013223e-05,$$
$$3.20356487e-05, 4.72177957e-04, 2.94118949e-06, 9.87885323e-05,$$
$$1.93863535e-05, 3.70206366e-01, 6.28865709e-01]。$$

获胜概率 SR_0: 0.3702063656920821。因此,初始状态概率矩阵 T_0 的对应的获胜概率 SR_0 为 0.3702(保留四位小数)。注: 因为 $\boldsymbol{P}_0$ 和 T_0 都与上节相同,所以运行的结果也与上节相同。

(2) 计算"正手挑打→拉冲"状态转移概率调整后的比赛获胜概率: ① 计算状态转移概率增量。根据偏转计算公式,将正手挑打转至拉冲("正手挑打→拉冲")的状态转移概率代入偏转公式,计算出需要调整的转移概率增量,调整"正手挑打"状态转为"拉冲"状态的概率值: 增量计算结果为: $0.01+0.05\times4\times(1-0.1875)=0.0475$。② 根据增量值 0.0475,调整后的"正手挑打→拉冲"状态的新概率为 0.2975。③ 同时,降低与拉冲状态相关的"对攻"状态("正手挑打→对攻")的转移概率,得到"正手挑打→对攻"状态的新概率值为 0.1400。④ 将调整后的新的状态概率输入技战术状态转移概率矩阵的 Python 代码中,重新运行程序,得出概率调整后的比赛获胜概率。

初始乒乓球比赛状态转移概率矩阵 T_0 的第二行概率值为:

$$[0.0000, 0.1250, 0.0000, \mathbf{0.2500}, 0.0000, \mathbf{0.1875},$$
$$0.0625, 0.0625, 0.0000, 0.1250, 0.1875],$$

调整后的比赛状态转移概率矩阵 T_1 的第二行为:

$$[0.0000, 0.1250, 0.0000, \mathbf{0.2975}, 0.0000, \mathbf{0.1400},$$
$$0.0625, 0.0625, 0.0000, 0.1250, 0.1875],$$

程序运算后输出的比赛获胜概率 SR_1: 0.3705754532290262。因此,调整后的状态概率矩阵 T_1 的对应的获胜概率 SR_1 为 0.3705(保留四位小数)。⑤ 根据竞技效率值计算公式,计算"正手挑打→拉冲"状态转移的竞技效率值: 竞技效率值=初始获胜概率-调整后的获胜概率=37.02%-37.05%=-0.03%。

根据以上结果可知,增加"正手挑打→拉冲"的状态转移概率,同时减少"正手挑打→对攻"的状态转移概率,比赛获胜概率由原来的 37.02% 提升为 37.05%,"正手挑打→拉冲"技术状态转移的比赛竞技效率值为 0.03%。这说明当对手使用正手挑打技术击球,本方使用拉冲技术进行回击的获胜概率较低,在比赛中可以使用其他技战术。

2.“正手挑打→得分”状态转移的技战术诊断分析

“正手挑打→得分”状态转移概率是指运用正手挑打技术获得制胜分的次数,该状态转移的获胜概率和竞技效率值提升意味着运动员在比赛中运用正手挑打技术的回球质量和得分率均较高;反之却意味着较低。因此,有必要分析“正手挑打→得分”状态转移的获胜概率和竞技效率值,以指导运动员在比赛中对该技术的使用。

(1)计算初始状态转移概率矩阵对应的获胜概率:根据本节介绍的方法,计算出初始状态概率矩阵对应的获胜概率 SR_0 为 0.3702(保留四位小数)。

(2)计算“正手挑打→得分”状态转移概率调整后的比赛获胜概率:根据偏转公式,计算“正手挑打→得分”状态转移概率的调整量为 0.0319,同时降低与得分状态相关的“失分”状态(“正手挑打→失分”)的转移概率,从而得到调整后的“得分”状态的新概率值为 0.1569,“失分”状态的新概率值为 0.1556,将调整后的状态概率代入技战术状态转移概率矩阵的 Python 代码中重新运算,得到调整后的比赛获胜概率。

初始乒乓球比赛状态转移概率矩阵 T_0 第二行的概率值为:

$$[0.0000, 0.1250, 0.0000, 0.2500, 0.0000, 0.1875,$$
$$0.0625, 0.0625, 0.0000, \mathbf{0.1250}, \mathbf{0.1875}],$$

调整后乒乓球比赛状态转移概率矩阵 T_1 第二行的概率值为:

$$[0.0000, 0.1250, 0.0000, 0.2500, 0.0000, 0.1875,$$
$$0.0625, 0.0625, 0.0000, \mathbf{0.1569}, \mathbf{0.1556}],$$

新的获胜概率 SR_1:0.3728893816896482。因此,调整后的状态转移概率矩阵 T_1 对应的获胜概率 SR_1 为 0.3729(保留四位小数)。

(3)根据竞技效率值计算公式,计算“正手挑打→得分”状态转移的竞技效率值:竞技效率值 = 37.02% - 37.29% = -0.27%。

根据上述结果可知,增加“正手挑打→得分”的状态转移概率,比赛获胜概率将由原来的 37.02% 升为 37.29%,说明正手挑打技术具有一定的得分优势,而竞技效率值为 0.27% 表示“正手挑打→得分”技术转移的竞技效率值对比赛的走向具有一定的积极影响。“正手挑打→得分”状态转移概率增加,比赛获胜概率也随之而增加,说明在比赛中,提高正手挑打技术的制胜分有助于赢得比赛。

3.“正手挑打→失分”状态转移的技战术诊断分析

“正手挑打→失分”状态转移概率是指运用正手挑打技术出现失误失分的频数,该状态的失分率增高意味着运动员需要更加稳定地高质量回球,通过对比分析正手挑打技术的得分状态及失分状态的竞技效率值,分析在比赛中面对正手挑打技术,进攻和防守技术对比赛的影响。

(1)计算初始状态转移概率矩阵对应的获胜概率:根据本节介绍的方法,计算出初始状态转移概率矩阵 T_0 对应的获胜概率 SR_0 为:0.3702(保留四位小数)。

(2)计算“正手挑打→失分”状态转移概率调整后的比赛获胜概率:根据偏转公式,

计算"正手挑打→失分"状态转移概率的调整量为 0.1875,同时降低与得分状态相关的"得分"状态("正手挑打→得分")的转移概率,从而得到调整后的"得分"状态的新概率值为 0.2280,"失分"状态的新概率值为 0.0845,将调整后的状态概率代入技战术状态转移概率矩阵的 Python 代码中重新运算,得到调整后的比赛获胜概率。

初始乒乓球比赛状态转移概率矩阵 T_0 第二行的概率值为:

$$[0.0000, 0.1250, 0.0000, 0.2500, 0.0000, 0.1875,$$
$$0.0625, 0.0625, 0.0000, \mathbf{0.1250}, \mathbf{0.1875}],$$

调整后乒乓球比赛状态转移概率矩阵 T1 第二行的概率值为:

$$[0.0000, 0.1250, 0.0000, 0.2500, 0.0000, 0.1875,$$
$$0.0625, 0.0625, 0.0000, \mathbf{0.0845}, \mathbf{0.2280}],$$

新的获胜概率 SR_1:0.3668000287672723。因此,调整后的状态转移概率矩阵 T_1 对应的获胜概率 SR_1 为 0.3668(保留四位小数)。

(3)根据竞技效率值计算公式,计算"正手挑打→失分"状态转移的竞技效率值:竞技效率值 = 37.02% − 36.68% = 0.34%。

根据上述结果可知,增加"正手挑打→失分"的状态转移概率,同时减少"正手挑打→得分"的获胜概率,比赛获胜概率将由原来的 37.02% 降为 36.68%,而竞技效率值为 0.34%,"正手挑打→失分"状态转移概率增加,比赛获胜概率却反而降低,这说明,在比赛中,使用正手挑打技术造成的失误对比赛的获胜概率有一定概率降低比赛的获胜概率,要降低正手挑打技术造成的失误率。

4. "反手拧拉→对攻"状态转移的技战术诊断分析

在乒乓球比赛中,"反手拧拉"技术使用率较高,该技术在比赛中既可用于进攻也可用于防守。根据表 5 − 15 技战术行为状态转移概率矩阵表可知,"反手拧拉→对攻"、"反手拧拉→拉冲"和"反手拧拉→反手拧拉"等状态转移的概率较高,分别为 36.36%、14.39%、7.58%。因此,我们选取"反手拧拉"技术状态转移到其他几种使用率较高的技术状态,通过调整不同技术状态转移的概率,计算相应的比赛获胜概率及竞技效率值,进而分析面对反手拧拉技术动作,选择不同技术状态进行回击对运动员比赛获胜概率的影响程度。

"对攻"技术是描述双方运动员都有一定的进攻意图,但也有一定的防守意识的一种比赛技战术状态。对比"对攻"技术与其他技术对比赛获胜概率的影响程度,探究在面对反手拧拉技术时,如何选择更合适的技术以增加比赛的胜率具有重要的指导意义。

(1)计算初始状态转移概率矩阵对应的获胜概率:根据本节介绍的方法,计算出初始状态概率矩阵对应的获胜概率 SR_0 为 0.3702(保留四位小数)。

(2)计算"反手拧拉→对攻"状态转移概率调整后的比赛获胜概率:根据偏转公式,计算"反手拧拉→对攻"状态转移概率的调整量为 0.0563,同时降低与对攻状态相关的"被攻"状态("反手拧拉→被攻")的转移概率,从而得到调整后的"对攻"状态的新概率值为 0.4199,"被攻"状态的新概率值为 0.0725,将调整后的状态概率代入技战术状态转移概率矩阵的 Python 代码中重新运算,得到调整后的比赛获胜概率。

初始状态转移概率矩阵 T_0 第三行的概率值为:

$$[0.0000, 0.0000, 0.0758, 0.1439, 0.0227, \mathbf{0.3636},$$
$$0.0000, \mathbf{0.1288}, 0.0000, 0.0758, 0.1894],$$

调整后乒乓球比赛状态转移概率矩阵 T_1 第三行的概率值为:

$$[0.0000, 0.0000, 0.0758, 0.1439, 0.0227, \mathbf{0.4199},$$
$$0.0000, \mathbf{0.0725}, 0.0000, 0.0758, 0.1894],$$

新的获胜概率 SR_1: 0.368414974916708。因此,调整后的状态转移概率矩阵 T_1 对应的获胜概率 SR_1 为 0.3684(保留四位小数)。

（3）根据竞技效率值计算公式,计算"反手拧拉→对攻"状态转移的竞技效率值: 竞技效率值 = 37.02%-36.84% = 0.18%。

根据上述结果可知,增加"反手拧拉→对攻"的状态转移概率,同时降低"反手拧拉→被攻"的状态转移概率,比赛获胜概率将由原来的 37.02% 降为 36.84%,相应的竞技效率值为 0.18%。这表明"反手拧拉→对攻"的技术状态转移对比赛的竞技效率值具有一定的负面影响。"反手拧拉→对攻"状态转移概率增加,比赛获胜概率却反而下降,说明在面对反手拧拉技术时,使用对攻技术可能会增加比赛的失分率,从而导致比赛获胜概率的降低。

5. "反手拧拉→拉冲"状态转移的技战术诊断分析

在乒乓球比赛中,拉冲技术的进攻意图明显。根据表 5 - 15 技战术行为状态转移概率矩阵表可知,"反手拧拉→拉冲"的技战术行为转移概率也比较最高（14.39%）,说明"拉冲"技术是多数运动员面对"反手拧拉"时选择的技术动作,因此通过调整"正手挑打→拉冲"的状态转移概率,计算相应的获胜概率及竞技效率值,分析其对比赛获胜概率的影响,研究如何更好地应对反手拧拉技术具有重要意义。

（1）计算初始状态转移概率矩阵对应的获胜概率:根据本节介绍的方法,计算出初始状态概率矩阵对应的获胜概率 SR_0 为 0.3702(保留四位小数)。

（2）计算"反手拧拉→拉冲"状态转移概率调整后的比赛获胜概率:根据偏转公式,计算"反手拧拉→拉冲"状态转移概率的调整量为 0.0346,同时降低与拉冲状态相关的"对攻"状态（"反手拧拉→对攻"）的转移概率,从而得到调整后的"拉冲"状态的新概率值为 0.1785,"对攻"状态的新概率值为 0.3290,将调整后的状态概率代入技战术状态转移概率矩阵的 Python 代码中重新运算,得到调整后的比赛获胜概率。

初始状态转移概率矩阵 T_0 第三行的概率值为:

$$[0.0000, 0.0000, 0.0758, \mathbf{0.1439}, 0.0227, \mathbf{0.3636},$$
$$0.0000, 0.1288, 0.0000, 0.0758, 0.1894],$$

调整后乒乓球比赛状态转移概率矩阵 T_1 第三行的概率值为:

$$[0.0000, 0.0000, 0.0758, \mathbf{0.1785}, 0.0227, \mathbf{0.3290},$$
$$0.0000, 0.1288, 0.0000, 0.0758, 0.1894],$$

新的获胜概率 SR_1：0.3716610326029698。因此，调整后的状态转移概率矩阵 T_1 对应的获胜概率 SR1 为 0.3717（保留四位小数）。

（3）根据竞技效率值计算公式，计算"反手拧拉→拉冲"状态转移的竞技效率值：竞技效率值 = 37.02% − 37.17% = −0.15%。

根据上述结果可知，增加"反手拧拉→拉冲"的状态转移概率，同时降低"反手拧拉→对攻"的状态转移概率，比赛获胜概率将由原来的 37.02% 升为 37.17%，相应的竞技效率值为 0.15%。这说明"反手拧拉→拉冲"的状态转移对比赛的竞技效率值具有一定的积极影响。"反手拧拉→拉冲"状态转移概率增加，比赛获胜概率也随之增加，说明在比赛中面对"反手拧拉"技术，增加"拉冲"技术的使用，一定程度上会提升比赛的获胜概率。

6. "反手拧拉→得分"状态转移的技战术诊断分析

"反手拧拉→得分"状态转移概率是指运用反手拧拉技术获得制胜分的次数，该状态转移的获胜概率和竞技效率值提升意味着运动员在比赛中运用反手拧拉技术的回球质量和得分率均较高；反之却意味着较低。因此，有必要分析"反手拧拉→得分"状态转移的获胜概率和竞技效率值，以帮助运动员在比赛中正确使用该技术。

（1）计算初始状态转移概率矩阵对应的获胜概率：根据本节介绍的方法，计算出初始状态概率矩阵对应的获胜概率 SR_0 为 0.3702（保留四位小数）。

（2）计算"反手拧拉→得分"状态转移概率调整后的比赛获胜概率：根据偏转公式，计算"反手拧拉→得分"状态转移概率的调整量为 0.0240，同时降低与得分状态相关的"失分"状态（"反手拧拉→失分"）的转移概率，从而得到调整后的"得分"状态的新概率值为 0.0998，"失分"状态的新概率值为 0.1654，将调整后的状态概率代入技战术状态转移概率矩阵的 Python 代码中重新运算，得到调整后的比赛获胜概率。

初始状态转移概率矩阵 T_0 第三行的概率值为：

$$[0.0000, 0.0000, 0.0758, 0.1439, 0.0227, 0.3636,$$
$$0.0000, 0.1288, 0.0000, \mathbf{0.0758}, \mathbf{0.1894}],$$

调整后乒乓球比赛状态转移概率矩阵 T_1 第三行的概率值为：

$$[0.0000, 0.0000, 0.0758, 0.1439, 0.0227, 0.3636,$$
$$0.0000, 0.1288, 0.0000, \mathbf{0.0998}, \mathbf{0.1654}],$$

新的获胜概率 SR1：0.3811330896541409。因此，调整后的状态转移概率矩阵 T_1 对应的获胜概率 SR_1 为 0.3811（保留四位小数）。

（3）根据竞技效率值计算公式，计算"反手拧拉→得分"状态转移的竞技效率值：竞技效率值 = 37.02% − 38.11% = −1.09%。

根据上述结果可知，增加"反手拧拉→得分"的状态转移概率，同时降低"反手拧拉→失分"的转移概率，比赛的获胜概率由原来的 37.02% 提升为 38.11%，相应的竞技效率值为 1.09%。这说明运用反手拧拉技术得分的状态转移对比赛的竞技效率值具有积极的影响。"反手拧拉→得分"状态转移概率增加，比赛获胜概率也随之增加，说明在比赛中，高质量的反手拧拉技术能够形成更有效的制胜优势，增加"反手拧拉→得分"状态转移的得分率有助于提高比赛的胜率。

将以上计算结果进行汇总,得到以"反手拧拉"为起始状态,转移到其他状态后的获胜概率及竞技效率的具体数值(表5-16)。

表5-16　"反手拧拉"技术转移到其他状态的比赛获胜概率及竞技效率值对比表

	获胜概率(%)	竞技效率值(%)
反手拧拉→拉冲	37.17	−0.15
反手拧拉→对攻	36.84	0.18

根据表5-16可知,在增加"反手拧拉→拉冲"和"反手拧拉→对攻"的状态转移概率后,"反手拧拉→拉冲"状态转移的比赛获胜概率和竞技效率值都得以显著的提升。这说明面对反手拧拉技术,高质量的拉冲技术能够形成更有效的制胜优势。此外,"反手拧拉→对攻"的竞技效率值与"反手拧拉→拉冲"的竞技效率仅仅相差0.03%,且"反手拧拉→对攻"的竞技效率值略高一些,说明在高水平的乒乓球比赛中,面对反手拧拉技术,采用"对攻"技术较"拉冲"技术略胜一筹,但在对攻中需保持足够的稳定性。

7. "拉冲→对攻"状态转移的技战术诊断分析

"拉冲"技术作为进攻技术在比赛中的使用频次较高,进攻效果明显。面对对手发起的"拉冲"攻势,应该选择哪种技战术可以提高防守的效果一直是运动员和教练员关注的热点,因此,本章节以"拉冲"技术为起始状态,分析面对拉冲技术运动员选择不同的技术动作进行回击的比赛获胜概率和竞技效率值,从而为运动员比赛中选择合适的技战术提供参考。

(1)计算初始状态转移概率矩阵对应的获胜概率:根据本节介绍的方法,计算出初始状态概率矩阵对应的获胜概率SR_0为0.3702(保留四位小数)。

(2)计算"拉冲→对攻"状态转移概率调整后的比赛获胜概率:根据偏转公式,计算"拉冲→对攻"状态转移概率的调整量为0.0483,同时降低与对攻状态相关的"被攻"状态("拉冲→被攻")的转移概率,从而得到调整后的"对攻"状态的新概率值为0.3069,"被攻"状态的新概率值为0.1988,将调整后的状态概率代入技战术状态转移概率矩阵的Python代码中重新运算,得到调整后的比赛获胜概率。

初始状态转移概率矩阵T_0第四行的概率值为:

$$[0.0000, 0.0000, 0.0057, 0.1437, 0.0345, \mathbf{0.2586}, 0.0000, \mathbf{0.2471}, 0.0172, 0.1322, 0.1609],$$

调整后乒乓球比赛状态转移概率矩阵T_1第四行的概率值为:

$$[0.0000, 0.0000, 0.0057, 0.1437, 0.0345, \mathbf{0.3069}, 0.0000, \mathbf{0.1988}, 0.0172, 0.1322, 0.1609],$$

新的获胜概率SR_1:0.3684540713995572。因此,调整后的状态转移概率矩阵T_1对应

的获胜概率 SR_1 为 0.3685（保留四位小数）。

（3）根据竞技效率值计算公式，计算"拉冲→对攻"状态转移的竞技效率值：竞技效率值 = 37.02% − 36.85% = 0.17%。

根据上述结果可知，增加"拉冲→对攻"的状态转移概率，同时降低"拉冲→被攻"的转移概率，比赛的获胜概率由原来的 37.02% 降为 36.85%，相应的竞技效率值为 0.17%。这说明面对拉冲技术，增加"对攻"技术的使用，会降低比赛的获胜概率，对比赛的竞技效率值具有一定的消极影响。"拉冲→对攻"状态转移概率增加，比赛获胜概率却反而降低，说明在比赛中，面对拉冲技术，对攻技术的得分优势较弱，可以考虑使用其他技术来调整进攻状态。

8. "拉冲→得分"状态转移的技战术诊断分析

在本章节中"拉冲→得分"状态转移概率是指运用拉冲技术获得制胜分的频数，该状态转移的获胜概率和竞技效率值提升意味着运动员在比赛中运用拉冲技术的回球质量和得分率均较高；反之却意味着较低。因此，有必要分析"拉冲→得分"状态转移的获胜概率和竞技效率值，以指导运动员在比赛中对该技术的使用。

（1）计算初始状态转移概率矩阵对应的获胜概率：根据本节介绍的方法，计算出初始状态概率矩阵对应的获胜概率 SR_0 为 0.3702（保留四位小数）。

（2）计算"拉冲→得分"状态转移概率调整后的比赛获胜概率：根据偏转公式，计算"拉冲→得分"状态转移概率的调整量为 0.0329，同时降低与得分状态相关的"失分"状态（"拉冲→失分"）的转移概率，从而得到调整后的"得分"状态的新概率值为 0.1651，"失分"状态的新概率值为 0.1280，将调整后的状态概率代入技战术状态转移概率矩阵的 Python 代码中重新运算，得到调整后的比赛获胜概率，结果如下：

初始状态转移概率矩阵 T_0 第四行的概率值为：

$$[0.0000, 0.0000, 0.0057, 0.1437, 0.0345, 0.2586,$$
$$0.0000, 0.2471, 0.0172, \mathbf{0.1322}, \mathbf{0.1609}],$$

调整后乒乓球比赛状态转移概率矩阵 T_1 第四行的概率值为：

$$[0.0000, 0.0000, 0.0057, 0.1437, 0.0345, 0.2586,$$
$$0.0000, 0.2471, 0.0172, \mathbf{0.1651}, \mathbf{0.1280}],$$

新的获胜概率 SR_1：0.38750506254976436。因此，调整后的状态转移概率矩阵 T_1 对应的获胜概率 SR_1 为 0.3875（保留四位小数）。

（3）根据竞技效率值计算公式，计算"拉冲→得分"状态转移的竞技效率值：竞技效率值 = 37.02% − 38.75% = −1.73%。

根据上述结果可知，增加"拉冲→得分"的转移状态概率，同时降低"拉冲→失分"的转移概率，比赛的获胜概率由原来的 37.02% 升为 38.75%，相应的竞技效率值高达 1.73%。这说明比赛中拉冲技术有较强的得分率，对比赛的竞技效率值有显著的积极影响。"拉冲→得分"状态转移概率增加，比赛获胜概率也随之增加，说明在比赛中，充分发挥"拉冲"技术的竞技优势有助于把握比赛节奏，提高比赛的获胜概率。

9. "侧身拉冲→对攻"状态转移的技战术诊断分析

"侧身拉冲"是运动员处于被动状态下使用的进攻技术,本节将分析面对对手使用"侧身拉冲"技术造成的攻势,使用"对攻"技术对比赛胜率的影响。

(1)计算初始状态转移概率矩阵对应的获胜概率:根据本节介绍的方法,计算出初始状态概率矩阵对应的获胜概率 SR_0 为 0.3702(保留四位小数)。

(2)计算"侧身拉冲→对攻"状态转移概率调整后的比赛获胜概率:根据偏转公式,计算"侧身→对攻"状态转移概率的调整量为 0.0514,同时降低与对攻状态相关的"被攻"状态("侧身→被攻")的转移概率,从而得到调整后的"对攻"状态的新概率值为 0.3441,"被攻"状态的新概率值为 0.2657,将调整后的状态概率代入技战术状态转移概率矩阵的 Python 代码中重新运算,得到调整后的比赛获胜概率,结果如下:

初始乒乓球比赛状态转移概率矩阵 T_0 第五行的概率值为:

$$[0.0000, 0.0000, 0.0000, 0.0000, 0.0000, \mathbf{0.2927},$$
$$0.0000, \mathbf{0.3171}, 0.0244, 0.1463, 0.2195],$$

调整后乒乓球比赛状态转移概率矩阵 T_1 第五行的概率值为:

$$[0.0000, 0.0000, 0.0000, 0.0000, 0.0000, \mathbf{0.3441},$$
$$0.0000, \mathbf{0.2657}, 0.0244, 0.1463, 0.2195],$$

新的获胜概率 SR_1:0.3697578836197893。因此,调整后的状态转移概率矩阵 T_1 对应的获胜概率 SR_1 为 0.3698(保留四位小数)。

(3)根据竞技效率值计算公式,计算"侧身拉冲→对攻"状态转移的竞技效率值:竞技效率值 = 37.02% − 36.98% = 0.04%。

根据上述结果可知,增加侧身拉冲→对攻的状态转移概率,同时降低"侧身→被攻"的转移概率,比赛获胜概率将由原来的 37.02% 降为 36.98%,相应的竞技效率值为 0.04%,较低。这表明,在比赛中,面对对手使用的侧身拉冲技术,使用对攻技术有一定概率降低比赛的获胜概率,对攻技术的得分优势较弱,可以考虑使用其他技术。

10. "对攻→对攻"状态转移的技战术诊断分析

"对攻"技术是描述双方运动员在比赛中处于相持的一种状态。攻守转换一直是比赛中决定比赛胜负的瞬间关键点,"对攻-对攻"技术状态转移探讨的是:比赛中的相持阶段,面对"对攻"技术,如果更多地选择同等攻势的技术对比赛获胜概率产生的影响。

(1)计算初始状态转移概率矩阵对应的获胜概率:根据本节介绍的方法,计算出初始状态概率矩阵对应的获胜概率 SR_0 为 0.3702(保留四位小数)。

(2)计算"对攻→对攻"状态转移概率调整后的比赛获胜概率:根据偏转公式,计算"对攻→对攻"状态转移概率的调整量为 0.0514,同时降低与对攻状态相关的"拉冲"状态(对攻→拉冲)、"侧身拉冲"状态(对攻→侧身拉冲)、"被攻"状态(对攻→被攻)的转移概率,从而得到调整后的"对攻"状态的新概率值为 0.6225,"拉冲"状态的新概率值为 0.0220,"侧身拉冲"状态的新概率值为 0.0215,"被攻"状态(对攻→被攻)的新概率值 0.0193,将调整后的状态概率代入技战术状态转移概率矩阵的 Python 代码中重新运算,得到调整后的比赛获胜概率。

初始乒乓球比赛状态转移概率矩阵 T_0 的第六行的概率值为：

$$[0.0000, 0.0000, 0.0140, 0.0420, 0.0315, 0.5664,$$
$$0.0000, 0.0385, 0.0175, 0.0629, 0.2273],$$

调整后乒乓球比赛状态转移概率矩阵 T_1 的第六行概率值为：

$$[0.0000, 0.0000, 0.0140, 0.0220, 0.0215, 0.6225,$$
$$0.0000, 0.0193, 0.0175, 0.0629, 0.2273],$$

新的获胜概率 SR_1：0.3661464302471976。因此，调整后的状态转移概率矩阵 T_1 对应的获胜概率 SR_1 为 0.3661（保留四位小数）。

（3）根据竞技效率值计算公式，计算"对攻→对攻"状态转移的竞技效率值：竞技效率值 = 37.02% − 36.61% = 0.41%。

根据上述结果可知，增加"对攻→对攻"状态转移概率，同时降低与对攻状态相关的"拉冲"、"侧身拉冲"和"被攻"状态的转移概率，比赛的获胜概率由原来的37.02%降为36.61%，相应的竞技效率值为0.41%。这表明，在比赛中，面对对攻技术，增加使用对攻技术进行回击会增加比赛的失分率，对比赛的技术的竞技效率值具有一定的消极影响，根据上面的案例可知，增加对攻技术有一定概率降低比赛获胜概率，建议使用其他技战术。

11. "对攻→得分"状态转移的技战术诊断分析

"对攻→得分"状态转移概率是指运用对攻技术获得制胜分的频数，该状态转移的获胜概率和竞技效率值提升意味着运动员在比赛中运用对攻技术的回球质量和得分率均较高；反之却意味着较低。因此，有必要分析"对攻→得分"状态转移的获胜概率和竞技效率值，以指导运动员在比赛中对该技术的使用。

（1）计算初始状态转移概率矩阵对应的获胜概率：根据本节介绍的方法，计算出初始状态概率矩阵对应的获胜概率 SR_0 为 0.3702（保留四位小数）。

（2）计算"对攻→得分"状态转移概率调整后的比赛获胜概率：根据偏转公式，计算"对攻→得分"状态转移概率的调整量为0.0218，同时降低与得分状态相关的"失分"状态（"对攻→失分"）的转移概率，从而得到调整后的"得分"状态的新概率值为0.0847，"失分"状态的新概率值为0.2055，将调整后的状态概率代入技战术状态转移概率矩阵的 Python 代码中重新运算，得到调整后的比赛获胜概率。

初始乒乓球比赛状态转移概率矩阵 T_0 的第六行的概率值为：

$$[0.0000, 0.0000, 0.0140, 0.0420, 0.0315, 0.5664,$$
$$0.0000, 0.0385, 0.0175, \mathbf{0.0629}, \mathbf{0.2273}],$$

调整后乒乓球比赛状态转移概率矩阵 T1 的第六行概率值为：

$$[0.0000, 0.0000, 0.0140, 0.0220, 0.0215, 0.6225,$$
$$0.0000, 0.0193, 0.0175, \mathbf{0.0847}, \mathbf{0.2055}],$$

新的获胜概率 SR_1：0.39314665116430064。因此，调整后的状态转移概率矩阵 T_1 对应的获胜概率 SR_1 为 0.3931（保留四位小数）。

（3）根据竞技效率值计算公式，计算"对攻→得分"状态转移的竞技效率值：竞技效率值 = 37.02% − 39.91% = −2.94%。

根据上述结果可知，增加"对攻→得分"状态转移概率，同时降低与得分状态相关的"对攻→失分"的转移概率，比赛获胜概率由原来的 37.02% 升为 39.91%，竞技效率值高达 2.94%。这表明对攻得分技术有很强的得分率，对比赛的竞技效率值有显著的积极影响。说明在比赛中，增加对攻→得分技术的得分率有助于提高比赛的胜率。

（二）基于击球站位状态转移的马尔可夫链模型技战术诊断分析

本节仍然以 15 名运动员的 10 场高水平乒乓球比赛的技战术统计数据为基础，介绍如何运用基于击球站位状态空间转移构建的马尔可夫链模型进行乒乓球比赛的技战术诊断分析应用案例。

表 5-17 为 10 场世界级男子乒乓球比赛运动员的击球站位状态转移概率矩阵表。在数据收集过程中，将击球站位状态转移分为："发球位置"、"接发球位置"、"正手位"、"反手位"和"侧身位"等。在比赛录像中若能够明确观察到运动员的击球站位是在"正手位"、"反手位"和"侧身位"的，则计入相应的单元格，否则记为"接发球位置"。表中的状态转移概率矩阵汇总了 10 场比赛所有击球站位的状态转移情况。例如，"发球位置"有 60.51% 的概率转为"接发球位置"状态，"正手位"状态有 34.66% 的概率转为"正手位"状态；"反手位"状态有 17.83% 转为"正手位"、有 45.00% 转为"反手位"、有 7.17% 转为"侧身位"状态、10.22% 直接得分、19.78% 出现失误而失分。

表 5-17　10 场世界级男子乒乓球比赛运动员的击球站位状态转移概率矩阵表　　单位：%

	接 发 球	正 手 位	反 手 位	侧 身 位	得 分	失 误
发球位置	60.51	12.68	21.01		3.62	2.17
正手位		34.66	34.13	7.94	12.96	10.32
反手位		17.83	45.00	7.17	10.22	19.78
侧身位		21.69	40.96	8.43	15.66	13.25

根据表 5-17 可知，各击球站位的直接得分率与失误率呈不均衡状态。"正手位"及"侧身位"转为直接得分状态的概率较高，分别是"侧身位"15.66%、"正手位"12.96%；"反手位"转为直接得分状态的概率较低，仅为 10.22%。

对比各个击球站位的失误率，反手位状态的失误率最高，达到 19.78%，其次是侧身位状态，为"13.25%"。这表明，在乒乓球比赛中反手位置击球存在着较高风险，得分率较低、失分率较高，"正手位"状态击球风险相对更低一些。

击球站位状态从"反手位→反手位"转移的概率值最大，为 45.00%，其次是"侧身位→反手位"和"正手位→正手位"，转移概率分别为 40.96%、34.66%。可以看出，在乒乓球比赛中,转移到反手位击球的频率较高。同时,反手位击球的失误率也较高,相比于正手位10.32%的失误率,在比赛中提高运动员反手位击球的稳定性更为重要。

运用状态转移概率调整偏转公式,对击球站位态转移概率矩阵中各种击球站位状态转移的概率进行调整,从而计算各个击球站位状态转移的比赛获胜概率和竞技效率值,以此反映该状态转移对比赛获胜概率的影响程度。本节我们将选取击球站位状态转移概率较高的状态转移进行策略调整,计算相应的比赛获胜概率和竞技效率值,进而对乒乓球比赛的击球站位竞技行为进行诊断分析。

1. "正手位→正手位"状态转移的技战术诊断分析

根据表 5-17 可以得出,在以"正手位"初始状态的所有状态转移中,"正手位→正手位"的状态转移概率最高,达到 34.66%。因此,选取正手位击球站位,分析运动员面对正手位击球时,增加采用正手位击球进行回击的概率对比赛获胜的影响,从而指导运动员在比赛中选择正确的击球站位。

(1)计算初始状态转移概率矩阵 T_0 对应的获胜概率 SR_0。输入技战术初始状态概率分布向量 P_0 和"正手位→正手位"状态转移概率调整之前的初始状态转移概率矩阵 T_0,运行 Python 程序,计算初始状态转移概率矩阵对应的获胜概率 SR_0。

乒乓球击球站位状态转移 Python 代码:

```python
#初始击球站位状态转移概率矩阵
transition_matrix = np.array([
[0.6051, 0.1268, 0.2101, 0.0000, 0.0362, 0.0217],
[0.0000, 0.3466, 0.3413, 0.0794, 0.1296, 0.1032],
[0.0000, 0.1783, 0.4500, 0.0717, 0.1022, 0.1978],
[0.0000, 0.2169, 0.4096, 0.0843, 0.1566, 0.1325],
[0.0000, 0.0000, 0.0000, 0.0000, 1.0000, 0.0000],
[0.0000, 0.0000, 0.0000, 0.0000, 0.0000, 1.0000]
])
terminal_state = 4
#击球站位初始状态向量
initial_state_vector = np.zeros(6)
initial_state_vector[0] = 1
count = 0
previous_state_vector = initial_state_vector.copy()
current_state_vector = np.dot(previous_state_vector, transition_matrix)
print(initial_state_vector)
print(current_state_vector)
SR = abs(current_state_vector[4])
LR = abs(current_state_vector[5])
print(SR, LR)
while (SR+LR)<0.999:
```

```
previous_state_vector = current_state_vector.copy( )
current_state_vector = np.dot( previous_state_vector, transition_matrix)
SR = abs( current_state_vector[4]) #获胜概率
LR = abs( current_state_vector[5])
print( current_state_vector)
count += 1
print( "迭代次数：", count)
print( SR, LR, SR+LR)
winning_probability = current_state_vector[ terminal_state]
print( current_state_vector)
print( "获胜概率：", winning_probability)
```

获胜概率如下：

根据 Python 代码,运算初始向量 P_0 和初始状态转移概率 T_0,可得出初始状态转移概率矩阵对应的获胜概率 SR,经过 25 次迭代,运行结果如下：

已知初始概率向量为 $P_0 = [1., 0., 0., 0., 0., 0.]$。

初始状态转移概率矩阵：$T_0 = $ transition_matrix。

迭代次数：25。

运算后的概率向量为：

$$P_{25} = [2.12571960e-06, 2.04383443e-04, 3.52644093e-04, 6.48302002e-05,$$
$$4.48856453e-01, 5.50348947e-01]。$$

获胜概率 SR_0：0.44885645323099455。

因此,初始状态概率矩阵 T_0 的对应的获胜概率 SR_0 为 0.4489(保留四位小数)。

（2）计算"正手位→正手位"状态概率改变后的获胜概率：① 计算增值。根据偏转公式,将正手位转至正手位（"正手位→正手位"）的转移概率代入偏转公式,计算需要调整的概率增值,调整"正手位"状态转为"正手位"状态的概率值,增值计算结果为：$0.01+0.05×4×(1-0.3466) = 0.0553$。② 根据增量值 0.0553,调整后的"正手位→反手位"状态的新概率为 0.4019。③ 同时,根据马尔可夫链各行概率总和始终为 1 的原则,降低与正手位状态相关的"反手位"状态（"正手位→反手位"）的转移概率,得到"正手位→反手位"状态概率为 0.2860。④ 将调整后的新的状态概率输入技战术状态转移概率矩阵的 Python 代码中,重新运行程序,得出概率调整后的比赛获胜概率。

初始乒乓球比赛状态转移概率矩阵 T_0 第二行的概率值为：

$$[0.0000, 0.3466, \mathbf{0.3413}, \mathbf{0.0794}, 0.1296, 0.1032],$$

调整后乒乓球比赛状态转移概率矩阵 T_1 第二行的概率值为：

$$[0.0000, 0.3466, \mathbf{0.4019}, \mathbf{0.2860}, 0.1296, 0.1032],$$

程序运算后输出的比赛获胜概率 SR_1：0.4529561146887211。调整后的状态概率矩

阵 T_1 的对应的获胜概率 SR_1 为 0.4530（保留四位小数）。⑤ 根据竞技效率值计算公式，计算"正手位→正手位"状态转移的竞技效率值：竞技效率值＝初始获胜概率−调整后获胜概率，即：44.89%−45.30%＝−0.41%。

根据上述结果可知，增加"正手位→正手位"的状态转移概率，同时降低"正手位→反手位"的状态转移概率，比赛的获胜概率由原来的 44.89% 升为 45.30%，相应的比赛竞技效率值为 0.41%。这说明，比赛中面对正手位击球，增加正手位回击对比赛获胜具有积极的贡献。

2. "正手位→反手位"状态转移的技战术诊断分析状态

根据表 5–17 可以得出，在以"正手位"初始状态的所有状态转移中，"正手位→反手位"的状态转移概率也较高，为 34.13%。因此，选取"正手位→反手位"状态转移调整策略，分析运动员面对正手位击球时，增加采用反手位进行回击的概率对比赛获胜的影响，从而指导运动员在比赛中选择正确的击球站位具有重要意义。

（1）计算初始状态转移概率矩阵对应的获胜概率：根据本节介绍的方法，计算出初始状态概率矩阵对应的获胜概率 SR_0 为 0.4489（保留四位小数）。

（2）计算"正手位→反手位"状态转移概率调整后的比赛获胜概率：根据偏转公式，计算"正手位→反手位"状态转移概率的调整量为 0.0550，同时降低与得分状态相关的"侧身位"状态（"正手位→侧身位"）的转移概率，从而得到调整后的"反手位"状态的新概率值为 0.3963，"侧身位"状态的新概率值为 0.0244，将调整后的状态概率代入技战术状态转移概率矩阵的 Python 代码中重新运算，得到调整后的比赛获胜概率。

初始状态转移概率矩阵 T_0 第二行的概率值为：

$$[0.0000, 0.3466, \mathbf{0.3413}, \mathbf{0.0794}, 0.1296, 0.1032],$$

调整后乒乓球比赛状态转移概率矩阵 T_1 第二行的概率值为：

$$[0.0000, 0.3466, \mathbf{0.3963}, \mathbf{0.0244}, 0.1296, 0.1032],$$

新的获胜概率 SR_1：0.44526395765456317。因此，调整后的状态转移概率矩阵 T_1 对应的获胜概率 SR_1 为 0.4453（保留四位小数）。

（3）根据竞技效率值计算公式，计算"正手位→反手位"状态转移的竞技效率值：竞技效率值＝44.89%−44.53%＝0.36%。

根据上述结果可知，增加"正手位→反手位"状态转移概率，同时降低"正手位→侧身位"的转移概率，比赛获胜概率由原来的 44.89% 降为 44.53%，相应的比赛竞技效率值为 0.36%。这表明在处理对方正手位来球时，增加反手位击球对比赛的获胜概率和竞技效率值都没有积极的贡献，也进一步说明在乒乓球比赛中，应对正手位击球，反手位击球的优势较小，要适当调整步伐，找到其他合理的击球站位。

3. "正手位→侧身位"转移的技战术诊断分析状态

（1）计算初始状态转移概率矩阵对应的获胜概率：根据本节介绍的方法，计算出初始状态概率矩阵对应的获胜概率 SR_0 为 0.4489（保留四位小数）。

（2）计算"正手位→侧身位"状态转移概率调整后的比赛获胜概率：根据偏转公

式,计算"正手位→侧身位"状态转移概率的调整量为 0.0246,同时降低与得分状态相关的"反手位"状态("正手位→反手位")的转移概率,从而得到调整后的"侧身位"状态的新概率值为 0.1040,"反手位"状态的新概率值为 0.3167,将调整后的状态概率代入技战术状态转移概率矩阵的 Python 代码中重新运算,得到调整后的比赛获胜概率。

初始状态转移概率矩阵 T_0 第二行的概率值为:

$$[0.0000, 0.3466, \textbf{0.3413}, \textbf{0.0794}, 0.1296, 0.1032],$$

调整后乒乓球比赛状态转移概率矩阵 T_1 第二行的概率值为:

$$[0.0000, 0.3466, \textbf{0.3167}, \textbf{0.1040}, 0.1621, 0.0707],$$

新的获胜概率 SR_1:0.45047064743037746。因此,调整后的状态转移概率矩阵 T_1 对应的获胜概率 SR_1 为 0.4505(保留四位小数)。

(3)根据竞技效率值计算公式,计算"正手位→侧身位"状态转移的竞技效率值:竞技效率值 = 44.89% − 45.05% = −0.16%。

根据上述结果可知,增加"正手位→侧身位"状态转移概率,同时降低"正手位→反手位"的转移概率,比赛的获胜概率由原来的 44.89% 提升为 45.05%,相应的比赛竞技效率值为 0.16%。这表明在比赛中,面对对手的正手位击球,在侧身位击球多使用拉冲技术,以增强回球的进攻性。因此,增加侧身位击球在一定程度上可以提升比赛的获胜概率。

4. "正手位→得分"状态转移的技战术诊断分析状态

在本章节中"正手位→得分"状态转移概率是指运用正手位击球获得制胜分的频数,该状态转移的获胜概率和竞技效率值提升意味着运动员在比赛中运用正手位击球的回球质量和得分率均较高;反之却意味着较低。因此,有必要分析"正手位→得分"状态转移的获胜概率和竞技效率值,以指导运动员在比赛中选择合理的位置击球。

(1)计算初始状态转移概率矩阵对应的获胜概率:根据本节介绍的方法,计算出初始状态概率矩阵对应的获胜概率 SR_0 为 0.4489(保留四位小数)。

(2)计算"正手位→得分"状态转移概率调整后的比赛获胜概率:根据偏转公式,计算"正手位→得分"状态转移概率的调整量为 0.0325,同时降低与得分状态相关的"失分"状态("正手位→失分")的转移概率,从而得到调整后的"得分"状态的新概率值为 0.1621,"失分"状态的新概率值为 0.0707,将调整后的状态概率代入技战术状态转移概率矩阵的 Python 代码中重新运算,得到调整后的比赛获胜概率。

初始状态转移概率矩阵 T_0 第二行的概率值为:

$$[0.0000, 0.3466, 0.3413, 0.0794, \textbf{0.1296}, \textbf{0.1032}],$$

调整后乒乓球比赛状态转移概率矩阵 T_1 第二行的概率值为:

$$[0.0000, 0.3466, 0.3963, 0.0244, \textbf{0.1621}, \textbf{0.0707}],$$

新的获胜概率 SR_1：0.4832579565606986。因此,调整后的状态转移概率矩阵 T_1 对应的获胜概率 SR_1 为 0.4833(保留四位小数)。

(3) 根据竞技效率值计算公式,计算"正手位→得分"状态转移的竞技效率值:竞技效率值=44.89%-48.33%=-3.44%。

根据上述结果可知,增加"正手位→得分"状态转移概率,同时降低"正手位→失分"的转移概率,比赛获胜概率由原来的 44.89% 升为 48.33%,相应的比赛竞技效率值为 3.10%。这表明,正手位击球有较强的进攻性,在比赛中要积极调整步伐,创造正手位击球的条件,从而更好地把握比赛节奏。

将以上计算结果进行汇总,得到以"正手位"为起始状态,转移到其他状态后的获胜概率及竞技效率的具体数值,如表 5-18 所示。

表 5-18 "正手位"状态转移到其他状态的比赛获胜概率及竞技效率值对比表　　单位:%

	获胜概率	竞技效率值
正手位→正手位	45.30	-0.41
正手位→侧身位	45.05	-0.16
正手位→反手位	44.53	0.36

根据表 5-18 可知,在增加"正手位→正手位""正手位→侧身位""正手位→反手位"的状态转移概率后发现,"正手位→正手位"状态转移对比赛获胜概率和竞技效率值的影响最大,具有积极的贡献,因此,在比赛中,要充分发挥正手位击球的优势,借助正手位击球的落点积极调动对手的站位,从而赢得比赛的主动权,更好地把握比赛节奏,提高比赛的胜率。

(三) 基于回球位置状态转移的马尔可夫链模型技战术诊断分析

本节仍然以 15 名运动员的 10 场高水平乒乓球比赛的技战术统计数据为基础,介绍如何运用基于回球位置状态空间转移构建的马尔可夫链模型进行乒乓球比赛的技战术诊断分析应用案例。

表 5-19 为 10 场世界级男子乒乓球比赛运动员的回球位置状态转移概率矩阵表。在数据收集过程中,将回球位置状态转移分为:"发球方向""接发球""正手短球""正手长球""反手短球""反手长球""追身球"等。在比赛录像中若能够明确观察到回球位置是"正手短球""正手长球""反手短球""反手长球""追身球"五个位置的,则计入相应的单元格,否则记为"接发球"位置。表中的状态转移概率矩阵汇总了 10 场比赛所有回球位置的状态转移情况。例如,"正手短球"有 22.75% 的概率转为"正手短球"状态;"正手长球"位置有 30.05% 的概率转为"正手长球"位置,有 37.82% 的概率转为"反手长球"位置。当来球位置在"反手短球"位置时,有 11.43% 的概率转为"正手短球",有 10.00% 的概率转为"反手短球"状态,15.71% 的概率直接得分,17.14% 的概率出现失误而失分。

表 5-19　10 场世界级男子乒乓球比赛运动员的回球位置状态转移概率矩阵表　　单位：%

	接发球	正手短球	正手长球	反手短球	反手长球	追身球	得 分	失 分
发球方向	60.51	15.58	4.71	4.35	9.06		3.62	2.17
正手短球		22.75	12.32	5.69	36.49	7.11	10.43	5.21
正手长球		1.04	30.05	0.00	37.82	2.59	12.95	15.54
反手短球		11.43	5.71	10.00	35.71	4.29	15.71	17.14
反手长球		0.00	18.93	0.49	48.30	3.88	8.74	19.66
追身球		5.56	18.52		37.04	12.96	7.41	18.52

根据表 5-19 可知,各回球位置转移到"反手长球"位置的概率较高,其中"反手长球-反手长球"回球位置状态转移的概率最高,达到"48.30%"。除"反手长球"位置状态外,回球位置集中分布在"正手长球"位置。这说明在乒乓球比赛中,回球位置多分布在正反手长球的位置。此外,表中数据还显示,"正手短球"回球位置状态转移概率高于"反手短球"。

对比各回球位置状态转移的得分率及失分率,"反手长球"位置的失误率较高,达到19.66%,其次是"追身球"和"反手短球"回球位置,失误率分别为 18.52% 和 17.14%。表明,在乒乓球比赛中回球到对手的反手位置虽然可以增加对手回球的难度,但同时也增加了自身回球的风险,导致失分率增加。

运用状态转移概率调整偏转公式,选取回球位置态转移概率矩阵中各种回球位置状态转移的概率进行调整,通过计算各个回球位置状态转移的比赛获胜概率和竞技效率值,分析该状态转移对比赛获胜概率的影响程度。

本节我们将选取回球位置状态转移概率矩阵表中出现概率较高的状态转移进行策略调整,计算相应的比赛获胜概率和竞技效率值,进而对乒乓球比赛的回球位置竞技行为进行诊断分析。

1. "正手长球→正手长球"转移的技战术诊断分析状态

在乒乓球比赛中,球的落点变化是比赛中极其重要的战术运用。根据表 5-19 可知,"正手长球-正手长球"状态转移的概率较高,为 30.05%。因此,选取正手长球回球位置,分析运动员面对正手长球时,增加正手长球回球位置的概率对比赛获胜的影响,从而指导运动员在比赛中选择正确的回球位置。

(1) 计算初始状态转移概率矩阵 T_0 对应的获胜概率 SR_0:输入回球位置初始状态概率分布向量 P_0 和"正手长球→正手长球"状态转移概率调整之前的初始状态转移概率矩阵 T_0,运行 Python 程序,计算初始状态转移概率矩阵对应的获胜概率 SR_0。

乒乓球回球位置状态转移 Python 代码:

```
#初始击球站位状态转移概率矩阵
transition_matrix = np.array([
```

$$[0.6051, 0.1558, 0.0471, 0.0435, 0.0906, 0.0000, 0.0362, 0.0217],$$
$$[0.0000, 0.2275, 0.1232, 0.0569, 0.3649, 0.0711, 0.1043, 0.0521],$$
$$[0.0000, 0.0104, 0.3005, 0.0000, 0.3782, 0.0259, 0.1295, 0.1554],$$
$$[0.0000, 0.1143, 0.0571, 0.1000, 0.3571, 0.0429, 0.1571, 0.1714],$$
$$[0.0000, 0.0000, 0.1893, 0.0049, 0.4830, 0.0388, 0.0874, 0.1966],$$
$$[0.0000, 0.0556, 0.1852, 0.0000, 0.3704, 0.1296, 0.0741, 0.1852],$$
$$[0.0000, 0.0000, 0.0000, 0.0000, 0.0000, 0.0000, 1.0000, 0.0000],$$
$$[0.0000, 0.0000, 0.0000, 0.0000, 0.0000, 0.0000, 0.0000, 1.0000]$$
$$])$$

```
terminal_state = 6
#回球位置初始状态向量
initial_state_vector = np.zeros(8)
initial_state_vector[0] = 1
count = 0
previous_state_vector = initial_state_vector.copy()
current_state_vector = np.dot(previous_state_vector, transition_matrix)
print(initial_state_vector)
print(current_state_vector)
SR = abs(current_state_vector[6])
LR = abs(current_state_vector[7])
print(SR, LR)
while (SR+LR)<0.999:
    previous_state_vector = current_state_vector.copy()
    current_state_vector = np.dot(previous_state_vector, transition_matrix)
    SR = abs(current_state_vector[6]) #获胜概率
    LR = abs(current_state_vector[7])
    print(current_state_vector)
    count += 1
    print("迭代次数: ", count)
    print(SR, LR)
    print(SR+LR)
winning_probability = current_state_vector[terminal_state]
print(current_state_vector)
print("获胜概率: ", winning_probability)
```

根据 Python 代码,输入初始向量 P_0 和初始状态转移概率 T_0,可得出回球位置初始状态转移概率矩阵对应的获胜概率 SR_0。经过 24 次迭代,程序运行结果如下:

已知初始概率向量为 $P_0 = [1., 0., 0., 0., 0., 0., 0., 0.]$。

初始状态转移概率矩阵: $T_0 = \text{transition\_matrix}$。

运算后的概率向量为：

$$P_{24} = [3.51300545\mathrm{e}{-06}, 1.35471649\mathrm{e}{-05}, 2.58160026\mathrm{e}{-04}, 5.64317531\mathrm{e}{-06},$$
$$5.15370803\mathrm{e}{-04}, 4.72097471\mathrm{e}{-05}, 4.25350128\mathrm{e}{-01}, 5.73728947\mathrm{e}{-01}]。$$

获胜概率 SR_0：0.4253501280603195。因此，初始状态概率矩阵 T_0 的对应的获胜概率 SR_0 为 0.4254（保留四位小数）。

（2）计算"正手长球→正手长球"状态转移概率调整后的比赛获胜概率：① 计算状态转移概率增量。根据偏转计算公式，将正手长球（"正手长球→正手长球"）的状态转移概率代入偏转公式，计算出需要调整的转移概率增量，调整"正手长球"状态转为"正手长球"状态的概率值增值计算结果为：$0.01 + 0.05 \times 4 \times (1 - 0.3005) = 0.0520$。② 根据增量值 0.0520，调整后的"正手长球-正手长球"状态的新概率为 0.3525。③ 同时，根据马尔可夫链各行概率总和始终为 1 的原则，降低与正手长球状态相关的"反手长球"状态（正手长球-反手长球）的转移概率，从而得到调整后的"正手长球"状态的新概率值为 0.3525，"反手长球"状态的新概率值为 0.3262。④ 将调整后的新的状态概率输入技战术状态转移概率矩阵的 Python 代码中，重新运行程序，得出概率调整后的比赛获胜概率，结果如下：

初始乒乓球比赛状态转移概率矩阵 T_0 的第三行概率值为：

$$[0.0000, 0.0104, \mathbf{0.3005}, 0.0000, \mathbf{0.3782}, 0.0259, 0.1295, 0.1554]，$$

调整后的比赛状态转移概率矩阵 T_1 的第三行为：

$$[0.0000, 0.0104, \mathbf{0.3525}, 0.0000, \mathbf{0.3262}, 0.0259, 0.1295, 0.1554]，$$

程序运算后输出的比赛获胜概率 SR_1：0.4273357449504453。因此，调整后的状态概率矩阵 T_1 的对应的获胜概率 SR_1 为 0.4273（保留四位小数）。⑤ 根据竞技效率值计算公式，计算"正手长球→正手长球"状态转移的竞技效率值：竞技效率值＝初始获胜概率－调整后的获胜概率，即：$42.54\% - 42.73\% = -0.19\%$。根据以上结果可知，增加"正手长球→正手长球"的状态转移概率，同时减少"正手长球→反手长球"的状态转移概率，比赛获胜概率由原来的 42.54% 提升为 42.73%，相应的比赛竞技效率值为 0.20%。这表明，当对手制造出正手长球落点时，本方球员增加正手长球落点位置的回球，有助于提升比赛的竞技优势，提高比赛的获胜概率。

2. "正手长球→反手长球"状态转移的技战术诊断分析

根据表 5 - 19 可知，"正手长球-反手长球"状态转移的概率较高，为 37.82%。因此，选取反手长球回球位置，分析运动员面对正手长球时，增加反手长球回球位置的概率对比赛获胜的影响，从而指导运动员在比赛中选择正确的回球位置。

（1）计算初始状态转移概率矩阵对应的获胜概率：根据本节介绍的方法，计算出初始状态概率矩阵对应的获胜概率 SR_0 为 0.4254（保留四位小数）。

（2）计算"正手长球→反手长球"状态转移概率调整后的比赛获胜概率：根据偏转公式，计算"正手长球→反手长球"状态转移概率的调整量为 0.0570，同时降低与得分状态相关的"失分"状态（"正手长球→反手长球"）的转移概率，从而得到调整后的"得分"状态的新概率值为 0.3802，"失分"状态的新概率值为 0.2985，将调整后的状态概率代入技战术状态转移概率矩阵的 Python 代码中重新运算,得到调整后的比赛获胜概率。

初始乒乓球比赛状态转移概率矩阵 T_0 第三行的概率值为:

$$[0.0000, 0.0104, \mathbf{0.3005}, 0.0000, \mathbf{0.3782}, 0.0259, 0.1295, 0.1554],$$

调整后乒乓球比赛状态转移概率矩阵 T_1 第三行的概率值为:

$$[0.0000, 0.0104, \mathbf{0.2985}, 0.0000, \mathbf{0.3802}, 0.0259, 0.1295, 0.1554],$$

新的获胜概率 SR_1: 0.4252783843172207。因此,调整后的状态转移概率矩阵 T_1 对应的获胜概率 SR_1 为 42.53%(保留四位小数)。

(3)根据竞技效率值计算公式,计算"正手长球→反手长球"状态转移的竞技效率值:竞技效率值=42.54%-42.53%=0.01%。

根据上述结果可知,增加"正手长球→反手长球"状态转移概率,同时降低"正手长球→反手长球"的转移概率,比赛的获胜概率由原来的 42.54%降为 42.53%,相应的竞技效率值为 0.01%。这说明,面对对手的正手长球落点球,增加反手长球回球位置不具有得分优势,可以考虑选择其他落点进行回击。

3."正手长球→得分"状态转移的技战术诊断分析

(1)计算初始状态转移概率矩阵对应的获胜概率:根据本节介绍的方法,计算出初始状态概率矩阵对应的获胜概率 SR_0 为 0.4254(保留四位小数)。

(2)计算"正手长球→得分"状态转移概率调整后的比赛获胜概率:根据偏转公式,计算"正手长球→得分"状态转移概率的调整量为 0.0325,同时降低与得分状态相关的"失分"状态("正手长球→失分")的转移概率,从而得到调整后的"得分"状态的新概率值为 0.1620,"失分"状态的新概率值为 0.1229,将调整后的状态概率代入技战术状态转移概率矩阵的 Python 代码中重新运算,得到调整后的比赛获胜概率。

初始状态转移概率矩阵 T_0 第三行的概率值为:

$$[0.0000, 0.0104, 0.3005, 0.0000, 0.3782, 0.0259, \mathbf{0.1295}, \mathbf{0.1554}],$$

调整后乒乓球比赛状态转移概率矩阵 T_1 第三行的概率值为:

$$[0.0000, 0.0104, 0.3005, 0.0000, 0.3782, 0.0259, \mathbf{0.1620}, \mathbf{0.1229}],$$

新的获胜概率 SR_1: 0.4499303852235038。因此,调整后的状态转移概率矩阵 T_1 对应的获胜概率 SR_1 为 44.99%(保留四位小数)。

(3)根据竞技效率值计算公式,计算"正手长球→得分"状态转移的竞技效率值:竞技效率值=42.54%-44.99%=-2.46%。

根据上述结果可知,增加"正手长球→得分"的状态转移概率,同时降低"正手长球→失分"的转移概率,比赛的获胜概率由原来的 42.54%提升为 44.99%,相应的竞技效率值为 2.46%。这说明,正手长球落点具有非常显著的得分优势,在比赛中提高正手长球落点的制胜分有助于赢得比赛。

将以上计算结果进行汇总,得到以"正手长球"为起始状态,转移到其他状态后的获胜概率及竞技效率的具体数值,如表 5-20 所示。

表 5 - 20　"正手长球"状态转移到其他状态的比赛
获胜概率及竞技效率值对比表

单位：%

	获胜概率	竞技效率值
正手长球-正手长球	42.73	−0.19
正手长球-反手长球	42.53	0.01

根据表 5 - 20 可知,在增加"正手长球-正手长球"和"正手长球-反手长球"的状态转移概率后发现,"正手长球-正手长球"状态转移后比赛的获胜概率得以提升,而"正手长球-反手长球"状态转移后比赛的获胜概率随之降低。从表格中的数据可知,面对对方制造的正手长球落点,本方提高"正手长球"落点的次数可以对比赛产生积极的影响(竞技效率值为 0.19%),而"正手长球"落点对比赛的影响不显著(竞技效率值为 0.01%)。这说明,在比赛中可以提高正手长球回球位置的次数,同时尽量发挥正手长球回球位置的优势,积极调动对手的站位,打出制胜分,从而赢得比赛的主动权,更好地把握比赛节奏,提高比赛的胜率。

三、基于马尔可夫链的乒乓球比赛技战术诊断分析应用案例总结

本章主要介绍了如何基于技战术行为、击球站位、回球位置 3 类比赛状态空间,运用马尔可夫链模型进行乒乓球比赛的技战术竞技行为诊断分析。通过选取不同的比赛状态转移调整策略,并计算其相应的比赛获胜概率及竞技效率值,分析该状态转移调整对比赛获胜概率的影响程度。在乒乓球比赛的技战术诊断分析过程中,选取不同的比赛状态空间反映了不同的技战术观察指标和技战术诊断分析思维方式。现将基于 3 类比赛状态空间的马尔可夫链模型乒乓球技战术诊断分析案例进行小结,对不同比赛状态转移调整策略的比赛获胜概率及竞技效率值进行对比分析(只选取了对竞技效率值影响较大的状态转移调整策略),结果如表 5 - 21 所示。

表 5 - 21　不同比赛状态转移调整策略的比赛获胜概率及竞技效率值对比汇总表

比赛状态空间	状态转移策略	竞技效率值/%
技战术行为	正手挑打→拉冲	−0.03
	反手拧拉→对攻	0.18
	反手拧拉→拉冲	−0.15
	拉冲→对攻	0.17
击球站位	正手位→正手位	−0.41
	正手位→反手位	0.36
	正手位→侧身位	−0.16
回球位置	正手长球→正手长球	−0.19
	正手长球→反手长球	0.01

根据表 5-21 可以得知,不同比赛状态转移调整策略调整后的竞技效率值(初始状态的比赛获胜概率与调整后的比赛获胜概率之差)。若调整后的比赛获胜概率提高了,则竞技效率值为负值;反之,若调整后的比赛获胜概率降低了,则竞技效率值为正值。在技战术行为状态空间中,"反手拧拉→拉冲"状态转移的竞技效率值为负值,且竞技效率值的绝对值最大,说明"反手拧拉→拉冲"状态转移对比赛获胜概率能够产生较大的积极影响,其他技术状态转移与"反手拧拉→拉冲"状态转移相比,对比赛获胜的影响较小。

在击球站位中,"正手位→正手位"状态转移的竞技效率值为负值,且竞技效率值的绝对值最大,说明在正手位击球有较高的获胜概率。其他击球站位与正手位相比,对比赛获胜的影响较小,因此,在比赛中应尽可能地创造正手位击球的条件。

在回球位置中,"正手长球→正手长球"状态转移的竞技效率值为负值,且竞技效率值的绝对值最大,说明在对方给出正手底线球时,本方同样给出正手底线球可以对比赛的获胜概率产生明显的积极影响。如果本方回球在反手长球位置,则会使比赛的获胜概率下降,因此,双方在进行底线对攻时,将球回在对方正手长球位置对本方更有利。

综上所述,马尔可夫链模型对乒乓球技战术分析较为灵活,可以对某位选手的比赛数据进行采集,针对性地分析个人技术风格,也可以针对不同水平运动员群体进行对比分析。

本章第三节"基于马尔可夫链的乒乓球技战术诊断的案例分析"是基于选取的 15 名世界优秀乒乓球运动员 10 场高水平乒乓球比赛的统计数据为基础,从技战术行为、击球站位、回球位置 3 类比赛状态空间对乒乓球比赛进行技战术诊断分析,选取比赛状态转移调整策略及其技战术诊断分析的结果和结论也是基于这 10 场比赛的。由于选取的比赛观察录像的来源及数量(只选取了 10 场),以及技战术观察指标体系的不同,其诊断分析的结果和结论可能与其他比赛的实际情况存在一定的差异。因此,在后续运用马尔可夫链进行乒乓球技战术诊断分析的实际运用中,应根据技战术诊断分析的具体目标,选择足够数量的比赛观察录像和相应的观察指标体系,以确保诊断分析结果的可靠性和真实性。

本章重点介绍了 3 类比赛状态空间中的技战术状态空间,对击球站位及回球位置状态空间的分析相对较少,同时也只选取了 10 场比赛中统计概率相对较高的比赛状态转移调整策略进行案例分析。在后续的研究中,可以更详细地介绍基于击球站位及回球位置状态空间的技战术诊断分析案例,同时也可以选取更多的比赛状态转移案例进行分析。

四、马尔可夫链数学诊断模型在运动训练实践中应用的局限性分析

基于马尔可夫链模型的数学模拟竞技诊断不仅可以用来探讨球类比赛技战术的一般性规律和特点,而且可以就某一运动员(队)具体的比赛对象进行研究。例如:当进攻的失误减少几个百分点时,比赛的获胜概率会提高多少;而当防守的成功率提高相同比例的百分点时,比赛的获胜概率又会提高几成等。借助于马尔可夫链数学模型的模拟计算,可以确定对比赛获胜概率影响最大的技术或战术,从而有针对性地加强那些对比赛获胜概率影响最大的技术或战术练习,提高运动员的技战术水平和比赛获胜概率。

然而,并不是所有球类比赛的状态转移概率矩阵都适合用马尔可夫链模型来计算比赛获胜概率,它必须满足 2 个条件,即马尔可夫性链的特性。基于马尔可夫链数学模型的

模拟竞技诊断方法在不同球类项目中的应用还存在着一些具体的问题,比如在隔网对抗项目中(乒乓球、网球、羽毛球、排球)的观察单位非常明确,即为每一次击球。但在同场对抗的球类项目中,比如篮球比赛中的运球、足球比赛中的带球,英式橄榄球中的持球跑等在时间和空间上的变化很大。因此,在同场对抗的球类比赛中观察的单位较难确定。再比如,隔网对抗项目的一个回合结束后,有一个明确的结果,A 运动员(队)得分或 B 运动员(队)得分,不存在第二种可能性。而同场对抗的球类项目的一个比赛片段结束(或暂停)时是往往会有多种不同的结果。球类比赛项目这些不同的结构特点,是建立马尔可夫链数学诊断分析模型必须加以考虑的问题,否则会使比赛数学分析模型的输出与比赛实际有较大的差异。

本章参考文献

陈雯,2021.齐次马尔可夫链的相关研究及其应用[D].成都:四川师范大学.

樊冬雪,2015.基于优化灰色马尔可夫链模型的铁路客流量预测方法研究[D].重庆:重庆交通大学.

冯利华,王德华,1997.金衢盆地洪水的马尔可夫链预测[J].地域研究与开发,(S1):88-90.

姜丽丽,2022.基于随机模型的云—边服务性能量化分析[D].北京:北京交通大学.

李浩,林湘宁,喻锟,等,2018.基于连续时间马尔可夫链的继电保护装置动作行为预测模型[J].中国电机工程学报,(S1):121-128.

林元烈,2002.应用随机过程[M].北京:清华大学出版社.

刘光昀,2022.基于马尔可夫链的自主式交通系统架构可靠性评估[D].哈尔滨:哈尔滨工业大学.

彭曲,丁治明,郭黎敏,2010.基于马尔可夫链的轨迹预测[J].计算机科学,37(8):189-193.

彭志行,2006.马尔可夫链理论及其在经济管理领域的应用研究[D].南京:河海大学.

孙志朋,2020.基于隐马尔可夫模型泊松分布的贝叶斯分析及其应用[D].昆明:云南大学.

覃广平,2006.交互式马尔可夫链:理论与应用[D].成都:中国科学院研究生院(成都计算机应用研究所).

王鹏,2015.基于马尔可夫模型的乒乓球技战术分析系统[J].电脑知识与技术,(1):78-80.

叶尔骅,张德平,2005.概率论与随机过程[M].北京:科学出版社.

叶昊楣,2021.基于离散时间马尔可夫链的智能合约建模与验证研究[D].南京:南京财经大学.

臧鸿雁,刘林,张志刚,2022.概率论与数理统计教学案例研究[J].大学数学,(2):39-44.

张辉,霍赫曼·安德烈亚斯,2004.乒乓球比赛的数学模拟竞技诊断[J].上海体育学院学报(2):68-72.

张宗震,2001.马尔可夫预测法基本原理解析与应用[J].成都电子机械高等专科学校学报,(2):25-29.

赵利民,周西利,2003.马尔可夫链在大白菜年景预报中的应用[J].西北农业学报,(4):139-142.

朱依霞,2015.马尔可夫链的条件极限定理及相关问题的研究[D].湘潭:湘潭大学.

LAMES M, HOHMANN A, DAUM M, et al., 1997. Top oder Flop:Die erfassung der Spielleistung in den Mannschaftssportspielen[J]. Sport-Spiel-Forschung Zwischen Trainerbank und Lehrstuhl:101-117.

Lames, M., 1991. Leistungsdiagnostik durch Computersimulation:Ein Beitrag zur Theorie der Sportspiele am Beispiel Tennis[M]. Deutsch.

LAMES, HOHMANNA, 1997. ZurLeistungsrelevanzvonSpiel-handlungenimVolleyball[C]. Seein B Hoffmann, P Koch(Hrsg), Integrative Aspektein Theorieund Praxisder Rueckschlagspiele, Hamburg:Czwalina:121-128.

第六章
数据挖掘技术在乒乓球技战术分析中的应用

第一节 数据挖掘技术概述

一、数据挖掘的定义

数据挖掘或称为数据开采、数据发掘。根据 W. J. Frawley 和 G. P. Shapiro 等人 (1992) 提出的定义,数据挖掘是从大量不完全的、有噪声的模糊随机数据中,提取隐含在其中人们事先不知道、但又是潜在有用的信息和知识的过程。它对数据的处理不仅仅局限于查询,而且能够找出数据之间潜在的联系。该概念包含几层含义:首先,数据源必须是真实的、大量的、含噪声的;其次,数据挖掘发现的是用户感兴趣的知识;最后,挖掘的知识要可接受、可理解、可运用。

数据挖掘是数据库研究中一个具有应用价值的新领域,是一门交叉性学科,融合了机器学习、模式识别、数据库技术、人工智能、统计学和数据可视化等多个领域的理论和技术。其目的是通过对数据源进行深层次的解读,从中挖掘出人们所需要的知识以及潜在的规律,为不同行业的发展提供各种支持与保障。

二、数据挖掘的分类

数据挖掘可以按照不同的分类标准进行分组,以下按数据库类型、挖掘对象、挖掘任务、挖掘技术等几方面对数据挖掘进行分类。

1. 基于数据库类型的分类

数据挖掘主要是在关系数据库中挖掘知识。随数据库类型的不断增加,逐步出现了不同数据库的数据挖掘,比如关系数据挖掘、模糊数据挖掘、历史数据挖掘、空间数据挖掘等多种不同数据库的数据挖掘类型。

2. 基于数据挖掘对象的分类

数据挖掘除对数据库这个结构化数据对象进行挖掘外,还有半结构化数据挖掘(如自然语言处理、XML 分析等)和非结构化数据挖掘。由于对象不同,挖掘的方法相差很大。文本、多媒体数据均是非结构化数据,挖掘的难度很大,需要使用图像处理、音频处理和视频处理等技术。

3. 基于数据挖掘任务的分类

数据挖掘的任务有关联分析、时序模式、聚类、分类、偏差检测、预测等。按不同任务对数据挖掘进行分类,可以分为关联规则挖掘、序列模式挖掘、聚类数据挖掘、分类数据挖掘、偏差分析挖掘等类型。各类数据挖掘由于任务不同,将会采用不同的数据挖掘方法和技术。

4. 基于数据挖掘技术的分类

数据挖掘按照数据挖掘的技术可分为:① 基于统计方法的数据挖掘,包括回归分析、方差分析、t 检验等统计技术;② 基于机器学习的数据挖掘:使用各种机器学习算法,如决策树、支持向量机、神经网络等;③ 基于人工智能的数据挖掘:使用专家系统、规则引擎等 AI 技术来挖掘知识;④ 基于模式识别的数据挖掘:通过识别数据中的模式和规律来进行挖掘,如图像识别、语音识别等。

数据挖掘是一个多领域、多技术的交叉学科,这些分类方法只是提供了一种对数据挖掘在不同方面进行组织和理解的方式,在实际应用中,应根据具体的问题和数据特征,综合考虑并结合多种分类方式来选择适当的数据挖掘方法和技术。

三、数据挖掘的主要技术

数据挖掘涉及多种技术和算法,以下列出几个主要的数据挖掘技术。

1. 随机森林

随机森林是一种强大的集成学习算法,用于解决分类与回归等问题。随机森林是由多个决策树组成的集成模型,通过合并多个树的预测结果来提高模型的性能和泛化能力,故名"随机森林"。决策树是一种逻辑简单的机器学习算法,它是一种树形结构,使用层层推理来实现最终的分类。

随机森林是由很多决策树构成的,不同决策树之间没有关联。当我们进行分类任务时,森林中的每一棵决策树对新输入的样本分别进行判断和分类,每个决策树会得到一个自己的分类结果,决策树的分类结果中哪一个分类最多,那么随机森林就会把这个结果当作最终的结果。

随机森林的主要优点在于可以构建很高维度的数据,并且不用降维,无须做特征选择。它可以判断特征的重要程度以及不同特征之间的相互影响,不容易过拟合且训练速度比较快,实现起来比较简单。对于不平衡的数据集来说,它可以平衡误差。如果有很大一部分的特征遗失,仍可以维持准确度。

随机森林的主要不足在于其复杂性。由于需要将大量决策树连接在一起,因此它们需要更多的计算资源。由于其复杂性,与其他同类算法相比,它们需要更多的时间进行训练。

2. 相关性分析

相关性分析是指对两个或多个具备相关性的变量进行分析,从而衡量两个变量的相关密切程度。相关性的元素之间需要存在一定的联系才可以进行相关性分析。相关性不等于因果性,也不是简单的个性化,相关性所涵盖的范围和领域几乎覆盖了我们所见到的方方面面。

常见的相关性分析方法有三种:Pearson 相关系数、Spearman 相关系数和 Kendall 相关系数。实际应用中使用 Pearson 相关系数的情况比较多。Pearson 适用于定量数据,数据需要满足正态分布,用散点图展示数据关系。Spearman 适用于定量数据,数据不需满足正态分布,用散点图展示数据关系。Kendall 适用于定量数据一致性判断,通常用于评分数据一致性水平研究。

相关性分析的主要优点是可以帮助我们了解不同变量之间的关系,即使没有因果关系,也可以发现它们之间的联系。这有助于揭示数据集中隐藏的模式和规律,有助于排除冗余特征,减少数据维度,提高后续模型的训练和推断效率。

相关性分析的主要不足是只能检测线性关系,对变量之间存在的复杂的非线性关系可能无法准确描述。

3. 关联规则挖掘

关联规则挖掘是一种用于发现数据集中项之间关联关系的技术。它主要应用于市场篮子分析和推荐系统等领域。关联规则挖掘的目标是寻找频繁出现在数据集中的项集和关联规则,以描述这些项集之间的关联性。挖掘关联规则的过程通常包括两个步骤:首先,通过扫描数据集,找出频繁项集;然后,基于频繁项集,生成关联规则,即描述项之间关联性的条件语句。常见的关联规则挖掘算法包括 Apriori 算法和 FP-growth 算法。

关联规则挖掘的主要优点是可以帮助发现数据集中的隐藏关联关系和频繁模式,这些关联关系可能为业务决策和优化提供有价值的信息。

关联规则挖掘的主要不足在于当数据集非常大时,挖掘关联规则可能会面临计算和存储的挑战。扫描大规模数据集需要大量的计算资源和时间,而且在内存中存储频繁项集也可能成为一个问题。

4. 预测建模

预测建模是利用历史数据来建立模型,通过学习数据的模式和趋势,预测未来事件或趋势。预测建模的关键在于数据的准备、模型的选择和调优,以及对结果的评估和监测。这些都需要综合考虑问题的复杂性、可用数据的质量和数量,以及模型的适用性和可解释性。

预测建模的主要优点是利用历史数据和已知模式,对未来事件进行预测。这有助于做出合理的决策和规划,以应对未来可能发生的情况。通过利用数据和模型来进行预测,可以消除主观判断和直觉偏差,提高决策的科学性和可信度。同时通过建立预测模型,可以挖掘数据中的隐藏模式、关联关系和知识,从而提供新的见解和理解。

预测建模的主要不足在于如果历史数据不再具有代表性,或者未来事件发生了显著的改变,模型的预测结果可能不可靠。预测建模的准确性和可靠性受到输入数据质量的限制。若数据存在噪声、缺失值或错误,可能会影响模型的训练和预测结果的准确性。

除了上述技术,数据挖掘还涵盖了许多其他算法和方法,包括回归分析、朴素贝叶斯、聚类、时间序列分析、特征选择、自然语言处理、神经网络和降维技术等。数据挖掘技术的选择取决于数据的特点和挖掘的具体目标。

四、数据挖掘的意义

数据挖掘技术在今天的信息时代中具有重要的意义,它可以帮助人们从大规模数据中发现有价值的信息、模式和关联,从而在各个领域中产生积极的影响。

1. 洞察数据

数据挖掘技术通过发现、提取和识别数据中的模式、关联和趋势,帮助我们从庞大的数据集中获取有价值的信息和知识。它能够洞察数据背后的潜在规律,帮助人们发现隐藏在数据中的见解和发现。

2. 辅助决策和预测

数据挖掘技术可以为决策和预测提供支持。通过对现有的数据进行挖掘和分析,可以预测未来事件发生的趋势,帮助决策者进行合理决策。数据挖掘为商业、医疗、金融等领域的管理者提供了重要信息,帮助他们制定优化策略和增强预测能力。

3. 优化过程和资源利用

数据挖掘技术可以发现业务中的瓶颈和问题,并提供优化建议。通过分析数据,可以改进生产过程,优化资源配置和库存管理,提高生产效率,减少资源浪费、降低生产成本,从而实现更好的资源利用和运作效果。

4. 发现新机会和创新

数据挖掘技术可以帮助人们发现新的机会和创新点。通过挖掘数据中的潜在模式和关联关系,人们可以发现新的市场趋势、用户行为模式和产品需求,从而引领创新和发现新的商业机会。

5. 提供个性化服务

数据挖掘技术可以分析个人的喜好、兴趣和行为,从而提供个性化的服务和推荐。这种个性化服务可以提高用户满意度,增强用户忠诚度,并为用户带来更好的服务体验。

总而言之,数据挖掘技术的意义在于通过提取和分析数据的模式和趋势,帮助人们洞察数据背后的知识,优化决策和资源利用,发现新的机会和创新,并提供个性化的服务,从而推动领域的智能化、高效化和创新化的发展。

第二节　基于数据挖掘技术的乒乓球技战术分析概述

乒乓球是一项隔网对抗性的竞技体育项目,不仅对运动员的技术水平有很高的要求,而且对战术的灵活运用也有较高的要求。比赛中灵活的战术运用会对球员的运动表现和比赛胜负起到决定性的作用。现有的乒乓球三段法等技战术统计指标通常是对单场或有限数量的比赛录像进行技战术分析,不能对大量的比赛历史数据进行挖掘与统计,更不能对比赛的胜负等进行预测,因此,我们有必要将数据挖掘技术运用到乒乓球比赛的技战术分析中,通过对乒乓球比赛的相关历史数据进行多角度和深层次的分析,从中找出潜在的、有价值的信息和知识,从而为教练员制定更具针对性的训练计划和战术策略提供依据和参考。

一、数据挖掘技术在乒乓球技战术分析中应用的主要方面

数据挖掘技术在乒乓球技战术分析中有着广泛的应用,它可以帮助教练员和运动员

更全面地了解比赛数据、对手特点和自身表现,从而制定更具针对性的训练计划和临场战术策略。数据挖掘技术在乒乓球技战术分析中应用主要包括以下几个方面:

1. 对手技战术特点挖掘

数据挖掘技术可以帮助收集大量的对手比赛数据,并从中挖掘出对手的技战术特点和优劣势。例如,分析对手的得分模式、发球偏好、正手/反手击球成功率等指标,可以帮助运动员和教练找出对手的技战术打法特点。这些数据挖掘的结果可以用来制定更有效的技战术策略,以增加比赛获胜的概率。

2. 比赛趋势分析

数据挖掘技术可以帮助教练员和运动员进行比赛趋势分析,即分析不同阶段比赛的数据,找出其中的变化和规律。通过观察比赛的走势和结果,可以识别出比赛中的关键点,帮助制定更合理的战术策略。例如,发现在比赛中的某个时间段运动员的击球成功率较高,可以加大攻势,利用这个时间段争取更多得分。

3. 个性化训练计划

数据挖掘技术可以为每位运动员制定个性化的训练计划。通过收集和分析运动员的比赛数据,可以了解其技战术特点和优势,并据此进行有针对性的训练。例如,如果某个运动员的反手击球成功率较低,可以加强反手技术的训练,以提高其在比赛中的反手表现。

4. 实时数据监测

数据挖掘技术可以实时监测比赛数据,帮助运动员和教练及时调整比赛战术策略。通过实时分析比赛数据,可以及时发现运动员在比赛中暴露的问题并及时调整战术,以增加比赛的胜率。例如,在比赛中发现对手的发球抢攻得分率偏高,可以适时调整接发球战术,增加对手的失误率。

5. 球员比较分析

数据挖掘技术可以将不同球员的比赛数据进行对比分析,找出彼此的优势和差距。通过对不同球员的比赛数据进行比较,可以帮助运动员了解自己和对手的技术特点和优劣势,从而制定相应的训练计划和战术策略。例如,比较两位运动员的发球得分率和接发球成功率,可以找出各自的优势和薄弱环节,以便在比赛中有针对性地进行应对。

综上所述,数据挖掘技术在乒乓球技战术分析中发挥着重要作用。它可以帮助教练员和运动员全面了解比赛数据和对手技战术特点,制定更具针对性的战术策略,从而提高运动员的竞技水平和取得更好的比赛成绩。同时,数据挖掘技术也是一种借助科技手段提升乒乓球技战术分析效率和准确性的重要手段。

二、数据挖掘技术在乒乓球技战术分析中应用的主要方法

数据挖掘技术在乒乓球技战术分析中可以应用多种方法,以帮助教练员和运动员更好地理解比赛数据、发现模式并改进战术。以下是一些主要的方法:

1. 聚类分析

这种方法通过对大量比赛数据进行聚类,将类似的比赛或球员进行分组,以揭示不同的比赛风格、技战术倾向以及球员特点。这可以帮助教练员和运动员更好地了解对手的

技战术打法特点,并优化训练计划和临场战术策略。

2. 时序分析

时序分析关注比赛中不同时间点的各种数据变化。例如,球员在比赛开始阶段和结束阶段的运动表现和得失分,球员在发球抢攻段、接发球抢攻段和相持段的技战术运用情况和比分,以及球员在整个比赛过程的体能状况等。通过分析这些时序数据,可以揭示比赛的变化趋势和关键时间点,从而及时调整比赛技战术策略,指导运动员赢得比赛。

3. 统计关联分析

通过分析比赛数据中的关联规律,可以发现一些潜在的但有价值的模式。例如,特定的发球方式可能与得分情况有关,或者某种战术策略可能与对手的反应有关。通过统计关联分析,可以优化战术选择。

4. 回归分析

通过回归分析,可以确定不同因素对乒乓球比赛成绩的影响程度。这些因素可以包括球员的打法风格、技战术水平、体能状态以及对手的实力等。通过建立回归模型,可以衡量各个因素对比赛成绩的影响程度,从而帮助教练员和运动员了解哪些因素在比赛中更为重要,以优化战术和训练计划。

5. 预测建模

基于历史数据和统计方法,可以建立预测模型,预测球员的运动表现和比赛结果等。这种方法可以为教练员和运动员提供参考,帮助他们在比赛中做出更明智的决策。

6. 可视化分析

数据可视化工具可以将复杂的比赛数据以图表、曲线等方式呈现,使教练员和运动员更容易理解比赛数据及其潜在的规律和知识。例如,热力图可以显示运动员击球的频率、落点和得分区域。

以上介绍了乒乓球技战术分析中常用的数据挖掘方法。在实际的应用过程中,可以根据乒乓球比赛数据的特点和具体的技战术分析目标和需求选择其他的数据挖掘方法,并结合乒乓球专业知识对结果进行解释和实际应用的指导。

三、数据挖掘技术在乒乓球技战术分析中应用的主要过程

数据挖掘技术在乒乓球技战术分析中有多种应用,涉及数据收集、数据预处理、特征提取、模型建立和结果解释等方面,下面将详细阐述数据挖掘技术在乒乓球技战术分析中应用的具体过程。

(一) 数据收集和预处理

在利用数据挖掘技术进行乒乓球技战术分析时,首先需要收集大量的比赛数据和运动员数据。这些数据可能来自乒乓球比赛的记录、技战术统计、传感器、摄像头等设备。其中可能包含了各种技术指标、战术指标和对抗性指标,比如击球力量、运动轨迹、发球得分率、击球成功率、角度控制、节奏变化等。然而,原始数据通常会有噪声和缺失值,需要进行预处理。数据预处理的技术包括去除异常值、填补缺失值、数据清洗、归一化、数据平滑等。

数据预处理的主要任务包括:

（1）数据清洗：去除重复数据、处理缺失值和异常值，以确保数据的准确性和完整性。

（2）数据转换：对数据进行归一化、标准化或离散化，以便后续的数据分析和挖掘。

（3）数据集成：将来自不同来源的数据整合在一起，形成一个完整的数据集。

（4）数据降维：对高维数据进行降维处理，以减少计算复杂度和提高模型性能。

乒乓球技战术分析的数据来源有多种，各种数据的类型和结构存在较大的差异，因此应采用不同的数据预处理方法进行处理。

（二）特征提取

在数据挖掘中，特征提取是非常关键的一步。在乒乓球技战术分析中，特征提取涉及从原始数据中提取有效的特征，用于后续的模型建立和分析。特征可以包括技术指标、战术指标、对抗性指标以及其他与乒乓球比赛相关的指标。特征提取的方法包括但不限于：统计特征，例如平均值、方差、最大值、最小值等，用于描述数据的分布特性；频域特征，通过对数据进行傅里叶变换，提取频域特征，用于分析信号的频率成分；时域特征，通过对时间序列数据进行时间域分析，提取时域特征，用于分析数据的时序变化。例如可以从原始数据中提取运动员在比赛中的发球得分率、正手击球成功率、节奏变化频率、比赛获胜概率等特征作为输入数据建模。

（三）模型建立

模型建立是数据挖掘的核心部分。在乒乓球技战术分析中，可以使用多种数据挖掘模型。

1. 决策树

决策树可以用于分类和回归问题，可以对比赛结果进行预测，评估运动员的竞技表现等。例如我们可以使用分类模型来预测运动员在与特定对手比赛时的胜负概率，帮助运动员和教练制定比赛策略。

2. 支持向量机

支持向量机（SVM）也可以用于分类和回归问题，通过分析乒乓球比赛数据，发掘潜在的规律和趋势。

3. 神经网络

神经网络用于处理复杂的非线性问题，可以建立复杂的神经网络模型来挖掘乒乓球比赛数据中的潜在信息和知识。

4. 聚类分析

聚类分析是一种无监督学习技术，用于将数据分成相似的组别。在乒乓球技战术分析中，可以使用聚类分析来发现运动员之间的相似性和差异性，找出技术、战术或对抗性上的共性，以便制定针对性的训练和战术策略。例如通过聚类分析，我们可以将一组运动员分成技术特点相似的组别，以便制定针对性的技术训练计划。在模型建立过程中，还需要进行模型的训练和优化，以找到最优的模型参数，提高模型的准确性和泛化能力。

（四）结果解释

结果解释是数据挖掘的最后一步。在乒乓球技战术分析中，通过对挖掘结果进行解释，可以帮助教练员和运动员理解数据中的规律和趋势，以及模型的预测结果。结果解释可以帮助制定更合理和有效的战术策略,提高运动员的竞技水平。结果解释的方法包括但不限于：可视化——通过图表、图像等可视化方式展示挖掘结果,使其更易于理解和解释;解释模型参数——对于使用可解释性较强的模型,可以解释模型的参数和权重,以理解模型的工作原理和预测结果。通过结果解释,我们可以发现运动员在比赛中的技战术特点和趋势,从而帮助运动员和教练制定更有效的战术策略。

综上所述,数据挖掘技术在乒乓球技战术分析中的应用涉及数据收集与预处理、特征提取、模型建立和结果解释等多个阶段。这些步骤可以完成数据挖掘,帮助运动员和教练更全面地了解比赛数据、对手特点和自身表现,以制定更具针对性的战术策略,提高竞技水平和取得更好的比赛成绩。

四、数据挖掘技术在乒乓球技战术分析中应用的主要作用

1. 发现潜在规律

乒乓球比赛中存在着大量的数据,包括球员的技术指标、战术指标、得失分情况、比赛结果等。通过数据挖掘技术,可以帮助发现这些数据中隐藏的潜在规律和趋势。例如,可以挖掘出某种特定技战术模式和比赛胜率之间的关联等。

2. 提供客观分析

数据挖掘技术可以对乒乓球比赛数据进行客观、系统的分析。通过数据挖掘得到的结果和模式,可以提供客观的数据支持和分析结果,辅助教练员和球员做出更明智的技战术决策。

3. 效率和全面性

对大量的乒乓球比赛数据进行人工分析是耗时且容易遗漏细节。而数据挖掘技术可以自动化地处理和分析大量数据,提高分析效率,同时能够全面地考虑多个指标、多个因素之间的关系。

4. 探索新的策略和创新

数据挖掘技术可以发现乒乓球比赛中的新的技战术策略。它可以通过挖掘数据中的模式和关联关系,提供新的思路和创新点,帮助教练员和运动员在技战术上进行探索和创新。

5. 个性化指导

通过数据挖掘技术,可以对不同球员的比赛数据进行个性化分析,了解其技战术强项和改进点,并为球员提供针对性的技战术指导,以提高其竞技水平。

综上所述,数据挖掘能够用于乒乓球技战术分析,主要因为它能够发现潜在规律、提供客观分析、提高分析效率、探索新策略、创新技战术打法,以及提供个性化指导等。这些特点让数据挖掘技术成为乒乓球技战术分析的有力工具。

五、数据挖掘技术在乒乓球技战术分析中应用的主要优势

1. 全面的数据收集与分析

数据挖掘技术能够从多个角度和来源收集乒乓球比赛的各种数据,包括球员动作、球速、旋转、得失分、技战术运用等。这使得分析更全面,有助于揭示隐藏在数据中的模式和

关联。

2. 实时性与即时反馈

大数据分析能够实时地收集、处理和分析比赛数据,使教练员和运动员能够获得及时的反馈。这使得针对性的战术调整和决策更加迅速和有效。

3. 模式识别与趋势分析

数据挖掘能够识别出球员的运动模式、战术倾向和比赛中出现的趋势。这可以帮助教练员和运动员更好地了解对手的技战术打法特点和策略,从而做出更明智的决策。

4. 个性化训练计划

通过分析球员的数据,数据挖掘可以帮助制定个性化的训练计划。这些计划可以根据球员的技战术强项和弱点进行调整,以便有针对性地提高技战术水平。

5. 对手分析与战术优化

数据挖掘技术可以深入分析对手的运动表现和技战术特征,帮助运动员更好地了解对手的技战术策略和弱点。这有助于制定更有效的比赛战术,提高比赛获胜概率。

6. 比赛预测与决策支持

基于历史数据和趋势,数据挖掘技术可以提供比赛结果的预测。这为教练员和运动员比赛中的技战术决策提供了有价值的参考,帮助他们更好地规划比赛战略。

7. 深入洞察选手表现

数据挖掘技术可以收集和分析大量比赛数据,如球速、球旋、击球弧线等,从而深入了解球员的运动表现。通过分析这些数据,教练员可以发现运动员的技战术优势和劣势,从而调整训练计划和战术策略。

8. 战术优化和对手分析

数据挖掘技术可以帮助教练和选手更好地分析对手的比赛模式和弱点。通过收集和分析大量的对手比赛数据,可以挖掘出对手的发球习惯、技战术特征、击球区域偏好等信息。这使得教练员和运动员可以制定更精准的战术策略,针对性地利用对手的弱点。

9. 实时反馈与调整

数据挖掘技术可以在比赛进行中提供实时数据分析和反馈。这使得教练员和运动员可以在比赛过程中了解关键数据,如得分情况、击球效果等,从而做出实时调整。

综上所述,数据挖掘技术在乒乓球技战术分析中能够提供全面、实时、个性化的信息,包括深入了解球员的运动表现、对手分析、战术优化,以及提供实时结果反馈与调整的能力,这些都有助于教练员和运动员制定更科学的训练计划和比赛策略,提升选手的竞技水平和比赛获胜概率。

第三节　回归分析在乒乓球技战术分析中的应用

回归分析是数据挖掘中的一种常用方法,它用于建立和分析变量之间关系的相互关系,通常用于预测一个或多个因变量(目标变量)与一个或多个自变量(解释变量)之间的关系。通过分析回归系数和显著性水平,可以确定变量之间的正向或负向关系。回归分析是数据挖掘的一种有力工具,可用于预测建模、变量选择、异常检测和关联分析等方面,以帮助发现数据中的潜在模式和知识。

乒乓球作为隔网对抗类竞技项目,其运动员的竞技能力和比赛胜负受运动员的技术、战术、体能、心理和智能等方面因素的影响,而且每个因素又包括很多复杂的具体指标,比如击球的力量、球速、转速、落点、弧线,运动员的技战术水平、打法特点,比赛的技战术策略选择等,因此,很难直观地对运动员的运动表现、技战术运用策略和比赛胜负进行科学的分析、评估与预测。然而,通过搜集运动员比赛的各种历史数据,可以建立回归模型来分析不同因素对运动员比赛表现的影响,评估运动员技战术策略的运用效果,并预测比赛的获胜概率等。鉴于回归分析在乒乓球技战术分析中具有的重要意义,本节将重点介绍回归分析在乒乓球技战术分析中的具体应用案例。

一、回归分析概述的起源与发展

(一)回归分析的起源与发展

回归分析是研究变量之间相互依赖关系的一种统计方法,是数理统计学中应用最广泛的分支之一。回归分析的概念最早由英国统计学家弗朗西斯·高尔顿(1886)于19世纪提出,他研究了父母身高与子女身高之间的关系,并提出了"回归"到平均水平的概念。这一观点后来演化为统计学中回归分析的基础。19世纪末和20世纪初,弗朗西斯·埃德华(1917)进一步扩展和发展了回归分析的方法和理论,提出了更多的回归模型和估计方法。随着统计学的不断发展,回归分析逐渐成了统计学的另一核心分支。如今,回归分析已经成为数据科学和机器学习中的重要分析方法之一,它被广泛应用于经济学、社会科学、医学研究、市场营销等领域,用于建立和分析自变量与因变量之间的关系,帮助我们进行预测和决策分析。

(二)回归分析的基本原理

回归分析是一种统计方法,用于研究自变量与因变量之间的关系。它的基本原理是构建一个数学模型来描述自变量与因变量之间的关系,并利用已知数据对模型进行拟合,以预测未知数据的结果。在回归分析中,自变量是独立变量,它们是研究所关注的因素或特征,而因变量是依赖于自变量的变量,它是研究的结果或目标。

回归分析的基本原理涉及以下几个要点。

1. 建立关系模型

回归分析旨在建立一个数学模型,以描述自变量和因变量之间的关系。这个模型通常采用线性方程的形式,也可以是非线性的,具体取决于问题的性质和数据的特点。

2. 拟合模型

回归分析的目标是通过已有的历史数据找到最佳拟合模型,使得该模型能够最好地解释因变量的变化。这通常涉及调整模型参数,以最小化预测值与实际观测值之间的误差。

3. 评估模型

一旦模型被拟合,需要评估模型的质量和适用性。这通常包括检查模型的拟合程度、残差分析以及统计指标的评估,如决定系数(R^2)、均方误差(MSE)和均方根误差(RMSE)等。

4. 做出推断和预测

完成模型评估后,可以使用该模型进行推断和预测。这意味着可以根据已知的自变量值来预测因变量的值,或者对未来的数据点进行预测。

总而言之回归分析的基本原理就是通过建立数学模型来描述自变量与因变量之间的关系,并利用模型进行预测和推断。利用数据统计原理,对大量统计数据进行数学处理,并确定因变量与某些自变量的相关关系,建立一个相关性较好的回归方程(函数表达式),并加以外推,用于预测今后的因变量的变化的分析方法。

（三）回归分析的分类

回归方法可以根据多个因素来分类,这些因素包括模型的类型、自变量的数量、数据类型以及应用领域等。以下是常见的回归方法分类。

1. 根据模型的类型

线性回归:假设自变量与因变量之间的关系是线性的,即可以用一个线性方程来表示。最简单的是简单线性回归,只有一个自变量。多元线性回归则包含多个自变量。

非线性回归:假设自变量与因变量之间的关系不是线性的,因此模型可以包含非线性函数,如指数、对数、多项式等。

2. 根据自变量的数量

简单回归:只包含一个自变量和一个因变量的回归分析。

多元回归:包含多个自变量和一个因变量的回归分析。

3. 根据数据类型

时间序列回归:用于处理时间序列数据,其中自变量和因变量都随时间变化。

空间回归:用于处理地理空间数据,考虑地理位置对因变量的影响。

4. 根据机器学习方法

决策树回归:使用决策树模型进行回归分析。

随机森林回归:基于随机森林算法的回归模型。

支持向量回归:使用支持向量机方法进行回归分析。

神经网络回归:基于人工神经网络的回归模型。

每种分类方式都有其特定的应用场景和优点,选择合适的回归方法取决于研究问题、数据性质和建模需求。

（四）回归分析的步骤

回归分析是一种统计学方法,用于研究和建模变量之间关系。它的主要目的是探索一个或多个自变量与一个因变量之间的关联,并建立一个数学模型来描述这种关系。其基本步骤包括以下几个阶段。

1. 收集数据

首先,需要收集相关数据,包括自变量(解释变量)和因变量(响应变量)的观测值。确保数据是准确、完整的,并且包括足够的样本来进行分析。

2. 探索性数据分析

在进行回归分析之前,进行探索性数据分析是很重要的。通过绘制图表、计算统计摘要和检查数据分布,可以帮助我们理解数据的特征,发现异常值,并确定是否需要数据转换或处理。

3. 拟合回归模型

根据问题的性质选择适当的回归模型,如线性回归、非线性回归、多元回归等。对于线性回归,拟合模型通常涉及估计斜率和截距,以最小化观测值和模型预测值之间的残差平方和。对于非线性回归,选择合适的非线性函数,并估计相应的参数。

4. 模型评估

评估回归模型的拟合度和性能是关键步骤。常用的评估指标包括决定系数(R^2)、均方误差(MSE)、均方根误差(RMSE)、残差分析等。

5. 解释结果

通过分析回归模型的参数估计和显著性检验,解释自变量与因变量之间的关系。确定哪些自变量对因变量有显著影响,哪些不显著,并判断模型是否符合研究问题的需求,是否有意义。

6. 预测和推断

使用拟合的回归模型进行预测和推断。可以根据模型的参数估计来预测新的观测值,进行统计推断,以了解模型参数的不确定性。

7. 报告和可视化

将回归分析的结果以图表等清晰和易懂的方式报告出来,内容包括模型方程、参数估计、评估指标和解释等。

8. 验证模型

使用独立数据集(如果可用)来验证模型的泛化性能。

这些步骤构成了回归分析的基本流程,但根据具体问题的复杂性,可能需要更多的细化步骤和分析方法。

(五)回归分析模型的评估指标及其计算方法

回归模型的评估指标对于了解模型的性能和准确性至关重要。以下是常用的回归模型评估指标。

1. 决定系数(R^2)

决定系数是一个衡量回归模型拟合程度的指标,也称为拟合优度,它的值介于 0 和 1 之间,通常表示为百分比,R^2 越接近 1,模型的拟合效果越好。决定系数 R^2 度量了因变量(目标变量)的变异性被模型解释的比例。

$$R^2 = 1 - (SSR/SST)$$

式中,SSR 是残差平方和,SST 是总平方和(因变量的平方差)。

2. 均方误差(MSE)

均方误差是一个常用的回归模型评估指标,它度量了模型预测值与真实观测值之间的差异程度。MSE 越小,表示模型对数据的拟合效果越好。计算方法为将每个观测值的预测误差平方后取平均值。具体计算方法为

$$MSE = (1/n) \times \sum (y_i - \hat{y}_i)^2$$

式中,n 表示观测样本数量,y_i 表示实际观测值,$\hat{y}_i$ 是模型的预测值。

3. 均方根误差(RMSE)

均方根误差是一种用于评估回归模型性能的常见指标。它衡量了模型预测值与真实观测值之间的平均误差的平方根。RMSE 的值越小,表示模型的预测越准确。RMSE 是 MSE 的平方根,计算方法为

$$RMSE = \text{SQRT}(MSE)$$

由于对残差取了平方,再开平方根,因此 RMSE 对大误差值更为敏感,即较大的误差值对 RMSE 的影响更大。这使得 RMSE 能够较好地捕捉到模型在预测中的离群值或异常情况。

4. 残差分析

残差是模型预测值与真实观测值之间的差异。残差分析是一种用于评估模型拟合质量和检测模型假设是否成立的方法。残差分析通常包括以下步骤:绘制残差图、检查残差的正态性(是否近似服从正态分布)、残差的方差齐性建议、检查离群值。残差分析可以帮助识别模型是否存在问题,例如,是否存在异方差性、是否需要进行变换或添加更多的自变量来改善模型。

综合使用这些评估指标和方法,可以更全面地了解回归模型的性能,识别模型的优势和局限性,从而更好地适应数据和问题的需求。

二、回归分析在乒乓球技战术分析中的应用实例

回归分析在乒乓球技战术分析中应用的基本原理与一般回归分析相同,其主要目标是通过构建描述自变量与因变量之间关系的数学模型,并利用模型进行预测和推断。但应用到乒乓球技战术分析时,自变量通常与球员的技术战、比赛或球的属性等相关,因变量通常是比赛表现、技战术运用效果和比赛的获胜概率等。

由于影响乒乓球运动员比赛和获胜概率的因素比较多,因此对乒乓球的技战术分析通常采用多元回归分析。多元回归分析的基本原理是基于线性回归的思想,假设自变量与因变量之间存在线性关系。回归方程可以表示为:$Y = \beta_0 + \beta_1 X_1 + \beta_2 X_2 + \cdots + \beta_n X_n + \varepsilon$。其中,$Y$ 表示因变量(比如比赛表现、获胜概率等),$X_1, X_2, \cdots, X_n$ 表示自变量(比如发球得分率、正手击球成功率等),$\beta_0, \beta_1, \beta_2, \cdots, \beta_n$ 表示回归系数,代表自变量对因变量的影响程度及正负关系,ε 表示误差项。多元回归分析的目标是估计回归系数,通过拟合回归方程,找到自变量与因变量之间的最佳线性关系,从而进行预测和解释。

多元回归分析在乒乓球技战术分析中可以用于了解不同因素对球员运动表现和比赛胜负的影响,对球员比赛胜负进行预测等,其应用主要有以下几个方面。

1. 性能评估和改进

回归分析可以帮助教练员评估乒乓球运动员的运动表现和技战术策略的运用效果。通过收集球员的历史比赛数据,如技战术运用、击球方式、击球成功率、比赛得失分等,可以建立多元回归模型来评估不同技术动作、战术策略和击球方式等因素对球员运动表现和比赛结果的影响;分析不同技战术的实施和比赛结果之间的关系,从而帮助教练员和运

动员了解哪些技术动作更有效,哪些战术策略在不同情况下更具优势,哪些技战术更适合球员的风格和技战术能力,以及哪些技战术需要改进等,进而制定更具针对性的训练计划和比赛战术策略,提高球员和球队的表现水平。

2. 技战术优化

回归分析可以帮助球员和教练优化乒乓球比赛中的技战术策略。通过建立多元回归模型,可以分析不同技战术因素(如发球方式、击球策略、对手实力等)与球员运动表现和比赛结果的影响,找到对比赛获胜影响最大的技战术因素,从而帮助教练员和运动员针对这些因素制定最优的技战术策略,并优化球员的比赛表现。

此外,回归分析还可以了解个体间的差异,通过将个体的技术指标、体能水平因素等作为自变量,运动表现或比赛成绩作为因变量,可以建立回归模型来分析不同个体的表现差异,并确定影响表现的关键因素。这对于个体训练的定制化和弱化个体弱点都具有重要意义。

3. 对手分析

回归分析可以用于分析对手的技战术特征。收集多位对手的历史比赛数据作为自变量,包括击球习惯、强项和弱点等,运动员的比赛胜负作为因变量,通过建立多元回归模型,教练员和运动员可以了解不同对手的技战术特点及其优劣势,找出对手技战术特征中对比赛结果影响最大的因素,并制定针对性的战术策略来应对不同对手的打法和战术。

4. 预测运动表现和比赛胜负

多元回归分析也可以用于实时数据分析。在比赛进行过程中,收集实时的技术、战术数据和比赛得失分,应用多元回归分析方法,预测比赛结果或者实时评估球员的运动表现,从而帮助教练员根据实际情况及时调整战术策略,以更好地应对对手并争取比赛获胜。

综上所述,回归分析为教练员提供了一种科学的训练指导方法,它通过对历史比赛数据的统计分析帮助教练员更好地了解运动员和对手的技战术水平和运动表现,分析不同因素对运动员竞技表现和比赛胜负的影响,评估不同技战术策略的有效性,预测球员的运动表现和比赛胜负,从而为教练员制定针对性训练计划和临场技战术指导提供科学的依据,优化训练和战术策略,进而帮助球员和球队取得更好的比赛成绩。

总之,通过构建合适的回归模型,回归分析在乒乓球技战术分析中可以帮助运动员和教练员更好地理解比赛数据,优化技战术策略,提高比赛表现和获胜概率。通过分析大量比赛数据,可以揭示出乒乓球运动新的技术发展趋势、战术策略和训练方法,为乒乓球运动的进一步发展和创新提供有力的支撑。同时,回归分析也推动了乒乓球领域的数据驱动研究与发展。这些分析方法和数据驱动的决策有望为乒乓球运动的发展带来更大的成功。

(一)案例一:基于多元回归分析的运动员技战术对获胜概率的影响

乒乓球技战术是运动员竞技表现和比赛胜负的重要决定性因素。乒乓球技战术有多种,在比赛中运动员需要根据自己和对手的具体情况、正确而灵活地运用所掌握的各种技战术,充分发挥自己的优势,紧紧抓住对方的技战术弱点,为战胜对手而采取合理、有效的技战术策略。可见,乒乓球技战术对乒乓球运动的发展、创新以及在比赛中制胜起到关键作用,因此,本案例介绍基于多元回归分析方法分析比赛中运动员的技战术对比赛获胜概率的影响。

1. 数据集介绍

将数据集分为特征集和目标变量。特征集自变量是基于三段法各段的得分率和使用率,主要包括:发球得分率、发球使用率、接发球得分率、接发球使用率、第3板得分率、第3板使用率、第4板得分率、第4板使用率、相持段得分率、相持段使用率;目标变量:比赛的获胜概率(=场比赛总得分/场比赛的总球数)。

数据集包括131场比赛的10个技战术分析指标和每场比赛的获胜概率,共11个指标,分析这些技战术统计指标对比赛获胜概率的影响程度。

2. 模型的选择及评估指标

选用多元线性回归模型 Linear Regression 进行分析。多元线性回归是通过多个自变量与因变量之间进行建模的回归分析,是多个称为回归系数的模型参数的线性组合。模型的评估指标选取:R Square、Adjusted R Square 和 Mean Square Error。

3. 分析流程

在 Python 开发环境下,导入数据集,对数据进行整理,对数据集进行相关性分析,构建多元回归分析模型,最后,运用回归分析模型进行预测,并通过比较预测值与实际值的误差对模型的精度进行评估。主要流程及 Python 代码如下。

(1) 导入数据:Pandas 是数据分析和处理常用的工具包,非常适合处理行列表格数据。Numpy 是数学运算工具包,支持高效的矩阵、向量运算。Matplotlib 和 Seaborn 是作图的常用工具包。主要 Python 代码如下:

```
import pandas as pd
import numpy as np # 数学运算
import matplotlib.pyplot as plt # 作图
import seaborn as sns # 作图
df = pd.read_excel('traindata.xlsx') #数据导入
```

数据导入结果见图 6-1。

	发球使用率	发球得分率	接发球使用率	接发球得分率	第三拍使用率	第三拍得分率	第四拍使用率	第四拍得分率	相持球使用率	相持球得分率	获胜概率
0	0.216450	0.060000	0.212121	0.163265	0.190476	0.272727	0.164502	0.236842	0.229437	0.245283	0.548387
1	0.217899	0.107143	0.221790	0.192982	0.178988	0.260870	0.167315	0.232558	0.214008	0.236364	0.495495
2	0.205323	0.203704	0.205323	0.166667	0.159696	0.404762	0.163498	0.139535	0.266160	0.214286	0.619718
3	0.224599	0.190476	0.229947	0.209302	0.181818	0.441176	0.149733	0.357143	0.213904	0.350000	0.473214
4	0.205323	0.203704	0.205323	0.166667	0.159696	0.404762	0.163498	0.139535	0.266160	0.214286	0.471074
...	...	...	...	...	...	...	...	...	...	...	...
126	0.069767	0.034884	0.500000	0.279070	0.250000	0.232558	0.222222	0.104651	0.400000	0.348837	0.221395
127	0.145833	0.074468	0.500000	0.191489	0.428571	0.223404	0.315789	0.202128	0.413793	0.308511	0.311277
128	0.166667	0.085714	0.538462	0.185714	0.571429	0.200000	0.500000	0.200000	0.695652	0.328571	0.282286
129	0.062500	0.031746	0.363636	0.174603	0.375000	0.253968	0.076923	0.206349	0.285714	0.333333	0.130952
130	0.045455	0.022727	0.500000	0.181818	0.541667	0.272727	0.350000	0.227273	0.307692	0.295455	0.300909

131 rows × 11 columns

图 6-1　数据导入结果示意图

（2）数据整理：检查数据类型和空值。Python 代码及结果显示如下：

df.info( )

<class 'pandas.core.frame.DataFrame '>Range Index：131 entries，0 to 130 Data columns（total ll columns）：

发球使用率	131 non-null	float64
发球得分率	131 non-null	float64
接发球使用率	131 non-null	float64
接发球得分率	131 non-null	float64
第 3 板使用率	131 non-null	float64
第 3 板得分率	131 non-null	float64
第 4 板使用率	131 non-null	float64
第 4 板得分率	131 non-null	float64
相持球使用率	131 non-null	float64
相持球得分率	131 non-null	float64
获胜概率	131 non-null	float64

（3）数据描述性统计分析：数据描述性统计分析结果见表 6-1。

表 6-1　数据描述性统计分析结果表（$n=131$）

指　　标	最 小 值	最 大 值	平 均 数	标准偏差
发球使用率	.0256	.2545	.1666	.0576
发球得分率	.0000	.2449	.0873	.0520
接发球使用率	.1316	.8889	.3615	.2298
接发球得分率	.0435	.3077	.1660	.0571
第 3 板使用率	.1386	1.0000	.2950	.1772
第 3 板得分率	.0714	.5000	.2482	.0752
第 4 板使用率	.0769	.6111	.2279	.1301
第 4 板得分率	.0800	.4545	.2022	.0636
相持球使用率	.1290	.6957	.3179	.0864
相持球得分率	.0886	.6154	.2901	.1073
获胜概率	.1310	.7097	.4277	.1324

（4）相关性分析：分析每个自变量与因变量之间的相关性,结果如下表 6-2 所示。从表中可以看出,每个自变量和因变量之间都存在显著的相关性,适合进行多元回归分析。

plt.rcParams['font.sans-serif'] = ['SimHei']

plt.rcParams['axes.unicode_minus'] = False

```
plt.figure(figsize=(10,8))
sns.heatmap(round(df.corr(),2),cmap='Blues',annot=True)
plt.title("数据相关性")
plt.show()
```

表 6-2　每个自变量与因变量之间的相关性分析结果

	发球使用率	发球得分率	接发球使用率	接发球得分率	第3板使用率	第3板得分率	第4板使用率	第4板得分率	相持段使用率	相持段得分率
获胜概率	0.703**	0.425**	-0.592**	0.097**	-0.574**	0.361**	-0.590**	0.091**	-0.304**	0.668**

注:**表示相关性在0.01层上显著(双尾)。

(5)多元回归模型构建与测试:将数据集中的自变量和因变量数据划分为训练集和测试集(8:2),建立多元回归模型,使用训练集数据进行模型的训练,再使用测试集数据进行预测,主要 Python 代码和模型输出结果如下。

```
X=data[['发球使用率','发球得分率','接发球使用率','接发球得分率','第3板使用率','第3板得分率','第4板使用率','第4板得分率','相持球使用率','相持球得分率']]
Y=data['获胜概率']
x_train,x_test,y_train,y_test=train_test_split(X,Y,test_size=0.2,random_state=0)  # 则表示8:2进行划分数据集
#生成 Linear Regression 模型和拟合函数
linear_regressor=LinearRegression()
# 拟合函数
linear_regressor.fit(x_train,y_train)
#预测 y:使用训练集 train 拟合得到的拟合函数后,再使用测试集 test 进行预测
Y_pred=linear_regressor.predict(x_test)
print('权重:',linear_regressor.coef_)
print('截距:',linear_regressor.intercept_)
```

输出结果:

权重 W:[-0.04826481, 0.87980718, -0.17741752, 1.02912668, 0.17149289, 0.13365366, -0.03616985, 1.70352237, -0.0266304, 1.01782472]

截距 B:-0.4175770873353031

The model is:$Y=W \times X+B$。

(6)模型精度:

```
#模型评估
MSE=mean_squared_error(y_test,Y_pred)
RMSE=np.sqrt(mse)
```

R2 = r2_score(y_test，Y_pred)

输出结果：

均方误差(MSE)：0.0042。

均方根误差(RMSE) 0.0651。

决定系数(R2) 0.1732。

模型预测值与实际值的对比见表 6 - 3 所示。

表 6 - 3   模型预测值与实际值对比

输入的训练值	输出的预期值	误　　差	误差百分比
0.592593	0.560237	0.032356	5.46
0.542056	0.501229	0.040827	7.53
0.510833	0.485490	0.025343	4.96
0.514563	0.460736	0.053827	10.46
0.409091	0.402369	0.006722	1.64
0.547826	0.467586	0.080240	14.65
0.594595	0.562939	0.031656	5.32
0.563492	0.506708	0.056784	10.08
0.459259	0.495367	0.036108	7.86
…	…	…	…

（7）结果分析：基于上述数据集的回归分析方程可知,乒乓球比赛中发球得分率、接发球得分率、第3板使用率、第3板得分率、第4板得分率、相持段得分率等对比赛的获胜概率有积极影响,其他三段法评估指标对获胜概率没有积极影响。

（二）案例二：基于 sklearn 的多维高斯回归预测技术效能和比赛表现

根据三段法评估指标(各段的得分率和使用率)可以计算出运动员比赛的技术效能和比赛表现,可以更直观和综合地评价运动员在比赛中的技战术运用效果和比赛表现,因此本案例介绍如何运用多维高斯回归模型分析乒乓球比赛的技战术对运动员技术效能和比赛表现的影响,并运用多维高斯回归模型对其进行预测,从而为运动员的运动训练和比赛提供指导。

1. 多维高斯回归介绍

多维高斯回归是一种基于高斯分布的多元回归分析方法。它假设因变量与多个自变量之间服从多维高斯分布,即自变量之间的相关性可以通过高斯分布来描述。多维高斯回归模型通过最大似然估计来估计回归系数,从而找到最优的回归方程,使得观测值与预测值之间的误差最小化。使用 Python 语言 sklearn 库中的 GaussianNB 类可以实现多维高斯回归预测。

基于 sklearn 的多维高斯回归预测技术效能（TE）和比赛表现（CP）的步骤主要包

括：① 数据准备，收集乒乓球比赛数据，包括自变量（技术和战术因素）和因变量（TE和 CP）；② 数据预处理，对收集的数据进行清洗和归一化处理，确保数据的准确性和一致性；③ 构建回归模型，将数据转换为 Numpy 数组，将自变量和因变量取出，使用GaussianNB 类创建多维高斯回归模型；④ 拟合模型，使用模型的 fit 方法拟合数据，估计回归系数；⑤ 预测 TE 和 CP，通过输入新的数据样本，使用模型的 predict 方法进行预测。

2. 预测技术效能

（1）数据集介绍：将数据集分为特征集和目标变量。特征集自变量是基于三段法各段的得分率和使用率，主要包括：发球得分率、发球使用率、接发球得分率、接发球使用率、第 3 板得分率、第 3 板使用率、第 4 板得分率、第 4 板使用率、相持段得分率、相持段使用率；目标变量：技术效能 TE。

（2）模型的构建：模型构建的主要流程及 Python 代码如下。

#导入包

```
from sklearn.gaussian_process import GaussianProcessRegressor
from sklearn.gaussian_process.kernels import DotProduct, WhiteKernel
from sklearn.model_selection import train_test_split
import sklearn
import numpy as np
import pandas as pd
import matplotlib.pyplot as plt
```

#读取数据

```
data = pd.read_excel("TECP.xlsx")
```

#数据处理

```
y1 = data[['TE1']]    #以发抢段技术效能 TE1 为例
#y2 = data[['TE2']]
#y3 = data[['TE3']]
x1 = data[['1WR', '1UR', '1_3WR', '1_3UR', '3WR', '3UR', '4WR',
          '4UR', '5WR', '5UR', '2_4WR', '2_4UR', '5_WR', '5_UR']]
```

WR：得分率，UR：使用率，1_3WR：发抢段得分率，2_4WR：接发抢段得分率，5_WR：相持段得分率，TE1：发抢段技术效能，TE2：接发抢段技术效能，TE3：相持段技术效能。

```
X_train, X_test, y_train, y_test = sklearn.model_selection.train_test_split(
     x1, y1, test_size = 0.3, random_state = 0)    # 表示 7:3 进行划分数据集
kernel = DotProduct() + WhiteKernel()
gpr = GaussianProcessRegressor(kernel = kernel, random_state = 0).fit(X_train, y_train)
```

（3）预测 TE：te_pred_test, sigma = gpr.predict(X_test, return_std = True)。高斯回归模型的技术效能 TE 预测值与实际值的对比见表 6 - 4 所示。

表 6-4　TE 预测值与实际值的对比

预 测 值	实 际 值	误　　差	误差百分比
0.471044	0.578746	0.107702	0.186096
0.448679	0.545883	0.097204	0.178068
0.490295	0.533487	0.043193	0.080963
0.570969	0.529399	-0.041569	-0.078521
0.490661	0.592044	0.101383	0.171243
0.547159	0.512766	-0.034392	-0.067072
0.503046	0.573689	0.070643	0.123139
0.582993	0.422978	-0.160014	-0.378303
0.532468	0.598086	0.065618	0.10971
0.514275	0.529303	0.015029	0.028394
0.554984	0.559166	0.004182	0.007479
0.521196	0.481891	-0.039303	-0.081561
…	…	…	…

（4）模型的精度：score1＝gpr.score（X_test，y_test）。输出结果：0.9299509283139223，表明运用多维高斯回归模型预测 TE 的准确率达到 96%。

3. 预测 CP

（1）数据集介绍：将数据集分为特征集和目标变量。特征集自变量是基于三段法各段的得分率和使用率，主要包括：发球得分率、发球使用率、接发球得分率、接发球使用率、第 3 板得分率、第 3 板使用率、第 4 板得分率、第 4 板使用率、相持段得分率、相持段使用率；目标变量：CP。

（2）模型的构建：模型构建的主要流程及 Python 代码如下。

```
#导入包
from sklearn.gaussian_process import GaussianProcessRegressor
from sklearn.model_selection import train_test_split
import sklearn
import numpy as np
import pandas as pd
#读取数据
data＝pd.read_excel（"TECP.xlsx"）
#数据处理
x2_1＝data［['1WR', '1_3WR', '3WR', '4WR', '5WR', '2_4WR', '5_WR']］
y2_1＝data［['CP']］
# WR：得分率，UR：使用率，1_3WR：发抢段得分率，2_4WR：接发抢段得分率，
```

5_WR：相持段得分率，CP：比赛表现。

X_train，X_test，y_train，y_test＝sklearn.model_selection.train_test_split（x2_1，y2_1，test_size＝0.3，random_state＝0）

kernel＝DotProduct（ ）＋WhiteKernel（ ）

gpr＝GaussianProcessRegressor（kernel＝kernel，random_state＝0）.fit（X_train，y_train）

（3）预测 CP：c_pred_test，sigma＝gpr.predict（X_test，return_std＝True）。

高斯回归模型的 CP 预测值与实际值的对比见表6－5所示。

表6－5　CP 预测值与实际值的对比

预 测 值	实 际 值	误　　差	误差百分比
9.51419584	11.96007968	2.445883842	0.204503975
9.30492233	11.11882359	1.813901263	0.163137876
9.636344	14.23254653	4.596202535	0.322936062
8.82730359	9.143650818	0.316347228	0.034597475
9.76590538	7.577794898	−2.188110482	−0.28875293
8.624795	7.595139709	−1.029655291	−0.135567656
9.537514	8.083582837	−1.453931163	−0.179862221
8.72760047	7.822553121	−0.905047349	−0.115697182
…	…	…	…

（4）模型的精度：score1＝gpr.score（X_test，y_test）。输出结果：0.6413843169399793，表明运用多维高斯回归模型预测 CP 的准确率达到64%。

通过以上例子，我们了解到如何使用基于 sklearn 的多维高斯回归模型预测乒乓球运动员的技术效能 TE 和比赛表现 CP。预测结果可以帮助教练员和运动员更好地评估运动员比赛中的技战术运用效果和比赛表现，为制定更科学合理的训练计划和比赛战术策略提供科学的参考和依据。需要指出的是，多维高斯回归模型是基于高斯分布假设的，适用于连续型的自变量和因变量。在实际运用中，还需考虑数据的质量、样本量等因素，以提高预测准确性和实用性。

第四节　基于大数据平台的乒乓球运动员技术动作训练监控与评价

回归分析等传统分析方法虽然能够通过构建描述自变量与因变量之间关系的数学模型进行预测和推断，然而这些方法主要是对比赛的历史数据进行分析和反馈，在实时性和数据体量等方面都存在一定的局限性。由于乒乓球技战术的多样性以及不同运动员的技术动作及技战术水平存在较大的差异，青少年乒乓球运动员日常的技术动作训练过程中每天都有大量的数据产生。随着智能穿戴设备、高速动作捕捉技术和无线传输等高新技术的不断发展与广泛应用,采集青少年乒乓球运动员日常技术动作训练过程中的大量、可靠数据已成为现实。同时,随着大数据技术的发展和普及,新型数据挖掘技术可以实时、有效地采集、存储、处理和显示运动员训练过程的数据,可以弥补传统分析方法的缺陷。王奇(2016)在《大数据时代我国体育发展面临的机遇与挑战》中指出,数据挖掘的运用推动了体育科学研究方法上的革新,提升了体育产业的科技化程度,突破了传统体育科学研究的"路径依赖"。因此,通过建立乒乓球运动员技术动作训练监控大数据平台,充分利用数据挖掘技术,对运动员的击球动作、击球力量、击球质量及技战术等数据进行综合分析,从而高效获取其相关结果,为运动员日常训练和比赛提供科学指导,突破传统体育科学研究的"路径依赖"。

本节将介绍如何通过智能乒乓球拍、高速动作捕捉系统采集乒乓球运动员日常技术动作训练的相关数据,构建乒乓球运动员技术动作训练监控大数据平台,如何基于平台数据提供青少年乒乓球运动员技术动作训练的监控、评价与指导等,以弥补传统技战术分析方法在实时性和数据体量等方面存在的局限性。

一、智能乒乓球拍训练数据采集与诊断分析系统

现有的乒乓球训练监控手段关注的重点主要还是技战术分析,还不能实时、有效的采集、存储、处理和显示运动员训练过程中挥拍的力量等数据。近年来,传感器技术和无线蓝牙通信技术的快速发展及其在许多领域的广泛应用,实现了可实时收集乒乓球运动员训练过程中挥拍的加速度、位移和力量等参数,以及对运动员挥拍力量长期、科学的动态监控。通过在乒乓球球拍的拍柄上加装加速度传感器,采用相应的乒乓球运动员击球力量训练数据实时采集与诊断分析,实时采集乒乓球运动员训练时挥拍的加速度,同时应用运动学和动力学等理论计算出挥拍过程的速度、位移、力和功等其他派生数据,从而实现训练数据的自动采集、处理、存储和可视化显示等功能,为测试和评价运动员击球动作的力量提供依据。

(一)功能设计

根据乒乓球运动项目的特点及技术动作训练监控的实际需求,在训练数据采集设计时应遵循以下几个原则。

1. 数据采集的实时性和完整性原则

根据乒乓球运动员击球动作的连续性,且两次击球动作相隔时间较短的特征,系统功能设计时应以每次击球动作为单位,实现实时、连续捕捉运动员每次挥拍过程的运动参数,包括挥拍过程产生的线加速度和球拍姿态角度变化的角加速度,以及通过计算得出的球拍挥动的速度、角速度、位移以及挥拍过程的能耗等衍生数据,以确保系统数据采集的实时性和完整性。

2. 数据采集的科学性和可靠性原则

训练过程采集到的原始数据及各种派生数据将实时显示给教练员和运动员,用于现场诊断分析与训练指导实践;同时这些数据将永久存储在后台数据库中,为后续的大数据分析及科学化长期训练监控提供可靠的数据支撑平台,因此,系统的设备选型和数据处理

过程应确保数据采集的精度和采样频率能达到相应的标准,以确保数据采集的科学性和可靠性。

3. 数据显示的直观性原则

采集的训练数据除了为后续的综合训练监控指导提供数据支撑以外,更重要的是要服务于临场教练员的训练指导,因此,要求系统可以将采集到的数据及诊断分析的结果实时、直观地显示给教练员和运动员。由于乒乓球运动员击球动作快,挥拍过程的各种数据变化迅速,系统在设计时采取将这些数据以实时曲线图的形式进行显示是比较好的选择。

(二)数据采集流程

系统数据采集的总体流程分为三个阶段:硬件设备连接;数据采集、传输、解码与存储;数据处理与实时曲线显示,具体如图6-2所示。

图6-2　数据采集流程图

1. 通信(硬件)设备连接

开启固定在乒乓球球拍的加速度传感器,选择并设置串口通信的波特率(默认设置为9600 b/s),通过蓝牙适配器与计算机进行配对连接。

2. 数据采集、传输、解码与存储

运动员挥拍时,固定在拍柄上的加速度传感器自动进行训练数据采集,然后数据传输模块负责将采集到的数据通过无线蓝牙通讯模块传输到计算机,计算机按照通信协议对接收到的数据进行解码,获取运动员挥拍时的加速度等姿态数据信息。最后,将接收到的原始数据按照时间先后顺序存储至计算机后台数据库中,以备后续数据处理和显示之用。

3. 数据处理与实时曲线绘制

数据采集与诊断分析系统对接收到的挥拍原始数据,按设定的算法进行数据加工处理,得出各种派生数据,并将这些数据以曲线图的形式实时、直观地显示出来。

(三)系统功能模块设计

系统功能模块设计如图6-3所示。

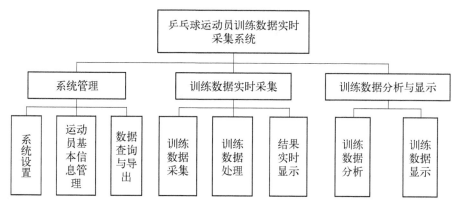

图6-3　系统功能模块图

系统功能模块主要包括：系统管理模块、训练数据实时采集模块、训练数据分析与显示模块。

1. 管理模块

管理模块包括：系统设置模块、运动员基本信息管理模块和数据查询与导出模块。其中，系统设置模块主要包括通讯串口设置、串口波特率设置、测试动作类型设置等；运动员基本信息管理模块主要负责参与击球力量测试的乒乓球运动员基本信息的增加、修改、删除和查询管理，包括运动员的编号、姓名、性别、身高、体重、运动员等级、训练年限、执拍类型和打法类型等信息；数据查询与导出模块用于对运动员采集的历史数据进行查询，并将查询结果导出等。

2. 训练数据实时采集模块

训练数据采集模块主要实现训练数据的采集、处理和结果实时显示等功能。首先，采集运动员训练过程中挥拍产生的原始数据（包括挥拍的加速度、乒乓球拍的空间角度变化等）；然后，根据这些原始数据，运用运动学和动力学等知识，进行积分等计算得到速度、力量和做功等派生数据；最后，将训练过程中这些动态变化的数据以曲线形式实时、直观地显示出来，同时将这些数据保存至后台数据库中训练数据分析与显示模块。

3. 训练数据分析与显示模块

训练数据分析与显示模块根据存储在后台数据库中的原始数据和派生数据，对运动员训练过程中的挥拍情况进行综合的统计分析，并将计算的结果以图表和曲线的形式显示给教练员，为教练员科学评价运动员的训练效果提供可靠依据。

（四）硬件设计

硬件设备主要包括：9 轴加速度传感器，无线蓝牙适配器和乒乓球拍子。加速度传感器安装于乒乓球拍柄上（如图 6-4），运动员挥拍时可实时感知运动数据，通过无线蓝牙传输至计算机软件系统，并保存至后台数据库中。

底 电 P 上
盖 池 C 盖
        B

图 6-4 设备硬件安装示意图

1. 系统硬件基本原理图

训练数据采集的硬件系统分为：数据采集模块、通信传输模块以及人机交互模块。通信管理模块负责数据采集模块相关参数的设置。数据采集模块以 9 轴加速度传感器为核心，它集成了高精度的陀螺仪和以 MPU-9250 芯片为核心的加速度计，采用高性能的微处理器和先进的动力学姿态解算器与卡尔曼动态滤波算法，能够快速求解出模块当前的实时运动加速度、角速度、角度、运动姿态等数据。传感器感受到运动产生的加速度后，以最高 200 Hz 数据输出速率，通过通信传输模块中的无线蓝牙将数据传输至计算机中。人机交互模块是安装在计算机中的数据采集软件系统，实现数据的接收、处理、分析、显示与存储系统设计中，考虑到乒乓球运动的特点，将通信传输模块设计为通过无线蓝牙进行串口通信，实现数据的无线、实时传输。数据采集的硬件基本原理如图 6-5 所示。

2. 设备选型

数据采集系统的核心硬件设备是 9 轴加速度传感器。根据乒乓球运动员挥拍动作的

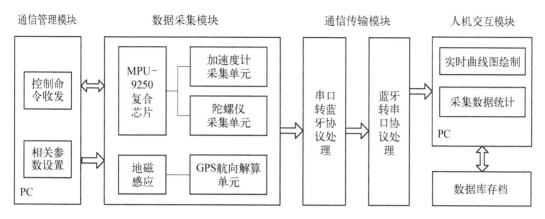

图6-5 数据采集硬件基本原理图

空间特征,其数据采集不仅包括挥拍动作的加速度、速度和位移等参数,还包括挥拍过程球拍的空间姿态角度变化等其他信息,因此不能选用单轴加速度传感器。结合实际训练监控的需要,选用的是内置 MPU-9250 芯片的深圳维特智能科技有限公司的 JY901 型 9 轴加速度传感器,它是一个封装的复合芯片,包含三轴加速度计、三轴陀螺仪及三轴磁力计。相比普通的三轴加速度计,系统采用的 9 轴模块精度较高,且可以同时采集运动方向的变化。采集的数据更加全面,数据更可靠。

3. 技术参数

工作电压:3~6 V,电流:<40 mA;测量维度:三维加速度、角速度和角度;量程:加速度为 ± 16 g,角速度为 $\pm 2000(°)/s$,角度为 $\pm 180°$;稳定性:加速度为 0.01 g,角速度为 0.05(°)/s。

4. 无线蓝牙串口通信

蓝牙是一种支持设备短距离通信(一般 10~100 m)的无线电技术,且有成本低、功耗小、传输速率较高、抗干扰能力强等特点。串口是计算机上一种常用设备的通信协议。无线蓝牙串口适配器正是两者结合的产物,它保留了蓝牙通信与串口通信的优点,用蓝牙代替传输线缆,将复杂的蓝牙协议转换为简单易用的串口通信协议。无线蓝牙模块接收到串口数据后,将其打包进蓝牙数据包中,然后发给 PC 电脑,传输流程如图 6-6 所示。选用的 JY901 型 9 轴加速度传感器内置了无线蓝牙传输模块。

(五)数据处理算法

利用加速度传感器采集到的原始数据是球拍挥动的加速度,经过多次积分运算,可以分别得出球拍挥动的速度、位移,进而可以求出挥动球拍的力量及其所做的功。根据击球过程所做功的大小可以找出运动员击球过程能耗的高低。

本采集系统选用的加速度传感器输出频率为 10 Hz,由于其中每输出两个加速度之间的间隔时间较短,可视为手势动作做匀速运动。设初始速度 $V_0 = 0$,在时间间隔 $[T_n, T_{n+1}]$ 内速度为 V_n,则时间间隔 $[T_{n+1}, T_{n+2}]$ 内的速度为

$$V_n + 1 = a_n \times T + V_n$$

公式中,a_n 为传感器水平方向加速度输出值,选用的加速度传感器每经过 0.1 s 输出一个

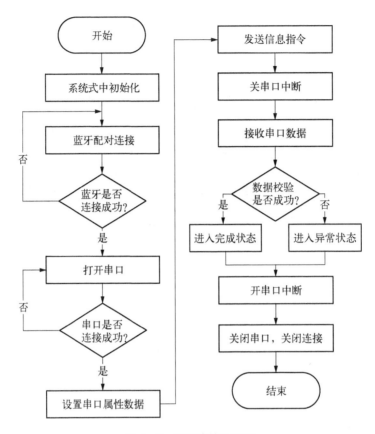

图6-6 数据传输流程图

加速度值,即当 $T = 0.1\,\mathrm{s}$ 时, T 内位移为 $S_n = V_n \times T$,则根据下式可计算一个完整的挥拍动作所产生的位移为

$$S = \sum_{i=0}^{n} S_i = \sum_{i=0}^{n} V_i \times T$$

公式中, V_i 为 T 间隔内水平方向速度, S_i 为 T 间隔内水平方向位移, S 为时间间隔 $[T_n, T_{n+1}]$ 内水平方向位移。根据加速度传感器三维方向的输出值,同理可得其他两个方向的挥拍动作位移,构成空间三维轨迹。

依据牛顿第二定律: $F = m \times a$ 可以得知,根据球拍的质量(包括固定在球拍上的加速度传感器)和球拍挥动的加速度,可以计算出运动员击球过程中施加在球拍上的作用力。该作用力 F 跟球拍的质量和球拍挥动的加速度成正比;作用力的方向跟加速度的方向相同。在较短的 T 时间间隔内,可以视加速度值不变,球拍和加速度传感器的质量 m 也是一定的,因此可以计算出击球过程中的力量 F:

$$F = \sum_{i=0}^{n} F_i = \sum_{i=0}^{n} a_i \times m$$

公式中 a_i 为水平方向加速度输出值, m 为球拍和加速度传感器的总质量, n 为时间间隔 T 的个数(由采样频率决定)同理可计算出其他两个方向的击球力量。

同理,根据运动学和动力学相关知识,可以计算出击球过程中作用于球拍的力量所做的功 $W = F \times S$,以水平方向做功为例,其计算公式如下

$$W = \sum_{i=0}^{n} W_i = \sum_{i=0}^{n} F_i \times S_i$$

公式中 F_i 为水平方向的作用力,S_i 为 T 间隔内水平方向位移,n 为时间间隔 T 的个数。同理可计算出其他两个方向的挥拍力量所做的功。

（六）实际应用

该数据采集系统开发完成后已应用于中国乒乓球学院少年班运动员的日常训练监控,实现了乒乓球运动员击球力量数据的实时采集、处理、存储和诊断分析,得到了教练员和运动员的一致认可。

选取同年龄的一男一女两名青少年乒乓球运动员,运用该数据采集系统实时采集并显示他们正手拉球和反手搓球两种技术动作的挥拍参数,并进行对比分析。在实际使用过程中,运动员每次击球动作的数据都实时保存到后台数据库中,因此,随着击球力量数据的不断积累,系统可以从后台数据库中对不同运动员各种击球动作的力量等参数进行对比。

1. 正手拉球加速度与速度曲线图

两名青少年乒乓球运动员(男女各一名)3次连续正手拉球产生的加速度与速度曲线如图6-7和图6-8所示。系统也可以显示击球过程中的力量和功等参数的变化曲线。

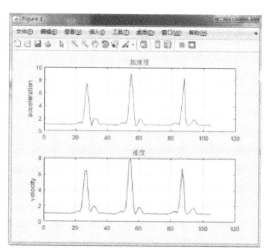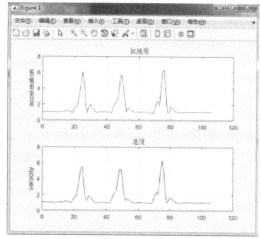

图6-7　正手拉球加速度和速度曲线(男)　　图6-8　正手拉球加速度和速度曲线(女)

图中每一个波谷到波峰再到波谷都是一次完整的挥拍击球动作。通过图6-7、图6-8的对比发现,男女乒乓球运动员单个挥拍击球动作过程中,女子运动员正手拉球的加速度 a 和速度 v 的实时数值(包括最大值)都低于男子运动员正手拉球的加速度 a 与速度 v 的实时数值和最大值。根据牛顿第二运动定律,物体加速度的大小跟作用力成正比,跟物体的质量成反比,当球拍质量一定时(数据采集过程中男女运动员使用同一块球拍击球),球拍的加速度值越大说明运动员手臂带动球拍挥拍的作用力越大,更有利于球

拍触碰到球时产生摩擦力或碰撞力。在挥拍位移相同的情况下,加速度值越大则说明运动员可以在相同挥拍距离中产生更大的作用力。由于女子运动员的绝对力量不如男子运动员,导致在使用同样重量的球拍击球时,挥拍进行正手拉球的力量有明显差异,男子运动员的击球加速度 a 和力量均要大于女运动员。

2. 反手搓球

两名青少年乒乓球运动员(男女各一名)3 次连续反手搓球产生的加速度与速度曲线如图 6-9 和图 6-10 所示。

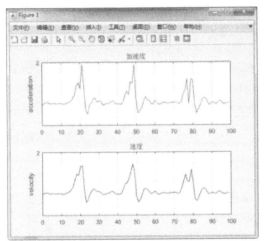 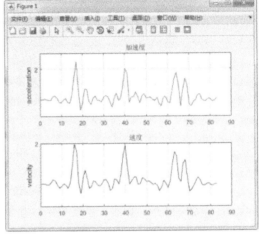

图 6-9　反手搓球加速度和速度曲线(男)　　图 6-10　反手搓球加速度和速度曲线(女)

3. 分析图表

图中每一个波谷到波峰再到波谷都是一次完整的挥拍击球动作。通过图 6-9、图 6-10 的对比发现,男女乒乓球运动员单个挥拍击球动作过程中,女子运动员反手搓球的加速度 a 与速度 v 的实时数值和最大值都高于男子运动员反手搓球的加速度 a 与速度 v 的实时数值和最大值,但在拍与拍之间的衔接速率上男子运动员要高于女子运动员。此外,从图 6-9 和图 6-10 的对比可以发现,男运动员的波形较女运动员的波形更加密集,说明男运动员可以在较短时间内完成更多动作,说明此名男运动员的挥拍节奏比女运动员快。

由于女子运动员多以有质量的搓长为主,其实时速度更快,足以对对手下一板的进攻造成威胁;由于男子运动员反手搓球,多以控制摆短为主,其实时速度较为缓慢,但拍与拍之间的衔接速度更快,更容易达到控制对手抢攻上手的技战术效果,为自己的主动进攻制造机会,且由于需要达到控制的效果,所以动作幅度小,动作中无谓的晃动也更少。

4. 派生数据统计

该数据采集系统除了可以实时采集并处理训练过程中运动员击球的原始加速度数据外,还可以根据加速度原始数据,运用运动学和动力学等知识,进行积分等计算得到速度、位移和做功等派生数据,并以报表的形式直观地呈现出来,以更全面地评估乒乓球运动员击球训练的效果与能力。

　　以某一乒乓球运动员 3 次连续正手拉球动作的数据采集为例,其 x、y、z 三个方向的原始加速度和派生出的力量、速度、位移和功的计算结果如图 6 - 11 所示。

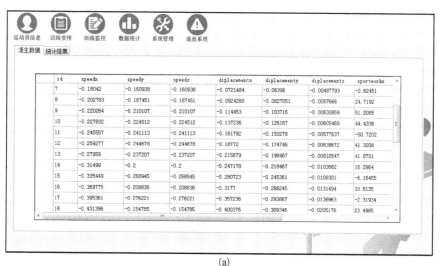

(a)

(b)

图 6 - 11　派生数据采集与统计结果

　　为弥补乒乓球运动训练及监控过程中运动员击球力量数据实时采集与诊断分析方面的不足,采用高精度加速度传感器模块实时采集乒乓球运动员训练过程中击球力量等数据,运用运动学和动力学等相关知识计算出相关派生数据,并以曲线形式实时显示出来,从而实现乒乓球运动员训练过程中击球力量等参数的实时采集、处理、存储与显示,以便对运动训练过程进行及时的监控与指导。

二、高速动作捕捉系统

　　现代竞技体育比赛不仅是运动员之间在技术和战术上的较量,在某种程度上也是各国体育科技实力的较量。以计算机信息技术、生物基因技术为代表的现代高新技术,已经渗透到竞技运动的整个过程,如从运动员的选材到训练计划的制定、训练及比赛过程的监控与指导等。

动作捕捉技术是运用计算机图形学的原理,通过空间布置的多个摄像头跟踪和记录运动物体主要关节点的三维运动轨迹。"乒乓球运动员高速技术动作捕捉与诊断分析系统"运用多目高速动作捕捉技术,将乒乓球运动员的运动状况以图像的形式记录下来,然后,通过计算机视觉与模式识别算法对运动员的运动轨迹进行数字解析,得到不同时间计量单位上身体主要关节点的空间坐标(X,Y,Z)。

通过大量捕捉乒乓球运动员日常训练或比赛过程中各种技术动作的空间特征数据,构建乒乓球运动员技术动作模型库和优秀乒乓球运动员技术动作的标准模型库。然后,采集运动员比赛状态下的各种技术动作空间特征数据,与模型库里自身的技术动作和优秀运动员的技术动作进行比对,找出其中的差异,并通过这种差异性分析对乒乓球运动员技战术运用情况做出科学的评价,为日常的科学化训练提供可靠的数据支持平台,从而更有效的提高乒乓球运动员的技术动作水平,提高比赛的成绩,提高青少年乒乓球运动训练科学化水平。

(一)动作捕捉分析系统架构(图6-12)

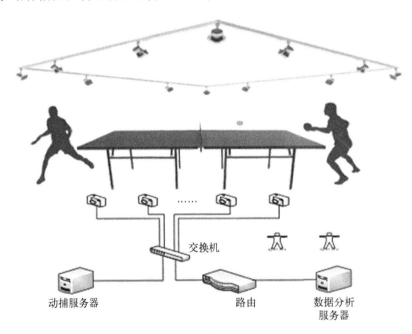

图6-12　动作捕捉分析系统架构

(二)系统介绍

高速动作捕捉系统利用多台相机捕捉标记点在三维空间中的运动信息,包括位置和角度信息,我们称之为"追踪"。

系统追踪刚性物体的运动信息,如果只追踪物体在空间中的位置(X,Y,Z),则称之为3自由度追踪(3DoF)。如果同时追踪物体在空间中的位置和角度信息(三个方向上的旋转信息),则称之为6自由度(6DoF)追踪。

系统还可以捕捉和录制运动员在比赛或训练过程中运动员各关节的运动数据,通过此数据可分析运动员在比赛或训练过程中运动员的动作规范情况。

单独的一个标记点(Marker)可用来追踪其 3DoF 信息,如果要追踪 6DoF,则需要 3 个以上固定位置关系的标记点,我们称之为标记体(Body)。本系统主要追踪的标记体是运动员使用的球拍和球桌。标记点分主动标记点和被动标记点两种,主动标记点为发光LED,被动标记点为反光球。

人体骨骼模型如图 6 - 13 所示。数据采集开始之前,将标记点按图 6 - 13 中人体骨骼模型主要关节点的位置对被试运动员进行贴点,为后续击球动作各关节点空间位移和角度数据的采集及击球动作合理性分析提供数据基础。

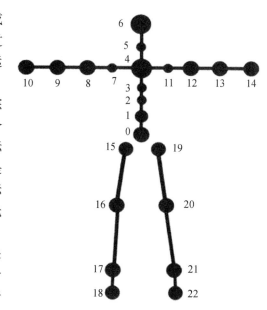

图 6 - 13　人体骨骼模型

（三）数据采集仪器与设备

通过高速动作捕捉系统采集运动员击球过程中身体各主要关节点的空间位置、关节角度和重心变化等(采样频率：120 fps)。采用 Miro R111 型号高速摄像机测量乒乓球击球旋转速度,采用 SPEEDSTER 测速仪测量击球速度。

数据采集仪器与设备布置如图 6 - 14 所示。图 6 - 14 中,最外围矩形框上的黑色实心圆为数据采集场地布置的 12 个红外高速摄像头,2 名运动员分别为被试运动员和发球人员。要求发球人员以多球的形式给被试运动员发反手上旋弧圈球。为提高数据采集结果的可靠性,整个采集过程中发球人员固定同一人不变,原地定点发球,并尽量控多个发球的速度、落点和旋转等基本保持一致。

高速动作捕捉系统的主界面如下图 6 - 15 所示。

（四）数据处理

1. 击球动作轨迹数据整理

首先,在 CM Tracker analyze 离线数据分析软件中打开利用高速动作捕捉系统采集的运动员击球数据,包括人体三维骨骼立体模型的动态视频和被试运动员击球动作过程中各关节的具

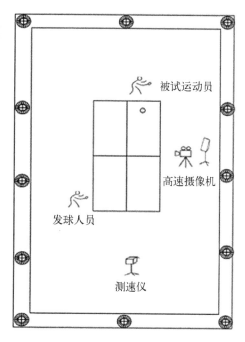

图 6 - 14　数据采集设备布置示意图

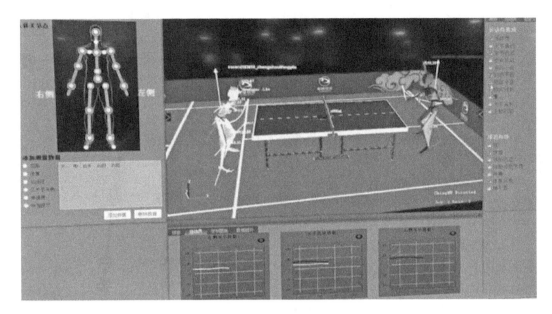

图 6 - 15　高速动作捕捉系统

体数据。将动态视频中连续的击球动作看作周期性运动,为了便于完整分析各动作不同阶段的关节数据变化,按帧数截取出一个完整击球动作的三个阶段,分别为引拍、击球和还原阶段。由于被试运动员在击球过程中没有停顿,因此选取不同阶段动作的临界点作为划分标准。在数据采集过程中,由于运动员在保证质量的前提下所完成的击球动作的速度和动作幅度可能会使 Marker 点发生遮挡,所以需要后期对数据进行人工修补处理。可利用高速动作捕捉系统自带的后期处理功能进行对关键帧的数据修补,保证动作的完整性和准确性。

其次,利用德尔菲法体系划分出击球动作各关节重要性维度的比重,按权重比选择出相对重要程度高的关节指标进行分析。在数据采集过程中,分别采集运动员每项技术动作成功上台的球,通过数据整理首先判断各个完整的击球动作其发力顺序是否符合乒乓球的基本教学标准,再从中选取击球效果最好的一个球进行后期数据分析。每个选定研究的球需整理其关节点 X、Y、Z 三维方向的角度、位移和重心数据,采用 Excel 按运动员名字和动作类别进行数据处理和保存,初步建立优秀运动员数据库。

然后,曲线相似度法进行击球动作的曲线相似度对比和动作的合理性评价。通过将优秀乒乓球运动员击球动作的曲线数据进行相似度对比分析,筛选出最接近的一条动作轨迹,作为构建国家队优秀运动员基本击球动作模型的标准。将青少年运动员击球动作关节轨迹与优秀运动员模型进行曲线相似度比较,按引拍阶段、击球和还原阶段分别进行与 X、Y、Z 方向的比较,最后结合发力顺序以及击球效果中的球速和转速对青少年击球动作的影响关系进行合理性程度的评判。

2. 转速数据整理

在转速测试时为了保证测试观察的准确性,每个测试用球都用黑色记号笔在表面做出 T 字形的标记。利用高速摄像机拍摄被试运动员每次完成击球后球体经过球网瞬间的连续一系列图像,再使用高速摄像机自带的电脑处理软件观察并计算出每次球体过网时,其表面 T 字标记旋转一圈所需要的帧数,最后运用开始设定的摄像机帧数 2800 fps 除以球旋转一周所需要的帧数就可以分别计算出每个球过网瞬间的转速,计算乒乓球运动员每项技术动作成功上台球的转速值,按动作类别进行归纳整理。

3. 球速数据整理

由测试工作人员分别记录每个运动员每项技术动作相对应的球速数值,运用 Excel 将采集好的球速数据单位换算为 m/s 并按动作类别进行统计与整理。

三、青少年乒乓球运动员技术动作训练监控大数据平台构建

(一) 训练监控大数据平台构建的必要性与可行性

乒乓球作为一项具有较高精细性、技巧性的技能类对抗项目,有着复杂的技术及战术要求。技术是战术的基础,只有具备合理、规范和稳定的技术水平,才能形成灵活多变的战术。由于缺乏大量、可用的技术动作训练监控数据支撑,目前的青少年乒乓球技术动作训练监控主要凭借教练员和运动员自身的经验进行评价与指导。不可否认教练员的经验固然重要,但由于不同教练员的自身经历和执教理念的不同,以及青少年乒乓球运动员技术动作水平存在的个体差异,教练员的主观判断结果往往缺乏科学性和可靠性。因此,急需探索定量化、科学化的训练监控指导方法,对青少年乒乓球运动员的日常训练进行长期、科学的监控。

然而,定量化、科学化的训练监控指导需要大量数据作为支撑。庞大的训练监控数据背后隐藏着各种可遵循的"规律"。教练员只有掌握了这些"规律"才能进行科学的指导,才能制定个性化的训练指导方案,以弥补自身精力、能力和经验方面的不足。事实上,青少年乒乓球运动员日常的训练过程中每天都有大量的数据产生。随着智能传感设备、机器视觉和无线通信等高新技术的不断发展,采集青少年乒乓球运动员技术动作训练过程中的大量、可靠数据已成为现实,这为乒乓球技术动作训练监控大数据平台的构建提供了一个很好的契机。此外,利用数据挖掘提供的海量数据存储与机器学习、人工神经网络等数据挖掘算法,可以快速存储与有效挖掘利用青少年乒乓球运动员日常技术动作训练监控过程中产生的大量数据,找出其隐藏的规律,用于指导训练实践。

因此,充分利用各种智能感知、跟踪和穿戴设备,以及无线传输和大数据等相关技术,可以实时采集和存储青少年乒乓球运动员技术动作训练监控过程中的各种大量数据,并构建训练监控大数据平台;利用基于大数据平台的人工智能算法挖掘各种有用信息,对青少年乒乓球运动员的技术动作训练过程进行客观、定量和科学的监控,为教练员制定针对性的训练计划提供科学的依据和参考。

(二) 技术动作训练监控大数据的来源

鉴于目前其他领域大数据采集所依靠的主要技术手段,结合青少年乒乓球运动员日常技术动作训练监控指导过程的实际,青少年乒乓球运动员技术动作训练监控大数据主要来源于日常训练过程中直接产生的各种海量数据,与技术动作训练监控间接相关的各种管理类数据,以及基于大量训练监控数据挖掘而产生的各种派生数据等,具体如下。

1. 与技术动作训练过程直接相关的数据

主要指技术动作训练过程中描述每次技术动作的空间结构特征、击球力量及击球效果等数据,具体包括:日常训练过程中产生的大量用于描述击球动作过程本身特征的身体主要关节和球拍姿态的实时三维空间特征变化数据(关节点位移、关节角度、重心变化),击球力量数据(挥拍的加速度、速度、位移、力量和能耗等),击球质量评价数据(球速、转速、弧线和落点等),以及训练过程的强度监控(心率变化)、体能监控和运动损伤等数据。

2. 与技术动作训练过程间接相关的数据

主要指与运动员日常技术动作训练相关的配套管理数据,具体包括:训练计划制定及执行情况(日、周、月和年计划等)、比赛成绩管理、生理生化指标管理、运动员和教练员基本信息管理等。

3. 其他派生数据

指运用基于大数据的人工智能算法,对训练监控过程产生的各种数据进行挖掘、分析,发掘数据之间潜在的各种相关关系和各种可遵循的"规律",以及训练监控可视化评价与反馈结果等数据。比如:击球动作的结构特征分析、击球动作合理性评价、击球力量与击球效果的相关性分析、击球效果的横向与纵向对比分析等。

(三)技术动作训练监控大数据的采集

数据采集是建立训练监控大数据平台的前提和数据基础,利用各种智能传感设备,以及高速动作捕捉和无线传输等技术,实时、可靠采集青少年乒乓球运动员技术动作训练过程中的各种大量数据。由于训练监控大数据的来源不同,其数据采集方式也相应不同,具体如下。

1. 与技术动作训练过程直接相关的数据采集

(1)击球动作结构及球拍姿态的实时三维空间特征变化数据采集

击球动作结构特征是描述乒乓球运动员击球过程中身体主要关节点的空间位移和关节角度随时间的变化情况。利用高速动作捕捉系统实时采集乒乓球运动员击球过程中身体主要关节点(膝关节、肩关节、肘关节、髋关节和腕关节等)和球拍姿态的三维空间坐标、关节角度和身体重心随时间变化的数据,并实时存储到云平台数据仓库中。

(2)击球力量数据采集

通过在乒乓球球拍上加装加速度传感器,并开发相应的击球力量训练数据实时采集与诊断系统,实时采集乒乓球运动员训练时挥拍的加速度数据。通过运动学和动力学分析,计算出乒乓球运动员挥拍的速度、位移和力量等派生数据,并以曲线的形式实时、直观地显示给教练员和运动员,为制定有针对性的技术和体能训练计划提供科学依据。

(3)击球质量评价数据

击球质量的评价主要从球速、转速、弧线和落点等方面进行利用高速摄像机和雷达测速仪采集青少年乒乓球运动员击球后过网的球速、转速和弧线高度等数据,同时记录下球的落点等信息。

(4)训练过程的强度监控及体能监控

主要利用无线 Polar 心率表实时采集并监测青少年乒乓球运动员训练过程的心率变化数据,利用数字化体能训练设备实时采集乒乓球运动员体能训练过程中的各种能耗及爆发力等数据,并提供可视化的反馈结果,从而有效监控运动员训练过程的运动强度,防止运动不足或过度,减少运动损伤的发生概率。

（5）技术动作训练过程的录像数据

利用摄像机录制乒乓球运动员技术动作训练过程,为后续技术动作训练监控大数据的分析与评价提供参考。

2. 与技术动作训练过程间接相关的数据采集

对与技术动作训练过程间接相关的各种管理类数据,利用自行研发的"青少年乒乓球运动员训练监控综合管理平台",实现运动员、教练员的基本信息、训练计划（日、周、月和年计划等）的制定及执行情况、生理生化指标,以及日常比赛成绩等数据的信息化采集和管理,并自动存储到训练监控云平台数据仓库中。

（四）技术动作训练监控大数据平台架构

青少年乒乓球运动员技术动作训练监控大数据平台的架构主要由五个层次构成,具体如图 6 - 16 所示。

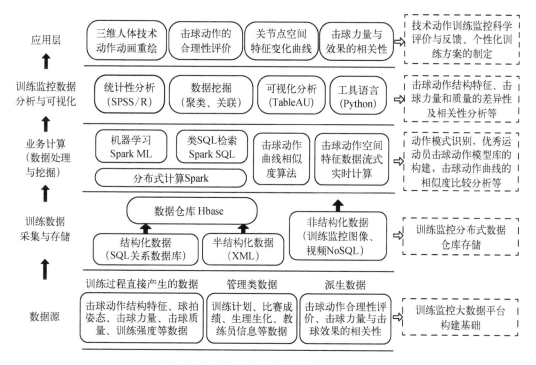

图 6 - 16　训练监控大数据平台架构

1. 数据源层

数据源是训练监控大数据平台构建的基础,主要包括：训练过程直接产生的数据,如击球动作和球拍姿态的空间结构特征、击球力量、击球质量和训练强度监控等数据;管理类数据,如训练计划、比赛成绩、生理生化指标和教练员、运动员信息等数据;各种派生数据,如击球动作合理性评价与反馈数据、击球力量与击球效果的差异性及相关性分析结果数据等。

2. 训练数据采集与存储层

根据训练监控数据的不同来源,数据采集的方式可分为批量采集和实时采集。批量采集一般用于导入和同步与训练监控过程相关的各种管理类数据和资源文件数据;实时采集主要利用高速动作捕捉、图像识别和智能传感等技术,实时采集运动员击球过程中产生的各种类型数据。对采集到的各类训练监控数据(结构化、非结构化和半结构化),需要采用不同的存储方式进行保存。为应对海量训练监控数据的存储需求,这些存储方式大多采用分布式数据仓库存储架构。

3. 业务计算层

训练监控大数据的处理与挖掘需要相应的计算引擎为其提供强大的实时数据计算能力。常用的计算引擎包括:分布式计算、实时流式计算、机器学习和类 SQL 检索等。通过训练监控大数据处理与挖掘,对运动员的不同击球动作模式进行识别,构建优秀运动员击球动作模型库,对击球动作曲线的相似度进行比较分析等。

4. 数据分析与可视化层

运用各种统计分析方法、聚类分析、关联规则挖掘、时序分析等算法,结合领域特征数据,分析击球动作的结构特征,分析击球力量和质量的相关性等,探寻技术动作训练监控指导实践可遵循的"规律"。

5. 应用层

训练监控大数据平台构建的价值体现在具体的训练监控指导实践中。基于训练监控大数据平台的数据挖掘、分析与可视化,可以实现运动员击球过程的三维人体技术动作动画重绘,对技术动作训练监控效果进行科学评价与反馈,并制定个性化训练指导方案。

(五)技术动作训练监控大数据平台功能设计

技术动作训练监控大数据平台主要由三个系统构成,即:训练监控大数据的采集与存储系统;训练监控大数据处理系统;训练监控大数据分析与可视化反馈系统。

1. 训练监控大数据的采集与存储系统

训练监控大数据的采集是整个大数据平台建立的基础,也是平台建立的首要任务。在青少年乒乓球运动员日常的技术动作训练过程中,训练监控大数据采集系统的功能是通过各种智能传感设备,以及高速动作捕捉和无线传输技术,实时采集运动员击球过程中身体主要关节点和球拍姿态的三维空间特征变化数据,以及击球过程的力量和击球效果等数据,日积月累、不断增大训练监控大数据的体量,为技术动作训练监控大数据平台的构建提供数据基础。大数据实时存储系统的主要功能是采用分布式海量数据存储技术,将采集到的各种训练监控数据(结构化、半结构化和非结构化数据)实时存储到数据仓库中,为大数据平台的构建以及后续的数据处理与挖掘提供基础。

2. 训练监控大数据处理系统

数据的处理是为后续理论性解释模型的构建与分析做准备。训练监控大数据处理系统的主要功能是运用基于大数据的机器学习等人工智能算法,快速、高效地从采集到的各种海量训练监控数据中挖掘提取可用的特征信息,构建各种理论性解释和预测模型,为数据分析与可视化显示系统提供数据支撑。

训练监控大数据的处理是训练监控数据采集、存储与构建训练监控大数据平台的主要目标,是训练监控大数据平台构建的重点。其主要功能是利用神经网络、深度学习等机器学习算法,将来自不同领域的技术动作训练监控数据整合起来,从大量训练监控数据集中提取并合并基于时间、空间和击球动作类型等相关信息,确定理论模型参数,建立起各种理论性解释和预测模型,从而识别青少年乒乓球运动员不同击球动作模型,构建优秀青少年乒乓球运动员不同技术动作模型库,实现青少年乒乓球运动员击球动作曲线模型的相似度对比分析,结合击球质量数据对青少年运动员击球动作的合理性进行科学评价。

3. 数据分析与可视化反馈系统

数据分析与可视化反馈基于训练监控大数据处理的结果,对训练监控大数据进行各种描述性和可视化统计分析、聚类分析、关联规则分析,找出各种可以遵循的"规律",并运用可视化显示技术将分析的结果直观地反馈给教练员和运动员。该系统是训练监控大数据平台构建的最终目标和大数据平台功能的直接体现,是直接面向教练员和运动员的。其主要功能包括:分析不同运动员技术动作模型的差异性、击球力量和击球质量(球速、转速等)的相关性、分析击球动作结构特征对击球质量的影响等,并将结果进行可视化反馈,如:乒乓球运动员击球过程三维人体技术动作动画的重绘,击球过程人体主要关节点的三维空间特征数据实时变化曲线绘制与显示(如图6-17所示),从而为乒乓球教练员科学评价运动员的技术动作训练过程提供科学的参考和依据,实现对青少年乒乓球运动员技术动作训练过程科学、定量化监控,降低训练监控指导过程的盲目性和经验性,提高训练监控过程的科学化水平和训练效果。

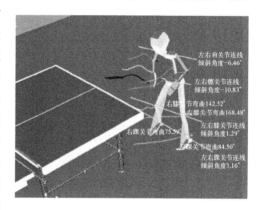

图6-17 人体关节点三维空间特征数据示意图

平台的部分功能界面分别如图6-18、图6-19所示。

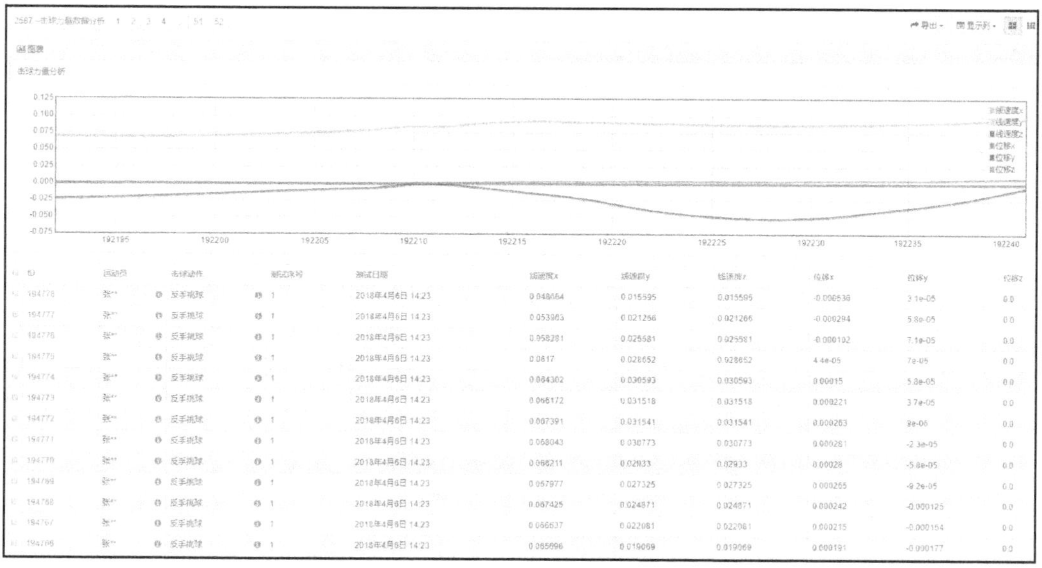

图6-18 击球力量数据分析

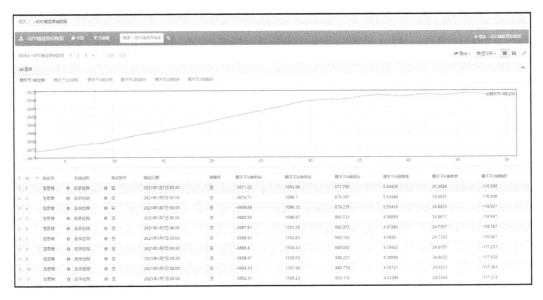

图 6 - 19　高速动作捕捉数据分析

四、乒乓球技术动作训练监控大数据平台应用

下面将具体介绍基于训练监控大数据平台的青少年乒乓球运动员技术动作训练监控与评价的 3 个具体运用案例,即:击球动作结构特征与击球效果的相关性分析、基于 DTW 算法的青少年乒乓球运动员击球动作的合理性评价、乒乓球运动员击球动作的识别。

（一）案例一:击球动作结构特征与击球效果的相关性分析

为了解青少年乒乓球运动员击球动作结构特征与击球效果的相关性,首先分别对训练监控大数据平台中运动员的击球动作结构特征评价指标数据(以正手下旋前冲弧圈球击球动作为例)和击球效果数据进行统计分析,以获取青少年乒乓球运动员正手下旋前冲弧圈球击球动作结构的整体特征和击球效果。击球动作结构特征数据具体包括:青少年乒乓球运动员正手拉下旋球技术动作过程中,运动员执拍手一侧(右侧)的上肢三关节(肩关节、肘关节、腕关节)关节位移、关节移动的线速度和角速度等特征数据的变化情况等。

1. 击球动作结构特征分析——以正手下旋前冲弧圈球为例

（1）青少年运动员正手下旋击球三阶段上肢三关节位移变化:青少年乒乓球运动员击球过程中主要关节点位移的变化数据能直观地反映出运动员击球动作的结构特征以及动作幅度变化情况。击球过程中上肢关节运动的合理性对击球效果有直接的影响。

运动员正手下旋击球过程三阶段上肢三关节(肩、肘、腕)位移变化的描述统计分析结果如表 6 - 6 所示。

由表 6 - 6 可知,运动员正手下旋击球过程的引拍阶段、挥拍击球阶段和还原三阶段中关节位移变化大小均为(从大到小排序):右腕关节、右肘关节、右肩关节。击球过程三阶段右腕关节的位移变化分别为(引拍阶段、挥拍击球阶段和还原阶段):674.12±128.47 mm、910.42±121.30 mm、571.59±118.93 mm,其中挥拍击球阶段右腕关节位移变化最大。

表 6-6 运动员正手下旋击球三阶段上肢三关节位移变化表(mm)

上肢三关节	引 拍 阶 段	挥拍击球阶段	还 原 阶 段
	M±SD	M±SD	M±SD
右肩关节	311.07±75.82	339.11±67.29	173.22±64.27
右肘关节	470.87±110.43	738.88±86.10	540.57±134.41
右腕关节	674.12±128.47	910.42±121.30	571.59±118.93

右腕关节位于整个上肢的动力链末端,随着腕关节的位移增大,从而增大击球半径进而提高击球速度。结合高速动作捕捉系统的击球动作过程的视频可以看出正手下旋击球的引拍阶段,运动员的右肩关节向下展开带动右肘关节外展,随后右腕关节展开,为击球做充足准备。击球过程的还原阶段,各关节位移变化依次减小,回归准备姿势。在整个正手下旋击球过程中,肩关节位移变化最小,为躯干保持稳定。

(2)青少年运动员正手下旋击球上肢三关节线速度变化:上肢运动作为整个击球过程的最后环节,对击球效果有直接的影响。青少年运动员正手下旋击球过程三阶段上肢三关节(肩、肘、腕)线速度变化的描述统计分析结果如表 6-7 所示。

表 6-7 运动员正手下旋击球三阶段上肢三关节线速度变化(m/s)

上肢三关节	引 拍 阶 段	挥拍击球阶段	还 原 阶 段
	M±SD	M±SD	M±SD
右肩关节	0.43±0.29	0.90±0.52	0.26±0.17
右肘关节	0.66±0.34	1.94±0.61	0.83±0.36
右腕关节	0.96±0.46	2.40±0.85	0.89±0.40

由表 6-7 可以看出,在整个击球动作过程上肢三关节的线速度都呈先增大后减小的变化趋势,这是由于击球过程中肩关节带动肘关节,最后传导腕关节击出球。其中线速度变化最大的是右腕关节,引拍阶段为 0.96±0.46 m/s,挥拍击球阶段为 2.40±0.85 m/s,还原阶段为 0.89±0.40 m/s。右腕关节主要沿 X 轴运动,由此可以看出击球瞬间腕关节速度较快,板头速度较快。还原阶段右肩关节线速度变化最小,对于维持上肢稳定性有一定影响。

(3)青少年运动员正手下旋击球上肢三关节角速度变化:青少年运动员正手下旋击球过程三阶段上肢三关节(肩、肘、腕)角速度变化的描述统计分析结果如表 6-8 所示。

由表 6-8 可以看出,正手下旋击球过程的引拍阶段上肢各关节角速度变化大小依次:为右肘关节>右腕关节>右肩关节,其中角速度变化最大为右肘关节为 58.61±52.03(°)/s,其次为右腕关节,最小为右肩关节。由此说明正手下旋击球的引拍阶段右肘关节向下转动最快。挥拍击球阶段,上肢各关节角速度变化大小依次为:右腕关节>右肘关节>右肩关节,右腕关节角速度最大为 92.48±101.20(°)/s,说明力量先由肩关节传到肘关节,再

表6-8 运动员正手下旋击球三阶段上肢三关节角速度变化表　　　单位：(°)/s

上肢三关节	引拍阶段	挥拍击球阶段	还原阶段
	M±SD	M±SD	M±SD
右肩关节	22.68±17.90	63.07±47.17	34.90±28.09
右肘关节	58.61±52.03	89.11±59.83	46.56±42.27
右腕关节	45.10±36.31	92.48±101.20	53.40±66.31

由肘关节到腕关节,击球瞬间腕关节从右向左转动较快,从而增加出球的转速。还原阶段腕关节角速度变化最快,为53.40 ± 66.31(°)/s,说明手腕在击球瞬间发力完后迅速放松,减少能量损耗,为下一板引拍做准备。

2.关节角速度和关节速度与击球效果的相关性分析

(1)击打下旋球时关节角速度与击球效果相关性分析结果见表6-9。

表6-9 击打下旋球时关节角速度与击球效果相关性表

关节角速度	落点得分		球速(m/s)		转速(r/s)	
	r	p	r	p	r	p
右肩角速度	0.672	0.068	-0.163	0.699	0.468	0.242
右肘角速度	0.122	0.774	0.121	0.776	0.439	0.276
右腕角速度	-0.161	0.703	-0.409	0.315	0.639	0.088

从表6-9中可以看出,击打下旋球时,右肩关节角速度与落点得分和转速正相关,与球速负相关,但相关性均不显著。右肘关节角速度与落点得分、球速和转速正相关,但相关性均不显著。右腕关节角速度与落点得分和球速负相关,与转速正相关,但相关性均不显著。

(2)关节速度与击球效果的相关性分析

击打下旋球时关节速度与击球效果相关性分析结果见表6-10。

表6-10 击打下旋球时关节速度与击球效果相关性表

关节速度	落点得分		球速(m/s)		转速(r/s)	
	r	p	r	p	r	p
右肩速度	0.567	0.143	-0.077	0.857	0.511	0.196
右肘速度	0.122	0.773	0.354	0.389	0.767*	0.026
右腕速度	-0.508	0.199	0.371	0.366	0.874**	0.005

注：*表示$p<0.05$,**表示$p<0.01$。

从表6-10中可以看出,击打下旋球时,右肩关节速度与落点得分和转速正相关,与球速负相关,但相关性均不显著。右肘关节速度与落点得分、球速和转速正相关,但只与转速有显著的强相关性($r=0.767,p=0.026$)。右腕关节速度与球速和转速正相关,与落点得分负相关,但只与转速有非常显著的高度相关性($r=0.874, p=0.005$)。

（二）案例二:基于 DTW 算法的青少年乒乓球运动员击球动作合理性评价

运用高速动作捕捉技术,在采集国家队优秀乒乓球运动员日常训练过程中各种基本技术动作的空间特征数据(各主要关节点的空间运动轨迹曲线)基础上,构建国家队优秀乒乓球运动员基本击球动作模型;同时,采集青少年乒乓球运动员日常训练的各种基本技术动作的空间特征数据,运用动态时间规整(Dynamic Time Warping, DTW)算法,将青少年乒乓球运动员的击球动作曲线与之进行相似度比较,结合击球质量数据,分析青少年乒乓球运动员击球动作的合理性及其存在的不足,从而将传统的经验式教学与科学化、定量化的指导方法相结合,以克服现有训练监控手段存在的不足,为更有效提高基本技术动作的合理性、促进专业技术动作的形成与固定打下基础。

DTW 算法是通过动态规划的思路,寻找并求解输入样本参数和参考模板之间最短距离相对应的规整函数,来实现样本和模板之间的最优匹配。DTW 算法解决了需要比较的两段时间序列长度可能并不相等的曲线相似性匹配问题。近年来,DTW 算法被广泛应用于数据挖掘、语音识别和动作识别等领域。

乒乓球击球过程中,不同运动员在做相同类型技术动作时,其击球动作的快慢和动作结构特征也会不同,因此击球过程中各关节点的时间序列长度也不同。由于击球过程中各关节点的时间序列长度不同,国家队优秀乒乓球运动员击球动作模型构建和青少年乒乓球运动员击球动作合理性诊断等的曲线相似度比较都采用 DTW 算法进行最优匹配。

1. DTW 算法的击球动作曲线相似度计算公式

基于 DTW 算法的击球动作曲线相似度比较,是把不同乒乓球运动员的击球动作时间序列进行延长或缩短,对特征参数(关节点的空间位置或关节角度)的序列模式重新进行时间上的调整,然后再对 2 个时间序列的相似度进行比较,从而分析出最佳匹配结果。通过计算不同曲线上 2 个点的欧氏距离来进行不同乒乓球运动员击球动作各关节点轨迹曲线的相似度比较,具体计算公式如下。

以乒乓球运动员 A 和 B 的击球动作轨迹曲线(分别为曲线 P 和曲线 Q)的相似度计算数据为例,如图 6-20 所示。

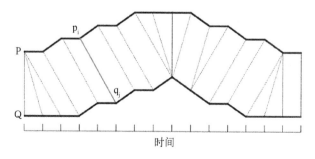

图 6-20　击球动作曲线采样

曲线 P 和 Q 上任意 2 点 p_i 和 q_j 间的欧氏距离 $\mathrm{dis}(p_i, q_j)$ 的计算公式为

$$\mathrm{dis}(p_i, q_j) = \frac{r^2}{r^2 + \|p_i - q_j\|}$$

2 条曲线 P 和 Q 的相似度 $\sigma(P, Q)$ 的计算公式为

$$\sigma(P, Q) = \Big(\sum_{\substack{p_i \in P \\ q_j \in Q}} dis(p_i, q_j) + \sum_{\substack{q_j \in Q \\ p_i \in P}} dis(q_j, p_i) \Big) / (m + n)$$

式中,i 和 j 分别为击球动作曲线 P 和 Q 的采样点编号,$i = [1, m]$,$j = [1, n]$,$\sigma(P, Q)$ 为 2 条动作曲线 P 和 Q 的相似度,m 为动作曲线 P 上的采样点数,n 为动作曲线 Q 上的采样点数,$\|p_i - q_j\|$ 为曲线 P 和 Q 上的 p_i 和 q_j 2 点坐标的欧氏距离,r^2 为预先设定的阈值,2 点间的欧氏距离超过 r^2 则认为 2 点不能匹配,p_i 和 q_j 在第 2 个公式中的前后位置代表了 2 条轨迹曲线 P 和 Q 上点的不同匹配顺序,分母 $(m + n)$ 用于对不同长度的时间序列曲线的规整路径做补偿。通过多次实践数据采集与结果分析,设定 r^2 经验阈值为 80。

2. 基于 DTW 算法的击球动作曲线相似度计算

(1) 相似度计算的 2 条击球动作曲线数据准备:通过高速动作捕捉系统采集乒乓球运动员不同击球动作过程中各主要关节点的空间位置和关节角度数据,从中任意选取 2 条用于相似度比较的时间序列动作曲线即可。

(2) 击球动作曲线的平移和拉伸:由于乒乓球运动员身高及其击球动作快慢的差异,不同乒乓球运动员在做相同类型的技术动作时,其身体同一关节点的空间轨迹曲线的长短会不一致,击球动作曲线的起始点也可能不重合。为减少这种差异对曲线相似度计算结果的影响,对击球动作曲线进行平移和拉伸处理。

击球动作曲线平移的作用在于,将不同乒乓球运动员击球动作曲线的起点均移至空间坐标系的原点位置,以排除不同乒乓球运动员间身材高低的差异对曲线相似度比较结果带来的影响。选取平移前曲线上任意点 P,假设击球动作曲线起始点为 P_0,P 点平移后对应的点为 P',则击球动作曲线平移的计算公式为:$X'_i = X_i - X_0$,$Y'_i = Y_i - Y_0$,$Z'_i = Z_i - Z_0$,其中 X_i、Y_i、Z_i 为击球动作曲线上任意点 P 的坐标,X'_i、Y'_i、Z'_i 为击球动作曲线上任意点 P 经曲线平移后的新坐标 P',X_0、Y_0、Z_0 为击球动作曲线起始点 P_0 的坐标。

击球动作曲线进行拉伸的作用在于,将不同乒乓球运动员的击球动作曲线的时间轴统一为相同长度(曲线的宽度一样),以消除不同乒乓球运动员击球动作的快慢对曲线相似度比较结果的影响。曲线拉伸的算法是将较窄曲线上点的时间坐标乘以 2 条曲线宽度的比例系数(≥ 1)。曲线平移和拉伸的整体意义在于消除不同运动员个体差异对动作曲线相似度比较结果的影响,以提高计算结果的精度,使击球动作合理性诊断结果更贴合实际。以反手拉上旋弧圈球中右膝关节 X 方向的位移曲线为例,击球动作曲线数据平移前后的结果如表 6-11 所示。

表 6-11　右膝关节 X 方向位移数据的平移

T	平　移　前			平　移　后		
	X	Y	Z	X	Y	Z
1	-2068.68	1275.43	419.26	0.00	0.00	0.00
2	-2065.38	1273.74	417.64	3.30	-1.69	-1.62

T	平　移　前			平　移　后		
	X	Y	Z	X	Y	Z
3	−2062.60	1272.38	416.10	6.08	−3.05	−3.16
4	−2060.69	1270.89	415.44	7.99	−4.54	−3.82
5	−2057.89	1269.84	414.76	10.79	−5.59	−4.50
6	−2055.76	1269.45	414.20	12.92	−5.98	−5.06
7	−2054.18	1269.29	413.95	14.5	−6.14	−5.31
8	−2052.92	1269.50	413.77	15.76	−5.93	−5.49
9	−2052.02	1270.21	413.79	16.66	−5.22	−5.47
10	−2051.90	1271.33	414.04	16.78	−4.10	−5.22

注：T 代表数据采集的时间序列，单位为帧。表中只选取了击球动作的前 10 帧数据。

（3）击球动作曲线相似度计算：根据击球动作曲线相似度计算公式，计算出 2 条击球动作时间序列曲线的相似度。根据曲线相似度计算结果，对 2 条曲线对应的关节点运动轨迹的相似度进行评价。

（三）国家队优秀乒乓球运动员击球动作模型构建流程

首先，分别采集 15 名国家队乒乓球运动员训练状态下反手拉上旋弧圈球上台的 5 次击球动作数据。其次，根据高速动作捕捉系统采集的击球过程中各关节点的发力顺序数据，从每个运动员反手拉上旋弧圈球的 5 次击球动作中，选取发力顺序合理、击球效果最好的（球速和转速均在 15 位国家队运动员击球球速和转速的均值之上）1 次，作为后期击球动作建模的数据。然后，根据德尔菲法选取的影响基本击球动作合理性评价相关关节点如表 6−12 所示，整理出各关节点 X、Y、Z 方向的空间位移和角度数据。

表 6−12　影响击球动作合理性评价的相关关节点选取

基本击球动作	关　节　点	权　重　比　例
反手拉上旋弧圈球	左膝关节	76.9%
	右膝关节	76.9%
	右肩关节	92.3%
	右肘关节	84.6%

最后，运用 DTW 算法进行不同乒乓球运动员击球动作曲线相似度计算，筛选出与 15 名国家队优秀乒乓球运动员击球动作轨迹最接近的曲线，作为国家队优秀乒乓球运动员击球动作模型构建的基础。具体流程如图 6−21 所示。

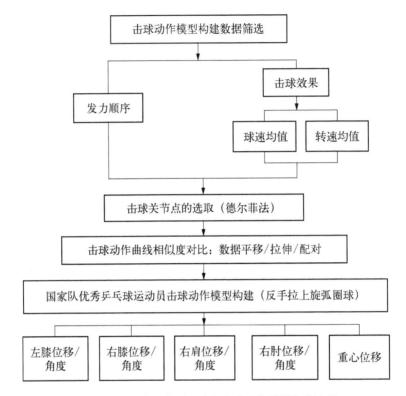

图 6-21 国家队优秀运动员击球动作模型构建流程

选取反手拉上旋弧圈球技术动作进行国家队优秀乒乓球运动员击球动作模型构建。据表 6-12 数据,以影响击球动作合理性评价权重比例最高(92.3%)的右肩关节为例,构建国家队优秀乒乓球运动员反手拉上旋弧圈球动作模型。

绘制 15 名国家队优秀乒乓球运动员反手拉上旋弧圈球过程中右肩关节 X 方向的位移原始曲线,如图 6-22 所示。

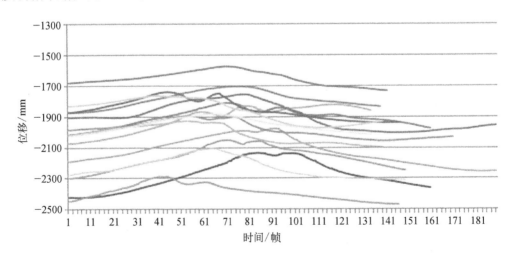

图 6-22 15 名优秀运动员反手拉上旋弧圈球右肩关节 X 方向位移曲线

由图 6-22 可知,国家队优秀乒乓球运动员在完成反手拉上旋弧圈球时,右肩关节 X 方向位移曲线的波动主要为 $-2300 \sim -1700$ mm。从时间帧数上来看,击球动作的周期最长为 187 帧,其他多数分布在 135~151 帧。

将 15 名国家队优秀乒乓球运动员的关节运动曲线进行平移和拉伸,运用基于 DTW 算法的动作曲线相似度计算公式,分别计算每名乒乓球运动员右肩关节 X 方向运动轨迹曲线与其他 14 名乒乓球运动员同一关节点 X 方向运动轨迹曲线(共 14 条)的相似度,共计 15 组曲线相似度比较数据样本。以反手拉上旋弧圈球时右肩关节 X 方向运动轨迹为例,15 名国家队优秀乒乓球运动员击球动作轨迹曲线两两比较的相似度数据如表 6-13 所示。

表 6-13　15 名国家队优秀乒乓球运动员反手拉上旋弧圈球动作轨迹曲线相似度

曲线编号	1	2	3	4	5	6	7	8	9	10	11	12	13	14	15
1	1.00														
2	0.81	1.00													
3	0.82	0.74	1.00												
4	0.65	0.68	0.64	1.00											
5	0.65	0.72	0.65	0.85	1.00										
6	0.68	0.77	0.67	0.76	0.84	1.00									
7	0.69	0.78	0.68	0.80	0.87	0.83	1.00								
8	0.64	0.69	0.63	0.85	0.82	0.75	0.79	1.00							
9	0.61	0.63	0.59	0.85	0.87	0.74	0.77	0.83	1.00						
10	0.92	0.86	0.83	0.64	0.69	0.72	0.73	0.63	0.60	1.00					
11	0.61	0.65	0.61	0.84	0.91	0.77	0.79	0.82	0.92	0.62	1.00				
12	0.57	0.58	0.61	0.81	0.76	0.67	0.66	0.82	0.83	0.56	0.83	1.00			
13	0.71	0.78	0.72	0.80	0.87	0.87	0.87	0.81	0.79	0.74	0.81	0.70	1.00		
14	0.77	0.89	0.74	0.69	0.75	0.83	0.81	0.72	0.65	0.82	0.68	0.61	0.81	1.00	

注:表中编号 1~15 分别代表 15 位国家队运动员反手拉上旋弧圈球右肩关节 X 方向位移曲线。

将曲线两两比较得到的 15 组相似度数据,运用 SPSS 软件计算出每组曲线相似度数据的标准差(SD),结果如表 6-14 所示(按标准差升序排列)。

表 6-14　右肩关节 X 方向位移轨迹曲线相似度标准差

曲线 ID	SD
13	0.077
7	0.085
6	0.087
14	0.099
5	0.103

曲线 ID	SD
8	0.106
3	0.108
4	0.109
15	0.110
2	0.113

注：表中列出了排序前 10 的曲线相似度标准差。

选取表 6-14 中曲线相似度标准差最小的 ID=13(SD=0.077)所对应的曲线，作为国家队优秀乒乓球运动员反手拉上旋弧圈球右肩关节 X 方向位移动作模型。由图 6-23(a)可知，国家队优秀乒乓球运动员反手拉上旋弧圈球时，右肩关节 X 方向位移曲线波峰、波谷的波动范围为-2020~-1880 mm。引拍阶段右肩关节位置逐渐前移，击球后右肩关节又逐渐恢复至初始状态，其 X 方向位移曲线变化符合击球动作中右肩关节的前后位移变动方向。

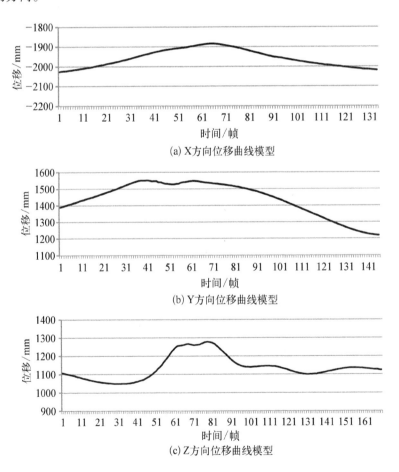

(a) X 方向位移曲线模型

(b) Y 方向位移曲线模型

(c) Z 方向位移曲线模型

图 6-23　右肩关节 X、Y、Z 方向位移曲线模型

　　同理,可以构建国家队优秀乒乓球运动员反手拉上旋弧圈球过程中右肩关节在 Y、Z 方向的位移动作模型,分别如图 6-23(b)(c)所示。如图 6-23(b)所示,国家队优秀乒乓球运动员反手拉上旋弧圈球时,右肩关节 Y 方向位移曲线的波动范围为 1210～1550 mm。在引拍与挥拍击球阶段,右肩关节 Y 方向位移曲线上升,还原阶段 Y 方向位移曲线逐渐下降,说明在反手拉上旋弧圈球时,右肩关节的 Y 方向位移变动方向为先向左后向右,其变化过程符合击球动作中右肩关节的左右位移变动方向。如图 6-23(c)所示,国家队优秀乒乓球运动员反手拉上旋弧圈球时,右肩关节 Z 方向位移曲线的波动范围为 1047～1278 mm,曲线中段波峰有一定的波动。在引拍阶段,右肩关节的 Z 方向的位移下降,挥拍击球阶段位移上升,说明在击球过程中右肩关节的纵向位移变化顺序为由低到高,其变化过程符合反手拉上旋弧圈球的重心转换发力顺序。右肩关节在 X、Y、Z 方向角度变化的动作模型构建与 X、Y、Z 方向的位移动作模型的构建类似。

　　在构建国家队优秀乒乓球运动员击球动作模型的基础上,以反手拉上旋弧圈球技术动作为例,从 10 名青少年乒乓球运动员被试中随机选取 1 名,对其击球动作合理性进行案例分析。同样以权重比较高的右肩关节为例,对青少年乒乓球运动员反手拉上旋弧圈球技术动作的合理性进行评价。为更清晰描述击球动作合理性评价的结果,将击球动作的合理性评价结果分为 5 个等级如表 6-15。

表 6-15 击球动作合理性程度等级划分

曲线相似度	合理性程度
90%及以上	合理
80%～90%	比较合理
70%～80%	一般
50%～70%	较低
50%及以下	不合理

(四)青少年乒乓球运动员击球动作合理性评价应用

1. 击球动作合理性程度等级划分

　　在构建国家队优秀乒乓球运动员击球动作模型的基础上,以反手拉上旋弧圈球技术动作为例,从 10 名青少年乒乓球运动员被试中随机选取 1 名,对其击球动作合理性进行案例分析。同样以权重比较高的右肩关节为例,对青少年乒乓球运动员反手拉上旋弧圈球技术动作的合理性进行评价。为更清晰描述击球动作合理性评价的结果,将击球动作的合理性评价结果分为 5 个等级如表 6-16。

2. 击球质量分析

　　青少年乒乓球运动员与国家队优秀乒乓球运动员击球质量(球速和转速均值)比较结果如表 6-17 所示,发现两者球速的差异较小,转速的差异较大。结合击球质量数据,根据青少年乒乓球运动员击球动作曲线与模型的相似度比较结果对其击球动作的合理性进行诊断分析。

表 6-16　击球动作合理性程度等级划分

曲线相似度	合理性程度
90%及以上	合理
80%~90%	比较合理
70%~80%	一般
50%~70%	较低
50%及以下	不合理

表 6-17　青少年乒乓球运动员与国家队优秀乒乓球运动员击球质量比较

	国家队运动员	青少年运动员	差　值
球速均值/m·s^{-1}	16.29	12.78	3.51
转速均值/r·s^{-1}	139.3	86.42	52.88

3. 关节位移变化合理性分析

将青少年乒乓球运动员反手拉上旋弧圈球的右肩关节位移曲线(X、Y、Z 方向)与国家队优秀运动员反手拉上旋弧圈球的右肩关节位移模型(X、Y、Z 方向)分别进行曲线相似度比较,发现青少年乒乓球运动员反手拉上旋弧圈球时,右肩关节在 X 方向位移曲线与对应国家队优秀乒乓球运动员击球动作模型的相似度为 62.85%,合理性程度较低;Y 方向位移曲线与模型的相似度为 81.20%,Z 方向位移曲线与模型的相似度为 81.87%,均比较合理。

为进一步分析青少年乒乓球运动员反手拉上旋弧圈球动作的合理性,本案例将青少年运动员反手拉上旋弧圈球的右肩关节位移曲线和国家队优秀乒乓球运动员对应关节点的位移模型均按击球动作的三阶段(引拍、挥拍击球和还原)进行划分,然后分 3 个阶段进行曲线与模型相似度比较(表 6-18)。发现青少年乒乓球运动员在 X 方向击球动作的三阶段中引拍阶段 X 方向的位移曲线合理性程度较低(66.61%)。

表 6-18　青少年乒乓球运动员右肩关节位移三阶段曲线与模型相似度比较结果

位 移 方 向	引 拍 阶 段	挥拍击球阶段	还 原 阶 段
X 方向	66.61%	83.47%	80.65%
Y 方向	73.79%	70.31%	77.22%
Z 方向	87.61%	77.50%	71.65%

为深入分析青少年乒乓球运动员引拍阶段 X 方向位移曲线与对应模型相似度较低的原因,将引拍阶段 X 方向的 2 条位移曲线绘制在同一张图上进行比较分析(图 6-24)。

发现引拍阶段青少年乒乓球运动员右肩关节在 X 方向由后至前的位移变化趋势明显低于国家队优秀乒乓球运动员,说明其右肩关节在引拍阶段 X 方向的位移不够充分,影响重心转换的效果,导致击球质量降低。

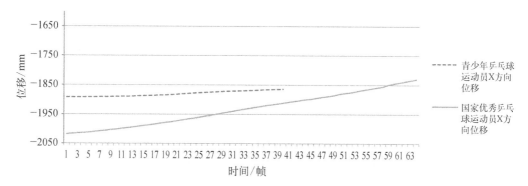

图 6-24　青少年乒乓球运动员引拍阶段右肩关节 X 方向位移曲线与模型的比较

4. 关节角度变化合理性分析

将青少年乒乓球运动员右肩关节角度变化曲线(X、Y、Z 方向)与模型进行相似度比较,发现青少年乒乓球运动员反手拉上旋弧圈球时,右肩关节的 X 方向角度变化曲线与对应国家队优秀乒乓球运动员击球动作模型的相似度为 78.84%,合理性程度一般;Y 方向的角度变化曲线与模型的相似度为 83.72%,Z 方向的角度变化曲线与模型的相似度为80.33%,合理性程度均较高。

青少年乒乓球运动员右肩关节角度变化三阶段曲线与模型相似度比较结果如表6-19 所示。还原阶段 Z 方向的角度变化合理性程度较低(58.24%)。还原阶段的曲线相似度比较如图 6-25 所示,发现青少年乒乓球运动员在还原阶段 Z 方向的角度数值无任何明显的旋转变化趋势,说明青少年乒乓球运动员右肩关节在还原阶段的角度变化完成不够充分,还原不到位。同理,可以完成青少年乒乓球运动员反手拉上旋弧圈球过程中其他关节点和重心在 X、Y、Z 方向的位移和角度变化的合理性分析。

表 6-19　青少年乒乓球运动员右肩关节角度变化三阶段曲线与模型相似度比较

角度方向	引拍阶段	挥拍击球阶段	还原阶段
X 方向	86.76%	94.54%	75.23%
Y 方向	89.94%	94.42%	85.64%
Z 方向	82.34%	95.31%	58.24%

乒乓球运动员击球过程的合理性分析结果及其存在的问题以可视化曲线并结合相关数据反馈给教练员和运动员,从而为乒乓球教练员科学评价运动员的技术动作训练过程提供参考依据,实现对青少年乒乓球运动员技术动作训练过程的科学、定量化监控,降低训练监控指导过程的盲目性和经验性,提高训练监控过程的科学化水平和训练效果。

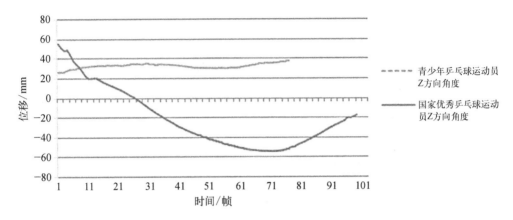

图 6 - 25　青少年乒乓球运动员右肩关节还原阶段 Z 方向角度变化与模型的比较

图 6 - 26 是基于青少年乒乓球运动员技术动作训练监控大数据平台的击球动作结构特征数据进行击球动作曲线相似度分析的结果。

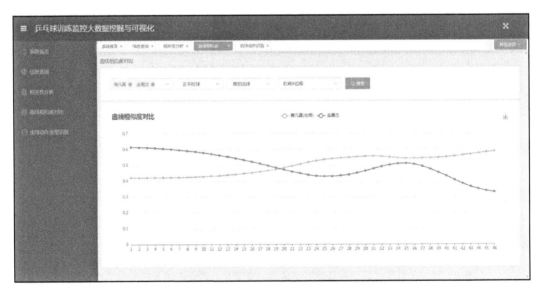

图 6 - 26　乒乓球训练监控大数据挖掘与可视化——曲线相似度对比

本章参考文献

陈明,2017.大数据核心技术与实用算法[M].北京:北京师范大学出版社:21 - 65.

程学旗,靳小龙,王小卓,等,2014.大数据系统和分析技术综述[J].软件学报,25(9):1889 - 1908.

冯喆,肖毅,曹梓威,等,2020.基于动态时间规整算法的青少年乒乓球运动员击球动作合理性评价——以反手拉上旋弧圈球为例[J].上海体育学院学报,44(6):76 - 84.

郭岩,罗珞珈,汪洋,等,2016.一种基于 DTW 改进的轨迹相似度算法[J].国外电子测量技术,35(9):66-71.

黄刘松,2016.基于加速度传感器的乒乓球动作识别技术研究[D].合肥:安徽工业大学.

荆雷,马文君,常丹华,2012.基于动态时间规整的手势加速度信号识别[J].传感技术学报,25(1):72-76.

刘瑞,2012.运动捕捉数据智能处理算法研究及应用[D].大连:大连理工大学.

马奔,毛庆铎,2015.大数据在应急管理中的应用[J].中国行政管理,(3):136-141,151.

潘巍,李战怀,2014.大数据环境下并行计算模型的研究进展[J].华东师范大学学报(自然科学版),(5):43-54.

邱东,2014.大数据时代对统计学的挑战[J].统计研究,31(1):16-22.

王奇,颜小燕,2016.大数据时代我国体育发展面临的机遇与挑战[J].体育与科学,37(1):75-80,86.

肖伯祥,张强,魏小鹏,2010.人体运动捕捉数据特征提取与检索研究综述[J].计算机应用,27(1):10-13.

肖毅,李亦林,任晓玲,2018.乒乓球运动员训练数据实时采集系统研制与应用[J].体育科研,39(4):54-60.

杨双燕,2003.体育数据分析中数据挖掘技术的应用[J].浙江体育科学,25(4):49-51.

于岱峰,钟亚平,于亚光,2010.基于数据挖掘技术在人体肌肉力量数据分析中的应用——以人体握力肌肉力量测试数据研究为例[J].体育科学,30(2):70-74,82.

张引,陈敏,廖小飞,2013.大数据应用的现状与展望[J].计算机研究与发展,50(S2):216-233.

周驰,李智,徐灿,2019.基于 DTW 算法的空间目标结构识别研究[J].计算机仿真,36(9):98-102.

EDGEWORTH F.Y., 1917. On the mathematical representation of statistical data[J]. Journal of the Royal Statistical Society, 80(3):411-437.

FRAWLEY W J, PIATETSKY-SHAPIRO G, MATHEUS C J, 1992. Knowledge discovery in databases:an overview[J]. AI magazine, 13(3):57.

Galton F., 1886. Regression towards mediocrity in hereditary stature[J]. The Journal of the Anthropological Institute of Great Britain and Ireland,15:246-263.

VERYKIOS V S, ELMAGARMID A K, BERTINOE, et al., 2004. Association rule hiding [J]. Knowledge and Data Engineering, 16(4):434-447.